投资银行案例精选

臧　展　华　维　编著

中国金融出版社

责任编辑：赵晨子
责任校对：李俊英
责任印制：丁淮宾

图书在版编目（CIP）数据

投资银行案例精选/臧展，华维编著. —北京：中国金融出版社，2021.12

ISBN 978-7-5220-1403-6

Ⅰ.①投… Ⅱ.①臧…②华… Ⅲ.①投资银行—案例 Ⅳ.①F830.33

中国版本图书馆 CIP 数据核字（2021）第 241722 号

投资银行案例精选
TOUZI YINHANG ANLI JINGXUAN

出版 发行 中国金融出版社
社址 北京市丰台区益泽路 2 号
市场开发部 (010)66024766，63805472，63439533（传真）
网 上 书 店 www.cfph.cn
(010)66024766，63372837（传真）
读者服务部 (010)66070833，62568380
邮编 100071
经销 新华书店
印刷 保利达印务有限公司
尺寸 169 毫米×239 毫米
印张 18
字数 300 千
版次 2021 年 12 月第 1 版
印次 2021 年 12 月第 1 次印刷
定价 59.00 元
ISBN 978-7-5220-1403-6

前　　言

金融是现代经济的核心。资本市场发挥着枢纽功能，从事资本市场业务的非银行金融机构就是投资银行。经过三十多年的发展，截至 2020 年末，我国股票市场规模、债券市场规模均已成为全球第二大市场，证券行业营业收入 4 500 亿元，净利润 1 600 亿元，总资产近 9 万亿元，净资产超过 2 万亿元，成为中国多层次资本市场建设的重要部分。早在 2011 年，时任中国证监会主席郭树清同志在第九届《财经》年会上就提出努力建设有中国特色的国际一流投资银行，现中国证监会主席易会满同志在 2020 年第十二届陆家嘴金融论坛上又提出努力打造国际一流投资银行和财富管理机构。目前，中信证券、华泰证券、中金公司、国泰君安证券、国信证券、光大证券等国内主要头部券商都已将打造国际一流投资银行作为公司发展目标。

国际一流投资银行的建设需要一支强大的专业人才队伍，高等财经学校就是培养这支专业人才队伍的主力军。与我国新兴资本市场发展同步，高等财经学校培养了一大批适应资本市场发展要求的专业人才队伍，特别是教育部 2003 年批准恢复投资学本科专业以来，各高校纷纷开设了投资银行学课程，编写了一批投资银行学教材，加快了投资银行专业人才培养的进程。但是长期以来，国内高校一直缺少一本专业的、根植于中国资本市场本土实践的投资银行案例教材，这与我国资本市场发行、交易、退出、监管等基础制度和市场环境处于不断改革完善之中密切相关。虽然在专业教学的其他课程中，也都会穿插介绍一些资本市场案例，但不够系统、全面、深入，对从学校到学校求学的青年学生来说不免有些雾里看花，难窥其中奥妙所在。

案例教学是当前推进新文科研究与改革的重要突破点和抓手。开展案例教学，有利于培养学生胜任国际一流投资银行工作的专业能力和金融职业素养，有利于帮助学生树立正确的价值观和世界观，既开拓视野，又锻炼专业才干，真正做到既教书，又育人，实现润物无声的真正目的。中国人民大学前副校长吴晓求教授指出案例教学是专业学位教育的基石，案例教学和理论教学要相互渗透；案例是有普遍特征的，它不是故事，也不是简单的经验总结；案例具有可重复性，重复中有客观规律；没有理论教学，没有对金融活动背后理论逻辑的理解，案例教学就没有方向感。我们希望通过案例教学的训练，能够培养学生发现问题、分析问题、解决问题的能力；培养学生整合资源、制定决策、计划和执行能力；培养学生倾听、质疑、演讲、说服，以及写作能力；培养学生辩证思维、批判性思维能力等，为学生今后应对复杂的金融市场打下良好基础。

作者在南京审计大学从事投资银行学课程的教学科研已有20多年。在多年的教学科研活动中，始终注意搜集、整理发生在中国本土资本市场的案例，带领同学一起探究这些鲜活案例背后的原因、演变进程及其对制度完善、市场环境的影响，洞察当事各方的人性，努力用理论解释现实，用现实观照理论。在南京审计大学金融学院的支持下，在历届同学们的鼓励和帮助下，今天终于将其汇编成书，在此奉献给有志于在我国投资银行领域奋斗的各位同仁、青年才俊。

本书共编写了11个案例，横跨股票、债券、基金市场，涵盖证券发行、交易、退市、监管等环节，涉及证券代持、信用违约、乌龙指、老鼠仓、收购与反收购、中介机构尽职、投资者保护、资产证券化等市场行为。所有案例，几乎都是来自近十年来发生在我国资本市场上本土上市公司身上的典型案例，许多都是市场上第一起、第一单，市场关注度高、影响力大。即使是介绍高盛文化的案例，我们也是试图从全球顶级投资银行身上对照反思我国投资银行基业长青之道。由于编审的原因，有些涉及敏感事件的案例遗憾未能入选。全书编写由臧展副教授负责大纲设计和全书的统稿、臧展和华维博士分工撰写了各案例和使用说明，案例摘要的翻译由华维博士负责。

本书得以出版，首先要感谢南京审计大学金融学院原院长卢亚娟教授以及现任院领导的大力支持，感谢我的学生石头、唐榕、诸韬、郑欣、朱敏、刘振宇、徐国成等对资料、图表的搜集、加工整理工作，感谢家人的默默支持与奉献。

最后，要特别感谢中国金融出版社立项支持，感谢肖丽敏主任、赵晨子编辑等细致、专业的指导，同时，本书的出版得到了国家级一流专业建设点投资学（教高厅函〔2021〕7 号）和江苏省高校优势学科三期南京审计大学应用经济学（苏政办发〔2018〕87 号）的资助。

本书的相关案例均根据公开资料开发完成，仅作为课堂讨论的材料，不表示企业成败及其管理措施的有效性。对于公开资料的原作者在此一并表示感谢。本教材可供金融类专业、工商管理类专业本科生、研究生教学使用，也可供金融从业人员学习使用。由于编者水平有限，难免有谬误和不妥之处，敬请读者批评指正。

臧展

2021 年 12 月于南京审计大学润泽湖畔

目　　录

文化的力量：高盛企业文化探索与启示[①]

华 维 臧 展

一、引言

从一个在1869年创建于地下室、只有一个雇员的公司到2008年发展成为坐落在全球金融中心华尔街、在全球开展业务、有着32 000名雇员、年净收入110亿美元的跨国公司，高盛的成长是历史上最成功的金融公司发迹之一。

从盈利能力上看，高盛合伙人的资本每年以超过20%的速度增长，收入以15%的速度增长，都远远高于行业平均水平。从1999年上市到2008年第三季度，高盛从未出现过亏损。2018年上半年高盛实现净利润357.1亿美元，显示其强大的复苏能力。

高盛提供的投资银行产品与业务并非与众不同。高盛没有垄断特权，在高盛从事的所有业务中，它都面临激烈的竞争。1869年，高盛公司初创，20世纪初还只是一家很小的家庭企业，现如今经历149年峥嵘岁月的考验和数次金融危机的洗礼，高盛公司已成为世界声誉卓著的投资银行和多元化的金融集团。与众不同的企业文化、坚固的团队合作精神与对公司声誉的珍视，让高盛在2008年这场席卷美国与全球，并导致贝尔斯登、雷曼兄弟、美林等公司或是破产或是被收购的金融危机中，仍然能够完好无损地生存下来。那么，高盛的企业文化到底是什么？它又是如何形成的呢？这又给国内金融机构带来什么样的启示？

---

① 1. 本案例由南京审计大学金融学院华维博士、臧展副教授根据公开资料整理完成。本案例仅作为课堂讨论的材料，不表示企业成败及其管理措施的有效性。

二、高盛发展历程：历经数次危机，屹立不倒

（一）上市前的成长历程：合伙人机制，轻资本发展

企业初创，票据交易商，遭遇金融危机峥嵘岁月。1869 年，早期的高盛公司成立；1885 年，戈德曼与萨克斯家族创设合伙制公司。高盛创设之初从事商业票据交易，后来增加贷款、外汇兑换及新兴的股票承销业务。1906 年，在创二代亨利和萨姆的领导下，高盛开始了它的第一次承销业务，成为真正意义上的投资银行。1929 年金融危机期间，由于决策失误，高盛损失了 92% 的原始投资，濒临倒闭。

二次创业，重整旗鼓，跻身顶尖投行前列。经历大萧条之后长达三十多年的韬光养晦，经过诸多精英合伙人的通力合作和传承，到 20 世纪七八十年代高盛逐渐从华尔街的二流投资银行成长为一流投资银行。在此期间，众多卓越领导人引领了高盛的发展，其中被称为“现代高盛之父”的西德尼，其继任之初主要采取休养生息的谨慎策略。在西德尼领导下，1932 年，高盛收购了在商业票据业务领域的一家主要竞争对手；20 世纪 40 年代，聘请精通交易业务的列维，其创建了盈利能力强劲的套利交易部门；20 世纪中期，高盛承担了西尔斯以及福特等大企业的 IPO 主承销业务，并获得了极高的荣誉。此外，西德尼还启动了高盛专业化分工进程。首先在销售部，其次在兼并与收购部，最后在所有部门，工作效率得到大大提高，高盛逐渐在许多投资银行业务领域的竞争中取得了领头羊的地位。直至今日，高盛完善的投资银行服务系统已经成为公司重要的基础部门，为公司招揽和留住遍及全球的客户立下了汗马功劳。

（二）上市后的卓越业绩：引入股份制，补充资本，多元化均衡发展

高盛公司在以合伙人制度经营和运作逾百年后，1999 年在纽约证券交易所上市。包括高盛在内的美国投资银行的发展轨迹是从合伙制企业转到公众公司，在高盛之前，美林、雷曼兄弟、摩根士丹利和贝尔斯登等曾经的五大投行都先后上市。高盛的改制上市主要有以下三个原因：一是扩充资本金的压力。随着经济的繁荣和金融深化程度的提高，现代投资银行的运营管理越来越依赖于资本，全球投行业重资本化发展特征非常明显。同样高盛也迫于扩充资本金的压力，不得不选择股份制的形式，通过发行股票并上市来迅速增大资本实力。二是承担无限责任的风险和压力。随着华尔街金融创新尤其是金融衍生工具的发展，证券市场的规模和风险也同时被杠杆效应放大了。

投资银行因为一次失败的业务而导致破产的可能性大为增加，这使得合伙人不得不忧虑风险的底线。三是激励机制的掣肘与人才竞争的压力。合伙制投资银行对优秀业务人员的最高奖励就是接纳其成为合伙人。这种奖励所建立的基础是：员工希望成为合伙人，因而不在乎短期收入。由于金融工具的创新，一线的业务人员虽然很多并不是合伙人，但常常能为公司创造惊人的利润。然而，其成为合伙人的可能性却极小。对于这些优秀一线业务人员来说，经过漫长等待成为一名合伙人与短期获暴利相比，后者诱惑更实在。这使上市公司在与合伙制投资银行进行人才竞争时处于优势地位。然而，上市后高盛合伙人制度并未消失，在公司制的治理架构下，高盛合伙人仍然发挥着作用，例如合伙人仍然持有公司大量股份，并依据自己积累的客户资源继续给公司服务等。

伴随上市带来的资本金增加，高盛多元化业务发展迈向新的台阶，除传统投行和交易业务外，资本金投资和资产管理两大业务获得快速发展，主要业务之间变得更加均衡。适应投资银行业的转型升级，高盛集团逐渐从一家传统的投资银行演变为专注投行业务的现代金融集团，核心竞争力进一步增强，成为五大投行中具有最强盈利能力的一家。虽然遭受金融危机的重创，并且于2008年被美联储批准其成为银行控股公司，但并不妨碍其成为近20年来五大投行中唯一一家仍然健在并且成功跑赢大市的投行类金融机构。

（三）金融危机后：专注投行，全球化运营，轻资本转型

近年来全球经济复苏步伐放缓，全球金融市场监管趋严使国外投行面临的经营环境日渐恶劣，面临巨大的转型压力。自2008年国际金融危机以来，国际大投行纷纷调整业务部门和经营战略以适应新的环境。在此背景下，高盛集团的战略发展既保持了定力又不乏灵活性，集中体现为其核心战略的稳定与业务结构的调整。

1. 核心战略稳定：专注投行业务和全球化运营

金融危机时期，国外投行纷纷借助多元化发展来提升抗周期能力，应对盈利下滑的压力。很多金融机构改变了商业模式，部分机构开始从事零售业务或者从国际扩张转向国内市场。但是高盛并没有改变核心战略，其仍然专注于投资银行业务，仍主张全球化运营。现如今，高盛集团海外收入占比约为40%，并且连续保持20年以上，俨然成为国际金融业全球化发展的典范。

高盛集团获准成为银行控股公司带来的主要影响在于接受更严格的监管，但这并未影响它的商业模式和客户服务。高盛集团定位依然是一家世界领先

的投资银行、证券和投资管理公司，其商业模式、客户战略和营收结构与金融危机之前相比相差无几。依然是通过投资银行、机构客户服务、投资与借贷、投资管理四大业务条线为企业、金融机构、政府、高净值个人等各领域的众多客户提供一系列金融服务。高盛集团所有运作都建立在紧密一体的全球基础上，由优秀的专家为客户提供服务。由于同时拥有丰富的地区市场知识和国际运作能力，随着全球经济的发展，高盛能够做到持续不断地发展以帮助客户无论在世界何地都能敏锐地发现和抓住投资机会。2016 年 5 月，高盛推出网络银行 GSBank，涉足零售业务，其目的仍主要是服务机构投资客户，获取低成本资金来源。

2. 主动“去杠杆”，从重资本向轻资本转型

为满足巴塞尔协议Ⅲ等外部监管的要求，控制经营风险，以美国投行为代表的金融机构都纷纷加速“去杠杆”，境外投行的经营杠杆都从危机前约 30 倍的水平下降至 2015 年约 10 倍的水平，其中高盛的杠杆比例从 2007 年高峰时期的 26. 2 倍下降至 2015 年约 10. 3 倍的水平。全美证券经营机构的杠杆比例从 2007 年高峰时期的 38 倍下降至 2015 年约 18 倍的水平。由于监管发生了变化，高盛需要更多资金，以实现“去杠杆化”。从图 1 可以看出，高盛通过内源积累和外源补充，资本金实力得以提升，“去杠杆化”成效显著。

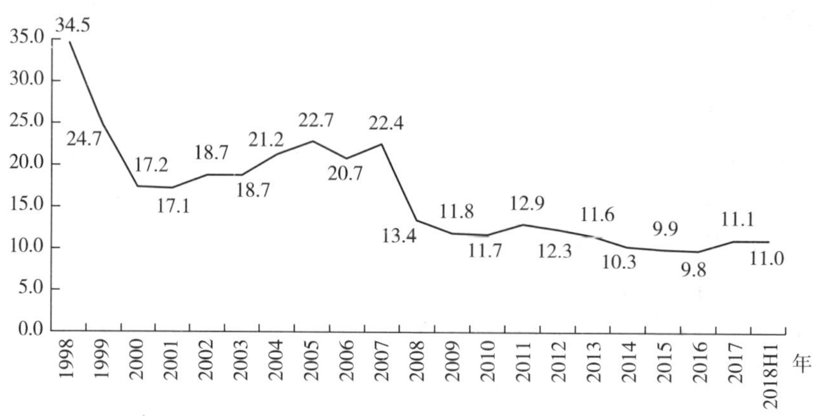

注：杠杆率 = 总资产/净资产。

图 1　高盛集团 1998 年至 2018 年 H1 杠杆率变化

（资料来源：Wind）

3. 金融危机后经营绩效：收入与盈利增长放缓，但反弹迅速

金融危机在很大程度上改变了国际投行业的发展轨迹。高盛集团的经营

数据，也从侧面表明全球投行业与全球经济一样正在经历经济低迷、调整和适应期。根据财富500强榜单（以总收入规模计），高盛2009—2010年排名有所下滑，但2011年后相对平稳，维持在250名左右。

受全球经济弱复苏和监管趋严的影响，全球金融机构面临较大的增长压力，高盛业绩却开始反弹。以2015年为例，高盛实现营业收入338亿美元，同比下降2%，净利润约61亿美元，同比下降约28%，ROE更是首次跌破两位数，降至7.14%的水平，其中，机构客户服务和投资借贷是业绩下滑的主要业务点。但是据最新的财务数据，高盛2018年上半年实现净利润357.1亿美元，同比增长32%，显示出其强大的复苏能力（见图2）。

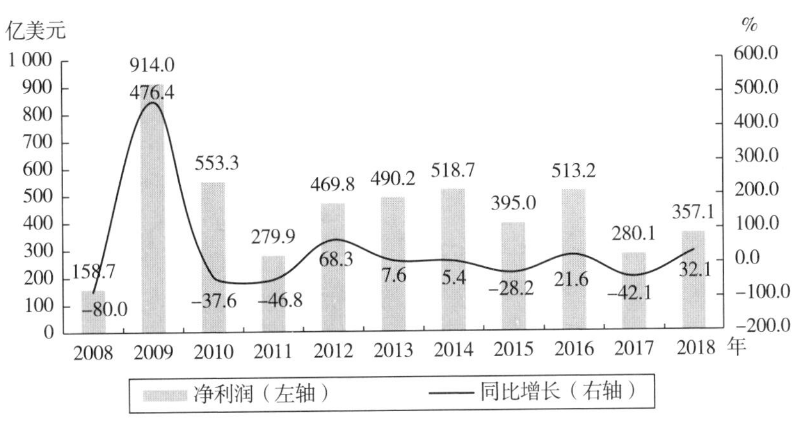

图2　金融危机后高盛净利润缓慢增长，但反弹迅速

（资料来源：Wind）

三、引领高盛集团不断走向成功的主要经验：成功的企业文化

高盛集团的成功经验是成功的企业文化，具体表现为对客户、员工和股东以“十四条”为核心，同时面对金融机构特有的高风险，高盛采取集中且协作的全员风险管理模式。

（一）十四条

1. 客户利益永远至上，经验表明，只要对客户尽心服务，成功就会随之而来。我们分析得出：驱动高盛业绩的一个关键因素是其强大的客户和业务关系网络，既包括广阔的客户网络，也包括紧密联系的业务网络。这些紧密的客户关系形成了一张牢不可破的网，能不断为高盛带来业务机会。

高盛的各项业务以客户为中心，紧密联系，环环相扣。通过与客户的长期紧密联系，高盛的各项业务在合规的情况下彼此互通有无，能够快速地了解客户的需求并为之提供服务。比如，投资银行业务是高盛业务网络的前沿，拥有广泛的客户网络。高盛通过投行业务，与更多美国乃至全球最大的和声望最高的公司建立了业务关系。高盛绝大多数直接投资业务机会都源自高盛的客户网络，客户会选择高盛在上市前担任联合投资者或合伙人，得以在上市时获得更高的市场认可。而投行业务的快速发展进一步推动了高盛商业票据和卖方代理业务的拓展和升级，套利和大宗交易也蒸蒸日上。又如高盛重金打造的研究部门成为众多机构投资者研究服务的最重要提供者，该部门在获取强大盈利的同时为今后承销业务的成功打下了客户基础。再如高盛私人客户业务的快速发展又为其带来了大量的投资银行业务，私人客户服务业务也成为高盛国际扩张战略的关键部分。通过私人客户服务业务，高盛产生了两项重要的业务：私人财富管理和机构经纪业务。私人客户业务帮助越来越多的企业家与高盛其他部门建立联系，让他们在享受高盛私人银行专业服务之余，还能受益于高盛在投资银行业务和证券业务方面的专长（见图3）。

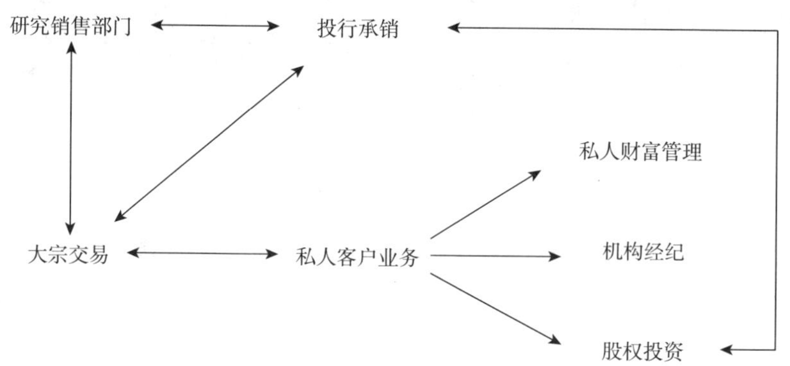

图3　高盛业务关系网络一览

（资料来源：搜狐财经）

背景故事一：1968 年的一天，高盛的一位交易员接到了一个机构客户的一笔交易委托：买入 50 000 股某家公司的股票。这个单子在当时是少有的大单，因此很自然在高盛的交易大厅引起了一阵兴奋。交易员执行完指令就出去吃饭了，回来的时候发现桌子上有一大摞秘书留下的粉红便条，都是让他尽快给那个刚刚下单的客户回电。他急忙打回去，那边声音都变了："我犯了一个大错，这次我肯定得被炒鱿鱼了！"原来，那位客户把卖出指令错误地下达成了买入，更可怕的是他本来应该是卖出 5 000 股而不是买入 50 000 股！

高盛的交易员马上找到当时高盛的首席合伙人列维并向他汇报了情况。列维问他："是我们的错还是客户的错?"他如实回答："是对方的错。"列维又问他："他们是不是一个好客户?"他同样如实回答："是好客户。"列维很快做了个决定："既然他们是我们的好客户，那么让我们把他们变成我们更好的客户。这次交易错误算我们的，我们来买单。"

2. 公司最重要的三大财富是员工、资本和声誉。如果这三者任何一个受到损害，声誉是最难以恢复的；我们要致力于完全遵循规范我们的法律、规定与道德准则的字面含义与精神。我们的持续成功取决于对这一标准的坚定不移的遵循。高盛在20世纪70年代至80年代从华尔街的二流投资银行成为一流投资银行，就是因为高盛的声誉让它的客户们相信高盛值得他们信任，高盛有着更好的公关能力与更优秀的律师。

弘扬合伙人精神，塑造团队文化。在高盛内部，合伙人机制不但是一种制度而且还是一种文化。投资银行业是十分重视关系的行业，很多时候家族关系网是其最重要的资产，只有合伙制才能将这项无形资产留在企业内部。上市后，高盛合伙人制度与公司制实现了完美结合，形成了一种独特、稳定而有效的管理架构。在这种管理架构下，高盛将个人对财富、声誉的追求与成功的渴望转化成了真正的团队精神，个人利益与集体利益实现了真正统一和融合。

高盛的所有业务都由来自不同部门的团队组成，经常跨办事处合作。在这些团队中，每个人都各有所长，然而项目的总体责任仍由大家分担。高盛团队精神不仅仅是灵活合作及协作，更是扁平化的组织结构。在这个结构中，每个人的观点都会受到重视，创意可能随时随地涌现。通力合作和团体精神不但为员工营造良好的环境，而且还为客户创造最佳的业绩。

20世纪70年代末到80年代初，领导高盛的怀特黑德一再强调"在高盛只有'我们'，没有'我'"。这种团队精神成为高盛文化的主要部分之一。在其他公司，个人的突出表现会受到鼓励，而在高盛，能否融入公司之中才是关键。高盛团队文化的突出表现是异于"华尔街明星制"的双头制度。在高盛长达百年的发展历程中，不仅较长时期是由两个CEO共同领导，而且高盛的各个主要业务部门也多由两人共同负责。高盛的联合CEO总能共同决策、共同承担责任，但又同时懂得相互忍让，倾听对方的意见。双头组合能使高盛保持稳健的经营策略，又对风险承担和金融创新有了更好的心理准备和更强的接受能力。后来高盛将双头制度扩大到公司内部的许多营运部门，现在高盛大多数部门都实行双头制度。

3. 公司的目标是为股东带来优越的回报。而盈利则是实现优越回报、充实资本、延揽和保留最优秀人才的关键。员工大量持股可以使员工和股东的利益协调一致。

4. 宁愿选择做最优秀的公司，而非最庞大的公司。公司为自己的专业素质感到自豪。对于所从事的一切工作，都凭着最坚定的决心去追求卓越。尽管公司的业务活动量大而且覆盖面广，但如果必须在质与量之间作取舍的话，高盛会毫不犹豫地选择质。

背景故事二：1956 年福特汽车的 IPO 对于整个美国投行界来说是石破天惊的一幕，高盛凭借这个经典案例一夜之间在 IPO 市场跻身业界前列。不过，很多人不知道的是，他们在此之前的两年准备时间里，主要合伙人呕心沥血，先后准备出了 56 个上市方案。

背景故事三：敌意收购在美国刚刚开始出现的时候，有一天高盛的合伙人弗里德曼在溢价律师行讨论一个案子。这家律师行的一个工作人员拿着第二天即将出版的《纽约时报》走了进来请自己的老板过目，那上面印着某个敌意收购方第二天准备用来启动针对盖洛克纸业公司的要约收购的广告。弗莱德曼得知后，匆忙走出会议室，打电话告诉自己的同事："给盖洛克打电话，告诉他们两件事，第一，他们明天将被敌意攻击；第二，我们准备好了帮助他们。"从那以后，高盛负责并购业务的团队每天晚上十点都会有人专门打出租车到离《纽约时报》印刷点最近的地方，等待新鲜出炉的第二天的报纸。在他们看来，一个交易是交给自己还是让给自己的竞争对手，可能差的就是这先人一步的几十分钟。

背景故事四：高盛刚刚进入德国的时候，曾经有一次内部开会确定自己应该重点关注的客户。当从纽约空降过来的高盛同事把"戴姆勒奔驰"和"西门子"这两个名字写在黑板上的时候，下面的德国同事一片哄笑，因为德国最大的投行德意志银行几乎是这两家"半国企"企业的股东，在他们看来从德意志银行嘴里虎口拔牙几乎是天方夜谭。对此，桑顿说了一段话："很长时间以前就曾经有人告诉我：当有人往你身上啐了一口唾沫的时候，如果你真的很优秀，你应该做三件事，第一，宣布你脸上的是天上掉下的一滴雨；第二，把它擦掉；第三，让你的决心和勇气燃烧得更加旺盛。"之后三年内，高盛拿到了戴姆勒奔驰的单子。

5. 公司的一切工作都强调创意和想象力。虽然公司承认传统的办法也许仍然是最恰当的选择，但公司总是锲而不舍地为客户策划更有效的方案。许多由公司首创的做法和技术后来成为业界的标准，公司为此感到自豪。

6. 公司不遗余力地为每个工作岗位招聘最优秀的人才。虽然公司的业务额以十亿美元为单位，但公司对人才的选拔却是以个人为单位，精心地逐一挑选，公司明白在服务行业里，缺乏最拔尖的人才就难以成为最拔尖的公司。

背景故事五：20 世纪 70 年代，一家著名薯片公司的老板把公司卖掉，套取大额现金，很多家投行的私人客户服务代表蜂拥而至。高盛出手稍微晚了一点，等他们和这位老板约好见面的时候，另外一家投行已经基本锁定了这位用户。但高盛的合伙人弗佛还是去了，双方在海边烧烤，聊了一晚上哲学和家庭。一个月以后，这位老板打电话给弗佛，告诉他："我已经决定把这笔理财业务交给你们了。"弗佛当然惊喜，赶紧说："谢谢谢谢。"老板又问："你难道不想知道为什么吗?"弗佛说："当然想。"老板接着说："你也知道，在你们之前已经有很多家投行拜访过我。你们这些人长得差不多，穿得差不多，谈得也差不多，但只有你们在晚饭后站起来帮助我们洗盘子。所以我觉得，你和他们不一样。"

背景故事六：高盛的首席合伙人怀特黑德曾经说："我们能做的最重要的一件事就是招聘。"另外一个合伙人康威对此深有体会。有一次他本来定好要去斯坦福大学进行校园招聘，结果就在临行前福特公司忽然要求他前往公司洽谈一个潜在项目。分身无术的康威找到怀特黑德问他怎么办，怀特黑德态度鲜明："当然是去斯坦福了。福特那边我帮你顶一下。"康威事后颇有感慨地说："就是这样的选择告诉你高盛的领军人物相信的是什么。"

从招聘人才开始，高盛就注重价值观的统一。高盛的"十四条"业务原则中，第六条是致力于选拔最好的人才来成就最好的公司，其招聘人才的复杂程度在业内很出名。前高盛中国首席经济学家梁红在接受《环球企业家》专访时曾表示，2003 年她应聘高盛亚洲研究部副总裁时经过多达 32 轮面试，历时半年。

7. 员工晋升的条件取决于能力和业绩。公司为员工提供的职业发展进程比大多数其他公司都要快。晋升的条件取决于能力和业绩，而公司最优秀的员工潜力无限，能担当的职责也没有定式。这意味着公司必须吸引保留和激励有着不同背景观念的员工。公司认为多元化不是一种选择，而是一条必行之路。

8. 强调团队精神，不容忍置个人利益于公司和客户利益之上的人。在不断鼓励个人创意的同时，我们认为团队合作往往能带来最理想的效果。我们不会容忍那些置个人利益于公司和客户利益之上的人。

9. 我们的人员对公司的奉献和对工作付出的努力和热忱超越大多数其他机构的雇员，这是我们成功的一个重要因素。

10. 我们视公司的规模为一种资产，并对其加以维护。我们希望公司的规模足以承办客户构思的任何大型项目，同时又保持适度的灵活性，以更有效地保持服务热情、关系密切与团结精神，这些都是我们极为珍视，又对公司成功至关重要的因素。

11. 我们尽力预测不断变化的客户需求，并致力于发展新的服务去满足这些需求。我们深深明白金融业环境的瞬息变化和满招损、谦受益的道理。

12. 我们经常接触机密信息，这是我们正常客户关系的一部分。违反保密原则或是不正当或轻率地使用机密信息都是不可原谅的。

13. 积极进取地寻求扩展与客户的关系，但坚决秉承公平竞争的原则，绝不会诋毁竞争对手。

14. 正直及诚信是业务的根本。公正及诚信是我们业务原则的中心思想。我们期望我们的人员无论在工作还是在私人生活上同样保持高度的道德水准。

（二）集中且协作的全员风险管理模式

1. 意识第一，全员参与

在高盛内部，风险控制的观念已经是企业文化的核心组成部分，人人都是参与者，其将风险控制的意识和能力作为员工年度360度评估的重要内容，直接与薪酬及职业发展挂钩。尽管高盛自上而下设立了不少风险管理委员会，并在全球主要业务中心配备了首席风险管理官，但风险专职人员并不能关注到每一个业务细节，因而高盛推广风险管理全员参与模式，将各业务部门作为风险控制的第一道防线。

2. 强调控制部门对业务部门的独立性

在管理风险的理念上，高盛在治理层面非常强调业务部门与风险控制部门之间的独立性。高盛认为业务部门的基本动机是为了赚取更多的经济利润，控制部门的基本职能则是评价、管理和控制风险，两类部门之间存在监督与被监督、评价与被评价的关系，因此，必须保持控制部门的独立性，特别是人员、薪酬与汇报条线上都要独立于业务部门，这样方能达到独立控制的目的。在业务拓展中，业务部门在利润动机驱动下可能甘愿冒损害公司利益的风险，因此，一项业务是否接受不是由业务部门说了算，而是要交由风险控制部门进行事前风险评价，其评价意见对业务的接受与否起决定性的作用。

3. 完善的制度和组织保障

高盛建立了全覆盖、交叉制衡的风险管理制度，其风险管理制度涉及业务运营及管理的方方面面，并随业务发展而不断充实和完善。高盛根据不同业务的交易及风险特征构建了跨部门、交叉制衡的风险管理系统，这样，任何一个部门的风险问题都很容易被本部门或其他部门的员工及时发现。

组织层面，董事会领导下的各类风险控制与业务委员会在高盛公司风险管理中处于核心地位。与风险相关的委员会包括管理委员会、公司风险委员会、部门风险委员会、资本承诺委员会等。在董事会领导下，高盛保持对风险的高度关注：如董事会定期审核并批准公司的风险情况，包括公司的财务杠杆、流动性风险和其他事务；董事会定期审核具体的风险分析，例如压力测试和情景分析等；除了正式的常规记录外，董事会还定期与风险控制和业务部门的众多其他高管进行沟通。

4. 高效审慎的价值计量

高盛根本的风险管理方式在于问责制、问题上报和沟通。这种纪律约束主要体现在按市值计价的过程中，即用现行市场交易价格为金融资产和负债定价。高盛认为对金融工具实行严格的公允价值核算对于审慎的风险管理至关重要，唯此才能清晰地察觉风险、管理市场风险限额、监控信用风险敞口，并管理流动性需求。正是按照公允价值对头寸进行日常记账的做法，使高盛在2008年国际金融危机中相对较早地作出了降低日益恶化的头寸风险的决策。

四、高盛企业文化是如何形成的

（一）高盛的成功离不开领导人

数位不同时期优秀的领导人引导了高盛的发展。西德尼之后是列维接管高盛。1976年，列维去世后，公司管理委员会决定由温伯格和怀特黑德两人共同作为高盛产业的继承者，开创了闻名业界的“双头管理”时代，他们共同培养良好的企业文化。在二人的通力合作下，高盛于20世纪70年代主导了机构大宗交易，80年代主导了固定收益业务和杠杆收购。到90年代，在鲁宾和弗里德曼、科尔津和保尔森等卓越领导人相继带领下，高盛逐渐成为享誉全球并持续保持领先地位的金融企业。在成长为顶尖投行的过程中，高盛业务经营的一个显著特点是逐渐突破传统投行的业务边界，开启多元化发展，其标志性事件是 1981 年通过收购 J. 阿朗公司进入大宗商品交易领域，该项收购使交易业务对高盛营收和利润的贡献持续达 30% 以上；90 年代，高盛又开设资本投资业务，成立 GS 资本合作投资基金，引领了投行业直接投资业务的发展（见图 4）。

· 创业人马可斯和萨姆立足票据交易业务，逐渐崭露头角； · 创二代亨利和萨姆主张股票报销业务，使高盛成为真正的投资银行； · 凯斯琴时期，经历1929年金融危机，高盛受重创。	· 西德尼掌控高盛39年，被称为“现代高盛之父”； · 20世纪60年代，增加大宗股票交易业务； · 1969—1976年，交易天才列维领导高盛。	· 20世纪70年代后期和80年代温伯格和怀特黑德两人使高盛迈进顶尖投行行列； · 20世纪90年代初，鲁宾和弗里德曼开始担任联合高级合伙人； · 1994年，科尔津成为高级合伙人。	· 1999年，二把手保尔森上台，一人掌管公司，一直到2006年，他带领高盛上市、实现全球化运营； · 布兰克芬带领高盛成功应对金融危机，转型银行控股公司。

图 4　不同时期的优秀领导人引领了高盛的发展

1. 西德尼・温伯格：现代高盛之父

西德尼・温伯格（Sidney Weinberg，1891—1969）从 1930 年到 1969 年担任高盛的主席，他带领高盛走出了大萧条的阴影，使高盛享誉美国，并留给继承者一块固若金汤的招牌。早年“天才少年”，晚年“华尔街先生”的西德尼是这样评价自己的：“我只不过是一个来自公立十三小学的辍学生而恰好又结识了很多生意人。”

西德尼出生于犹太移民家庭，父亲在纽约布鲁克林区艰难维持着酒类批发和私酒贩卖生意。西德尼 15 岁就辍学在轮渡站卖报，16 岁那年他闯荡到华尔街，注意寻找外观耀眼的高层建筑，挨家挨户叩门，问他们要不要找男孩做事。终于，他在一家小经纪公司找到了勤杂工的工作，周薪 3 美元，那家公司就是高盛。

高盛创始人的孙子保罗・盛克斯（Paul J. Sachs）对西德尼颇有好感，他很快得到提拔。保罗还鼓励西德尼继续学习深造。第一次世界大战时，西德尼离开了高盛，当了一名海军厨师。战后，他重新回到高盛，成为一名商业票据业务推销员。在西德尼进入财务部门工作后，其理财能力日益凸显出来。他组织包销证券，决定新发行证券的价格，并对交易进行监督。1927 年，西德尼成为高盛公司的合伙人。1930 年，瓦迪尔・卡钦斯离开高盛后，西德尼成为高盛的掌门人，直至 1969 年去世。西德尼・温伯格让高盛改头换面，由一家在生死线上挣扎的金融界中层合伙公司，一跃变身全球首屈一指的投资银行。

1940年，沃伦·巴菲特的父亲带着巴菲特来到纽约。当他们来到华尔街一家大的证券公司时，意外地见到了当时华尔街的一位神秘的大人物，就是西德尼·温伯格。西德尼将仅有10岁的巴菲特请进了自己的办公室，二人竟交谈了半个钟头。谈完话，西德尼还问：沃伦，你喜欢什么股票？巴菲特曾多次回忆说："当年，作为华尔街的大人物竟然可以悉心倾听一个10岁孩子关于股票的意见。这对一个对财富有极大兴趣的孩子是多么大的鼓励！"从此，巴菲特与高盛结下了不解之缘。

西德尼在担任高盛的领导人期间，始终坚信良好的客户关系、广泛的商界联系是公司未来发展的重要资源。在他的私人朋友中，有美国最著名的企业如通用电气、福特汽车、宝洁等公司的老总，还有其他几十家巨型公司的主管人。西德尼还同时担任超过30家公司的董事。他对其担任董事的公司的忠诚程度令人难以置信。比如，只有卡夫公司生产的奶酪他才消费，他所有的电灯泡都是通用电气的产品，他只在西尔斯公司购买厨房用品。当成为福特汽车公司董事后，他就卖掉了自己的凯迪拉克和奥兹莫比尔汽车，换成了福特公司的林肯和水星汽车（见图5）。

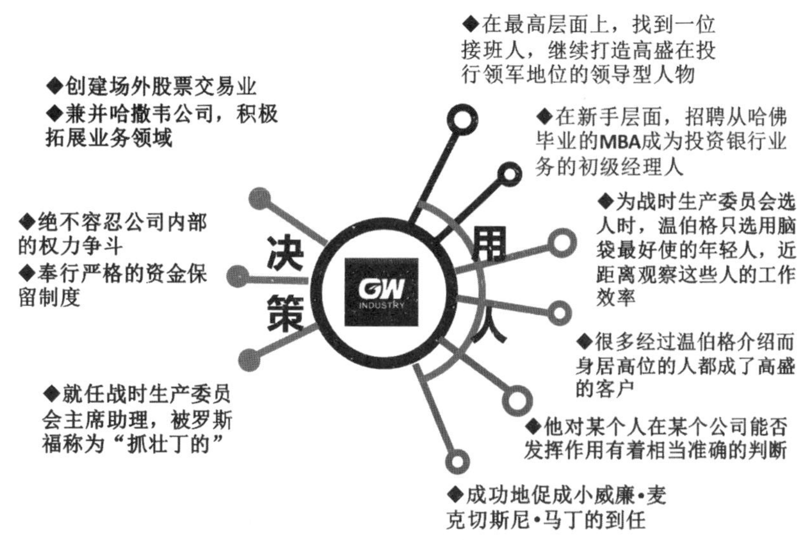

图5　西德尼·温伯格的领导人分析

2. 约翰·怀特黑德："十四条"的创始人

约翰·怀特黑德先后获得哈佛大学经济学学士学位和 MBA。他年轻的时候给高盛合伙人当秘书，因充满自信和活力被西德尼·温伯格赏识，后来成为其副手。1976 年，从约翰·怀特黑德和西德尼·温伯格共同担任高盛联合主席开始，"双头制"管理便成了高盛管理架构的基本形态。

被任命为联合主席以后，随着高盛规模的扩大，怀特黑德开始考虑如何保持高盛独特的文化，使全世界的高盛员工都能在同一种文化的指导下为客户提供服务。后来几乎成为行业规范的高盛"十四条商业原则"应运而生，其第一条便是"客户利益永远至上"。这些原则被印成小册子广泛地散发给高盛的每一个员工，时至今日仍然指导着高盛的日常工作。

（二）合伙人机制引领考核激励，管理独特高效

1. 合伙人制度在上市后依然发挥着独特的作用

高盛是华尔街最后一家保留合伙制的投资银行。尽管 1998 年的合伙人会议决议将高盛公司改组成股份有限公司，但是合伙制度在高盛的运转过程中依然发挥着至关重要的作用。传统投行的合伙人精神与文化和现代公司制治理结构在高盛集团实现了完美结合，较为妥善地解决了股份制伴随所有权与经营权的分离而产生的公司治理问题。合伙人制度的存在不但没有造成因为引入股份制而带来的业内精英的流失，而且还形成一种独特、稳定而有效的管理架构，从而使上市后的高盛依然保持着强大的竞争力。长期以来高盛的管理结构中没有严格的分层，一个合伙人经常身兼数职。高盛公司内部简洁的人员结构可以保证高管充分竞争，保证了好主意能够被最高层听取，每个人都可以充分地表达自己的观点。然而，上市后高盛合伙人制度并未消失，在公司制的治理架构下，高盛合伙人仍然发挥着作用，例如，合伙人仍然持有公司大量股份，并依据自己积累的客户资源继续给公司服务、合伙文化中的风险评估管理相互制衡的决策流程等很好地继承了下来。

高盛合伙人制度所具有的优势对股份制管理形成了有效补充：一是吸引优秀人才长期稳定地为之工作；二是高级管理人员具有高风险意识与强责任意识；三是避免薪酬攀比以及带来的内耗。高盛上市之后，它仍保留着合伙制的一些特点，例如，合伙人仍然持有公司大量股份，并依据自己积累的客户资源继续给公司服务等。上市后高盛的合伙人数量一直保持在员工总数的 1.5% 左右（2014 年底的合伙人数量为 467 名），每两年更新四分之一到三分之一。高盛每两年会进行一次"合伙人才库"的选拔。选拔将以员工的商业

贡献与文化适应性作为主要评选标准。成为合伙人才库的会员不但享有优越的红利，而且还能把获得的报酬投资于公司私营交易，并以低于市价的折扣买进高盛股票。合伙人头衔并不附带任何明确的责任，但是通常可以得到加薪，并参加一个特别的合伙人奖金池的分配。

2. 顶层委员会制带来决策高效

高盛集团内部实行董事会统一领导，决策权高度集中于董事会。公司决策高度集中是高盛集团治理模式的显著特点，其中，顶层委员会发挥着核心和枢纽作用，扁平化的委员会决策机制具有灵活高效的特点，能够很好地适应现代投资银行的业务规律（见表1）。

管理层下设管理委员会、公司风险委员会、部门风险委员会、资本承诺委员会、信用政策委员会、创新产品评审委员会、操作风险委员会、财务委员会等各种委员会，各委员会起到了“核查和平衡”的重要作用。在管理程序上，最高层是以董事长（兼CEO）和首席运营官为首建立了一个由6个人组成的执行委员会，从全局上进行统筹管理，不代表任何特定部门的利益。

在执行委员会之下，包括经营和合伙人委员会。新成立的执行委员会的成员来自每一个部门，他们将介入整个公司的运营。同时，更多的合伙人将会清楚地了解公司的运营和长期战略。由于有更多的合伙人能够接触到上层的管理，公司的文化能够从领导者那里轻易地传递给更多的人。

高盛集团管理架构继承发扬了合伙制下扁平的组织结构和协作精神，最低级到最高级之间级别数量较少；高级管理人员可能同时担任某一个部门的主管，业务人员可以通过主管将意见建议提交到公司的管理委员会审议。

表1　　高盛集团治理结构特征

治理结构	特征
股权结构	股权高度分散，集中度低，具有较强的流动性
董事会结构	一般不设监事会。由董事会来执行监事会的职能。董事会一般由内部董事和比例较高的外部董事组成
委员会制度	设管理委员会、公司风险委员会、部门风险委员会、资本承诺委员会、信用政策委员会、创新产品评审委员会、操作风险委员会、财务委员会等各种委员会，各委员会起到了“核查和平衡”的重要作用
激励结构	奖励手段多样化：以工资、奖金作为短期激励手段的同时，普遍运用股票期权等多种金融工具来强化中长期激励
约束机制	主要通过审计委员会、信息披露制度和市场的监督来实施对管理层的监督

资料来源：高盛集团年报。

3. 重视中后台的资源投入，保证高效运转

截至2015年底，高盛集团员工人数约为3.68万名，其中三分之二以上的员工属于中后台员工，高盛集团深知，只有中后台的强大才算真正强大。为此，高盛集团在中后台进行大量投入，以IT为例，高盛的后台仅IT支持人员就占到员工总人数的约三分之一，除此之外，还有大量的中台人员，以及身处前台的支持人员；高盛的IT部门甚至开发自己的算法和语言。强大的中后台为前台高效运转提供了有效保证。高盛迄今已经存在了近150年，之所以能够在大风大浪中屹立不倒，不仅是因为高盛的业务优秀，而且是因为高盛的中后台同样优秀，后台与前台一样强，甚至比前台更强。

（三）文化的统一和多元

高盛的企业文化是统一和多元化的结合，形成了既集中又开放的文化特色。高盛从2006年便提出“同一公司，同一文化（One Firm, One Culture）”，强调“同一公司”，可以使各业务平台之间在合法、合规的前提下保持紧密的合作，不互相拆台和争功。而“同一文化”则是要确保高盛各业务单元的员工都能遵照“十四条”业务原则来行事。

高盛集团有许多关于文化差异的讨论及培训项目。高盛在中国所有的员工每年要完成两个课时的“多元化和包容性”的培训，帮助员工了解并正确对待各个国家的文化差异。此外，高盛还有如何与残疾人交流和相处的培训、针对女性员工的培训等。

五、高盛企业文化的借鉴与启示

（一）完善自己的企业文化，并将文化落实行动

高盛集团在历史发展过程中非常注重企业文化的建立和培养，并且通过“十四条”来落实行动，而在国内金融市场中，金融机构的企业文化略显单薄，缺乏落实行动的纲领性条文。

1. 讲究团结精神，抵制“明星”体制

在高盛，只有“我们”，没有“我”。高盛的各个部门中，大部分是两名负责人，这种团队精神让高盛不像别的公司那样纵容个人，即便是华尔街最优秀的个人。高盛不向任何人保证将在未来数年中给予多少薪酬，也不按交易员赚取的利润给他们提成。

在华尔街，小部分盈利能力强的银行家与交易员获得的报酬远远高于其他人员。这种明星体制造就了一个个华尔街风云人物，也让华尔街有了从未

有过的吸引力。德崇证券的迈克尔就是明星制下的产物（见图6）。1987年，迈克尔获得了高达5.5亿美元的奖金。但是当迈克尔因为违法而被美国监管机构指控后，德崇公司失去了它的明星，也就没有了影响力。另外一个明星产物就是所罗门公司的副总裁与负责所罗门公司所有自营债券交易的约翰。1991年5月，所罗门公司在美国财政部国债认购中采取欺诈行为，约翰与所罗门兄弟公司的其他几名明星随即被所罗门公司的最大股东巴菲特解雇。所罗门公司从此也一蹶不振，并在几年之后不得不被花旗收购。

而高盛一直抵制“明星”体制。在别的公司，个人的突出表现会受到鼓励，而在高盛，能否融入公司之中才是关键，个人英雄主义没有立足之地。高盛不乏金融天才，但是高盛并没有将他们培养成明星。所以高盛没有这些人，依然能够立足。20世纪80年代，高盛的员工流动率只有3%，远远低于行业平均水平。员工的高度稳定也带来了客户关系的稳定。虽然也有人离去，但是很少有人离开高盛而去别的公司从事类似的工作。高盛的团队精神让公司员工，特别是合伙人之间产生了一种家族式的感情，这种感情让高盛合伙人之间相互救助。1931年，一些初级合伙人的资本账户上甚至出现亏损，高级合伙人伸出援助之手，每人援助20万~30万美元。在他们看来，不管高盛是否是家族公司，但肯定是合伙人的公司，他们不会让高盛有背着债务的合伙人。由于市场状况不好，加上高盛因为宾州中央铁路破产案而声誉受到影响，1973年前9个月一直亏损，刚刚当选的合伙人面临资本账户出现亏损的危险。格斯·列维提议原有合伙人资助新合伙人，得到一致赞成。对比国内金融机构，跳槽风气甚浓，员工对公司的忠诚度有待提高。

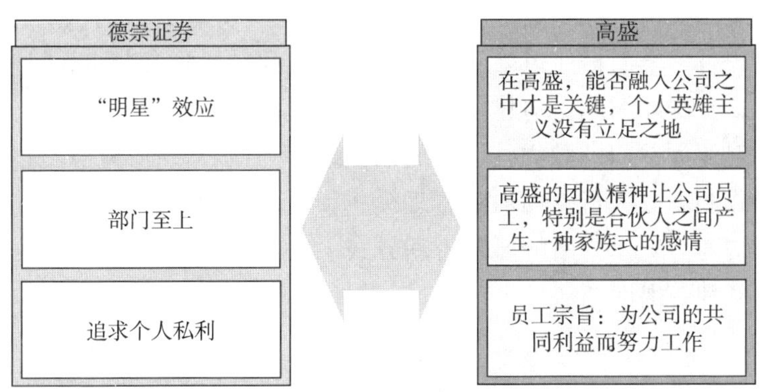

图6　企业文化决定了一个公司的价值导向

1986年12月，由罗伯特·鲁宾、斯蒂文·弗雷德曼领导的管理委员会提出了将高盛上市的建议。在合伙人会议上，虽然管理委员会表达了强烈支持高盛上市的想法，但从没有表示要强行通过该决议的意向，虽然建议得到高级合伙人的支持，但在合伙人会议上，几乎所有人都得到发表意见的机会。管理委员会虽然决定着合伙人在高盛的职业生涯，但被选为合伙人才6天的初级合伙人也敢于发表反对意见。结果，上市建议被否决。虽然高级合伙人可能因此而丧失上千万美元的利益，但他们也只是遗憾地表示接受。而最重要的是，在这次会议上，权力很大的管理委员会听取了合伙人的意见。1996年1月，高盛再次考虑上市。虽然共同总裁与CEO乔·考塞与亨利·保尔森都支持上市，但在以新任CFO约翰·塞恩为代表的年轻一代合伙人的反对下，上市的提议再次被否决。

2. 建立紧密客户网络，客户利益至上

在高盛看来，正如“十四条”的第一条：客户利益至上，只有对客户尽心服务，成功才会随之而来。高盛主要业务条线共享客户资源，共同服务客户，通过提供投行全产业链服务不但成功“捕捉”客户，而且还给客户带来最佳的客户体验，实现了高效流水化作业。这点启发国内金融机构将“交叉业务”进行更深入的开发和探索。

（二）构建完善有效的风险管理体系

风险管理是金融机构永恒的生命线。随着金融业态的相互融合、相互渗透，商业银行和投资银行的业务、资产负债结构具有高度的相似性，风险管理也面临类似挑战。为适应集团化、综合化发展对风险管理能力的要求，建议国内的金融机构学习高盛的风险管理模式，建立完善有效的风险管理体系：一是理念先行，全面推广风险管理文化，人人都是风险参与者，风险管理全员有责；二是制度保障，构建全覆盖、交叉制衡的风险管理制度，保持风险控制部门对业务部门的独立性，形成以董事会为核心，各部门广泛参与，以集中、协作和高效为特点的风险管理模式，在此基础上，建立以问责制、问题上报和沟通为纪律约束的风险管理方式；三是坚持公允估值，保持对风险的高度敏感和警惕性。

（三）基于客户需求重点布局高增长区域，坚持国际化发展

高盛国际化策略：聘请顾问，重点开发盈利强的业务与地区，把握进入时机。高盛集团国际化发展的根本动机是适应全球经济金融一体化发展形势，积极参与到全球的竞争，通过海外业务实现利润增长。通过聘请国际顾问、

选择盈利能力强的业务重点开发、在合适的时机选择合适的市场等国际化策略的实施，实现顺利的国际化布局。由于高盛缺乏对欧洲和亚洲各国市场的了解，且欧洲各个国家在文化、商业环境、政治和习俗上都存在很大差异，为了得到熟知各国社会、政治、文化的专家的帮助，高盛在各国聘请了专家作为顾问，为高盛提供重要的建议。

高盛最初在伦敦开发的业务都是传统业务，如股票代理买卖、外汇交易等，这些业务都未能覆盖其当时的运营成本，导致出现几年亏损。自营业务的开发，大大提升了高盛伦敦公司的盈利能力。1986 年，英国实施大变革，实施了对外开放的政策，高盛在这个时候把握时机，大力开发英国市场和其他欧洲市场。1956—1973 年，日本进入其经济高速发展时期，成为仅次于美国的第二经济大国。高盛和摩根士丹利进入日本市场都是提前 10 年布局，把握日本经济高速增长的时机。1992 年，中国资本市场开始发展，高盛随后在上海和北京成立代表处，开发中国市场。从以上这些举动来看，高盛时刻关注国际市场，并在这些市场发生有利变化的时候及时布局，抢占市场。

思考题

1. 思考高盛文化是什么？
2. 您觉得高盛文化对公司有何影响？
3. 您觉得高盛企业文化是怎样形成的？
4. 思考高盛领导层对高盛文化所作出的贡献。
5. 文化的力量是如何展现的？
6. 对比国内外金融机构的体制机制和文化，思考国内金融机构在 2015 年股市大幅波动后的恢复能力相对薄弱的原因。

附录

高盛重要领导人

一、马库斯·戈德曼（任职年份：1869—1894）

戈德曼跟女婿的联合拉开了高盛合伙人制度的序幕。后来，戈德曼又让自己的儿子与另一位女婿成为合伙人。此后近 50 年，高盛成为名副其实的家族企业。1882 年，60 岁的戈德曼每年可以交易 3 000 万美元的证券，此时他决定邀请女婿萨克斯成为合伙人并成立戈德曼·萨克斯公司。1888 年，正式更名为高盛。1904 年，资本达到 100 万美元，事业蒸蒸日上，亨利·戈德曼定下将高盛发展为投资银行的目标。第一次世界大战，由于理念不合，戈德曼撤资。

二、西德尼·温伯格（任职年份：1930—1969）

（一）家庭背景：父亲老温伯格是社会底层的波兰裔酒水批发商，后来为温伯格找了继母，为此温伯格离开家庭，且带走了一封老师的推荐信，就这样，五短身材，口音浓重，平卷舌音不分的温伯格走上了求职之路。

（二）自我评价：温伯格早年“天才少年”，晚年“华尔街先生”，我只不过是一个来自公立十三小学的辍学生而恰好又结识了很多生意人。

（三）主要经历

1907 年，被学校开除，为求职重返华尔街，遇到第一位贵人——保罗·萨克斯。

1917 年，离开公司加入美国海军。

1925 年，创建了场外股票交易业务，在纽约交易所购得席位。

1932 年，支持罗斯福上台，从此，高盛与政府的关系剪不断、理还乱。

1935 年，被卷入一场信用危机。

1937 年，交易公司一事损害了公司声誉，萨克斯家族让温伯格领导公司。

（四）领导人分析

决策	用人
创建场外股票交易业务 兼并哈撒韦公司，积极拓展业务领域 绝不容忍公司内部的权力争斗 奉行严格的资金保留制度 1932 年，支持罗斯福上台 1933 年，创建商务顾问和策划委员会，连接政府和商界 1942 年，就任战时生产委员会主席助理，被罗斯福称为“抓壮丁的”	在最高层面上，找到一位接班人，继续打造高盛在投行领军地位的领导型人物 在新手层面，招聘从哈佛毕业的 MBA 成为投资银行业务的初级经理人 为战时生产委员会选人时，温伯格只选用年轻人，近距离观察这些人的工作效率，深入了解每一个人的专长，他对某个人在某个公司能否发挥作用有着相当准确的判断 很多经过温伯格介绍而身居高位的人都成了高盛的客户 成功地促成小威廉·麦克切斯尼·马丁的到任，此人后来成为美联储历史上任职时间最长的主席

（五）影响力分析：自温伯格带领高盛与白宫有了“第一次亲密接触”之后，高盛与美国政府之间的关系相当密切；1929 年美国股市崩盘给高盛造成了沉重打击。度过经济大萧条后，温伯格带领高盛开始了复苏之路，创造了新的辉煌：商业票据处于领先地位；机构经纪及大宗交易业务迅速发展；并为高盛订立了一系列核心政策，包括资金存留、强势竞争等。

三、格斯·列维（任职年份：1969—1976）

（一）家庭背景：1910 年出生于美国南方海港城市，父亲西格蒙·雷曼是包装生产箱的中产阶级工人，母亲贝拉·雷曼·列维是雷曼家族的远房亲戚。12 岁时，父亲去世，列维是家中唯一的男孩。

（二）教育背景：1924 年，就读于巴黎的美国人学校，期间“只是到处乱晃”；1927 年，进入路易斯安那州的杜兰大学就读，中途退学。

（三）主要经历

1928 年，第一份工作华尔街外勤人员。

1929 年，经济危机爆发，列维是华尔街股灾中极少受损的人之一。

1930 年，与家人迁入曼哈顿。

1931 年，成为“艺术品”和“青铜品”股票经纪人。

1932 年，迁入希伯来青年会，在纽伯格公司的套汇业务担任助理交易员。

1933 年，进入高盛外国证券部工作，后转套利部。

（四）领导人分析：列维带领高盛跨入股票和债券巨量交易门槛，严谨的任务态度、团队协作的信念，成为高盛的企业文化支柱。他掌权期间，高盛由于 1970 年铁路公司倒闭濒临歇业，高盛承做该公司商业本票，遭美国证管会谴责，损失数千万美元。他为高盛立下了“长远上的贪婪”这一格言——只要长远上能够盈利，短期内的交易损失就不用担心。

用人	决策
领导风格：强硬派 凭借敏锐的直觉把握行动时机，对每一笔业务投入百分百精力，“工作比狗还勤奋”，对员工施加压力，给自己更大的压力，塑造了有效率内部极为协调的特点，而且外部员工显得很有竞争力。 用人机制 1. 善于挖掘人的潜能 约翰·温伯格：“如果格斯让我做什么事情，我肯定照办，随时候命。” 鲍勃·门舍尔：“格斯总是能够以百分百精力投入这项业务，他的全情有时让人胆寒，有时也能激发人的潜能。” 2. 强调个人表现又看重团队协作 鲍勃·门舍尔：“我们特别注重招聘头脑灵活的人，同时也看中一个人是否真的愿意成为一个团队的一员。” 3. 高压政策 列维在做大宗交易上的进取心非常强烈，客户实际上都同情高盛的销售人员和交易员。员工对列维给他们施加的压力总是嬉笑怒骂不断。 4. “我要更多” 约翰·怀特黑德：“他只有一个念头：我要更多！格斯可以把任何人当作他的客户，看对方而不是看实干，而非通过层级选人。” 5. 关系 格斯·列维不止一次向他的朋友们承诺要给他们的孩子们在高盛内部安排一个交易员或与交易有关的职位。	决断力：高盛强调个人表现和团队协作的企业文化起源于格斯·列维。 判断力：在开创优质市场方面有良好的声誉，而且开辟的都是大型市场。 乐于学习，追求完美：制定纳斯达克交易系统；充分挖掘那些大型铁路公司，为高盛开辟了一条全新的财路。 三大举措：高盛允许所有机构对由高盛完成交易的佣金进行部分或者全部分配，作为一种让步费用。 高盛用自己的资金大量买进机构想卖出的股份，承担购买没人想要的股票的库存风险。 转变研究，同时，列维决定让高盛成为大公司的投资银行，尤其是那些新兴的大型公司。

四、约翰·怀特黑德（任职年份：1976—1985）

（一）家庭背景：1922 年 4 月 2 日出生于伊利诺伊州的埃文斯顿，成长在新泽西州。父亲是一位线路工人，就职于西部电气（美国电话电报公司的子公司），后来转到了人事部门。

（二）教育背景：1939 年进入哈弗福特大学，曾任学生会主席；1947 年毕业于哈佛商学院，获得 MBA 学位。

（三）主要经历

1939 年，进入哈弗福特大学，在大学开办保龄球球瓶装配公司赚取学费。 1943 年，服役于美国海军，参加第二次世界大战，1944 年参与诺曼底登陆。 1947 年，获得哈佛 MBA，进入高盛集团。 1955 年，与温伯格一起，帮助福特上市。 20 世纪 70 年代末，提出高盛员工 14 条业务原则。 1985 年，从高盛卸任后，被里根总统任命为助理国务卿。

五、约翰·温伯格（任职年份：1976—1990）

（一）家庭背景：1925. 1. 25—2006. 8. 7，出生在斯卡斯代尔的威彻斯特郡郊区，父亲是西德尼·温伯格。

（二）教育背景：曾就读于迪尔菲尔德中学、普林斯顿大学、哈佛商学院。

（三）工作优势：拥有 50 年一线投行经验，在高盛担任了 14 年的联席主席或主席。善于成功化解紧张局势。总是在寻找大家共同的利益而且经常能够发现个人层面上的共同利益。

六、乔恩·科尔津（任职年份：1994—1998）

（一）家庭背景：科尔津出生和成长在伊利诺伊州威利站的一个家庭农场。祖父借钱起家，拥有 2 500 英亩土地，一家银行；成为该州议员和共和党领袖。父亲是一名佃农，售卖保险。母亲做了 30 年的小学教师。

（二）教育背景：少年时期的科尔津在泰勒维尔公立学校读书。1965 年高中毕业后，科尔津来到伊利诺伊大学香槟分校读书。1970—1973 年，攻读芝加哥大学工商管理硕士。

（三）主要经历

1969 年，参军，服役于美国海军陆战队。 1970 年，被伊利诺伊大陆国民银行和信托公司的交易结算办公室录用。 1973 年，进入俄亥俄州哥伦比亚第一银行。 1975 年，进入高盛固定收益部门。 1979 年，接管债券交易组。 1980 年，成为高盛的一名合伙人。

（四）领导人分析：在用人方面，科尔津上任后将管理委员会更名为执行委员会，成员数从 12 名削减到 6 名：科尔津、保尔森、约翰·塞恩、罗伊朱克伯格、戴维·塞芬和鲍勃·赫斯特（一年后塞芬离任，科尔津推举了约翰·索顿）。

- 科尔津在高盛比较暗淡的情况下接手高盛。他是一位扩张主义者，坚信高盛一定会好起来，对公司的前景充满了信心，并致力实现高盛在业界的首席地位。
- 重新塑造了高盛在业界、员工和合伙人心中的形象，对高盛的战略和业务进行了调整，对高盛的制度特别是风险管理和高盛的合伙人制度进行改革，并完成上市。
- 总结了高盛在过去的发展经验和教训，不断向客户和高盛的合伙人及员工表明高盛吸取了教训，并且在战略、制度和业务等方面进行了具体的调整。
- 1995 年科尔津和保尔森提出上市计划遭到反对，上市计划暂时停止。但他没有放弃，一直等待时机，并说服合伙人支持 IPO 计划，打无数通电话拉票，参加多场会议，以各种方式提起 IPO。
- 科尔津善于从哲学和宏观上把握高盛发展方向，在高盛的合伙人会议上，他从哲学和宏观上为合伙人分析未来走势和高盛的前景，依次为合伙人展示高盛的发展走势。

（五）领导人决策及影响力

为了提高管理与领导的参与度，成立两个新的委员会——每个委员会包含 18 名成员，其中包括成立的执行委员会部分成员。科尔津——合伙人委员会的主席，负责管理合伙人政策和合伙人甄选条例，以及检查与评估公司的资本结构。保尔森——运营委员会的主席，负责促进合伙人及部门之间的沟通，协调各部门的运作，准备年度预算报告，批准新业务计划，保证“引入外部战略合作伙伴”。

七、亨利·鲍尔森（任职年份：1999—2006）

（一）家庭背景：1946 年 3 月 28 日生于美国佛罗里达州棕榈海滩，在伊利诺伊州巴灵顿的一家农场长大，信仰基督教科学派。身高 6 英尺，仪表整洁，言辞朴实，在中学时代学习勤奋。

（二）教育背景：1968 年毕业于达特茅斯学院，获得英语学士学位，在校期间被评为全校最优秀的 24 名足球运动员之一，曾获得美国大学优等生的奖励。1970 年从哈佛大学获得工商管理硕士学位。

（三）主要经历

1970 年，供职于五角大楼，担任美国国防部助理国防部长的助手。
1972 年，尼克松在位期间，任白宫总统办公室助理。
1974 年，开始进入高盛公司的芝加哥分部工作。
1982 年，成为高盛公司的合伙人。
1990 年，出任高盛公司投资银行部的联合主管。
1994 年，晋升为高盛公司总裁兼运营总监，并首次被提名为首席执行官。
1998 年，成为高盛公司高级合伙人之一。
1999 年，高盛上市，鲍尔森成为美国高盛集团主席兼首席执行官。
2006 年，就任美国第 74 任财政部长。

（四）领导人分析

<table>
<tr><th colspan="2">用人</th><th>决策</th></tr>
<tr><td>领导风格</td><td>属于美国证券界的“鹰派”，行动派，坚持长期的原则——永无止境的客户服务，一切以业务为导向，强大的商业伦理精神，坚持识别并培养未来的领导者。</td><td rowspan="4">判断力：1999 年高盛上市后，个人决定不与摩根・大通合并。
创新力：关系银行：保尔森将所有的精力都放在开发长期客户关系以及争取新业务的最好机会上。
整合力：战略转型：保尔森率领公司重新定位高盛的战略及其在金融市场中的特权，同时从事自营和代理业务。
与时俱进：对于那些能够接受变化的人，成长的机会非常多，而不能接受变化的人很快就会掉队。
在保尔森的领导下，高盛集团成为华尔街最赚钱的投行。
保尔森统率高盛期间，不仅连夺证券承销大单，并引领高盛进入商品市场。成为商品期货的最大炒家之一。
掌管高盛，保尔森还承担起公共职责，在华尔街发起公司治理运动。</td></tr>
<tr><td>招聘</td><td>保尔森认为高级管理团队最重要的事情就是招聘。如果我们拥有高素质人才，所有的高级管理人员需要做的就是研究公司的战略及正确地配置现金与资源。</td></tr>
<tr><td>用人</td><td>保尔森认为业务上的失败可以归结为用人的失败。我努力寻找优秀的员工，帮他们找合适的岗位，并在各自的岗位上有所成就。</td></tr>
<tr><td>领导人培训</td><td>重要性：高盛需要众多领导的合作。公司的规模过大，非常分散，市场时刻发生着巨变，各级富有技巧的领导者对公司的发展非常重要。
培训理念：保尔森认为成为好的领导人的要素是要敞开心扉，愿意寻求和接受建议，展示出谦逊的品质，并善于用人。
培训模式：保尔森设立了发展顾问委员会：对更加系统化的培训需求进行评估，高盛不喜欢正规的培训，公司传统上依赖于一对一的培训。</td></tr>
</table>

参考文献

［1］翁媛媛．从高盛投行业务创新看国内券商投行服务转型［J］．证券市场导报，2013（7）：11－16.

［2］姚远，张金清．高盛集团发展模式及对我国投资银行发展的思考［J］．财经问题研究，2010（11）：56－60.

［3］李勇，陈耀刚．高盛投资银行业务：经验与借鉴［J］．金融论坛，2007（3）：10－15.

［4］记者梁敏，编辑朱贤佳．高盛品格何从谈起？［N］．上海证券报，2010－04－16（F06）．

［5］吴晓鹏．高盛声誉危机［N］．21 世纪经济报道，2012－03－19（003）．

［6］徐升．高盛文化［N］．中国审计报，2001－10－31（007）．

［7］刘曼红．高盛文化哺养出最成功的投资银行［N］．中国信息报，2001－06－27（004）.

［8］费隐．以人为本：高盛文化的精髓［J］．中国高新区，2002（8）：59－61.

［9］朱洁．高盛的秘密［J］．金融博览（财富），2015（3）：79－81.

［10］张锐．高盛的中国投资与经营大智慧［J］．金融管理与研究，2006（8）：45－49.

［11］Yoann Bazin. Problematizing Goldman Sachs：indoctrination，paradigm shift and revolving doors［J］. Society and Business Review，2014，9（1）．

［12］Tate，Marsha Ann. Meet Goldman Sachs［J］. English，2008.

［13］Anonymous. GE；The World Resources Institute，General Electric and Goldman Sachs Launch Initiative to Measure Water Risks and Opportunities［J］. Energy Business Journal，2010.

［14］Anonymous. Research and Markets：Goldman Sachs Group － SWOT Analysis［J］. M2 Presswire，2010.

［15］Fedynsky，Peter. Goldman Sachs Culture Assailed［J］. EN，2012.

［16］Goldman sachs The culture of success［J］. Business Horizons，2000，43（3）．

案例教学使用说明

一、教学目的与用途

1. 适用课程：投资银行学、金融市场学、投资学。

2. 适用对象：本案例主要为金融类专业、工商管理类专业等本科生开发。

3. 教学目的：本案例的教学主题是，有着150年历史的高盛，是全球最优秀投资银行之一，历经数次危机，屹立不倒。在1929年的金融危机影响下，高盛公司陷入危机，经过诸多精英合伙人的通力合作和传承，他们共同培养良好的企业文化，以十四条为根本宗旨，促进权利共享和不以自我为中心的团队精神，鼓励各级管理人员发挥企业家精神，要求全体员工掌握本职和非本职的业务知识，规定严格的业务标准，培养人才，树立为客户服务高于一切的宗旨，公司上至总裁下至普通员工都勤奋工作，全体员工接受一个共同的信念：为公司的共同利益而努力工作，不自私，不背后整人。自2007年开始爆发的美国次贷危机对华尔街投资银行业造成了沉重的打击。在这场重大的金融风暴中，高盛集团成功地幸免于难，2007年实现了净利润增长22%的良好业绩，并于2008年转为银行控股公司，均体现了高盛集团惊人的实力。本文主要从高盛企业文化角度对高盛集团进行探索，为我国投资银行的发展提供有益参考。在课堂上，重点讨论五部分内容：一是了解高盛的发展历程；二是掌握高盛的企业文化，及其对高盛的深远影响；三是思考高盛企业文化是怎样形成的；四是理解不同阶段高盛领导人对高盛的影响；五是通过对比国内证券公司，探索我国金融机构在企业文化方面与高盛的差距以及如何相应地改进。

具体目标分为以下四方面：

（1）了解高盛的发展历程。

（2）掌握高盛的企业文化，及其对高盛的深远影响。

（3）思考高盛企业文化是怎样形成的，并且理解不同阶段高盛领导人对高盛的影响。

（4）通过对比国内证券公司，探索我国金融机构在企业文化方面与高盛的差距以及如何相应地改进。例如，思考2015年股灾后我国金融机构的恢复能力如何，原因是什么？

二、理论依据与分析

（一）理论依据

公司治理相关理论。

企业文化相关理论。

（二）具体分析

1. 思考高盛文化是什么？

高盛集团的企业文化，具体表现为对客户、员工和股东以“十四条”为核心，维护客户、股东和员工的利益，注重声誉，强调团结精神，同时重视开拓维护政府关系，并且面对金融机构特有的高风险，高盛采取集中且协作的全员风险管理模式。

2. 您觉得高盛文化对公司有何影响？

有着150年历史的高盛，是全球最优秀的投资银行之一，历经数次危机，屹立不倒。在1929年的金融危机影响下，高盛公司陷入危机，经过诸多精英合伙人的通力合作和传承，他们共同培养良好的企业文化，促进权利共享和不以自我为中心的团队精神，鼓励各级管理人员发挥企业家精神，要求全体员工掌握本职和非本职的业务知识，规定严格的业务标准，培养人才，树立为客户服务高于一切的宗旨，公司上至总裁下至普通员工都勤奋工作，全体员工接受一个共同的信念：为公司的共同利益而努力工作，不自私，不背后整人。自2007年开始爆发的美国次贷危机对华尔街投资银行业造成了沉重的打击。在这场重大的金融风暴中，高盛集团成功地幸免于难，2007年实现了净利润增长22%的良好业绩，并于2008年转为银行控股公司，均体现了高盛集团惊人的实力。可以说，高盛成功的背后是成功的企业文化。

3. 您觉得高盛企业文化是怎样形成的？

（1）高盛的成功离不开领导人

数位不同时期优秀的领导人引导了高盛的发展。西德尼之后是列维接管高盛。1976年，列维去世后，公司管理委员会决定由温伯格和怀特黑德两人共同作为高盛产业的继承者，开创了闻名业界的“双头管理”时代，他们共同培养良好的企业文化。在二人的通力合作下，高盛于20世纪70年代主导了机构大宗交易，80年代主导了固定收益业务和杠杆收购。到90年代，在鲁宾和弗里德曼、科尔津和保尔森等卓越领导人相继带领下，高盛逐渐成为享誉全球并持续保持领先地位的金融企业。在成长为顶尖投行的过程中，高盛业务经营的一个显著特点是逐渐突破传统投行的业务边界，开启多元化发展，其标志性事件是1981年通过收购J. 阿朗公司进入大宗商品交易领域，该项收购使交易业务对高盛营收和利润的贡献持续达30%以上；90年代，高盛又开设资本投资业务，成立GS资本合作投资基金，引领了投行业直接投资业务的发展。

（2）合伙人机制引领考核激励，管理独特高效

高盛是华尔街最后一家保留合伙制的投资银行。尽管1998年的合伙人会议决议将高盛公司改组成股份有限公司，但是合伙制度在高盛的运转过程中依然发挥着至关重要的作用。传统投行的合伙人精神与文化和现代公司制治理结构在高盛集团实现了完美结合，较为妥善地解决了股份制伴随所有权与经营权的分离而产生的公司治理问题。合伙人制度的存在不但没有造成因为引入股份制而带来的业内精英的流失，而且还形成一种独特、稳定而有效的管理架构，从而使上市后的高盛依然保持着强大的竞争力。长期以来高盛的管理结构中没有严格的分层，一个合伙人经常身兼数职。高盛公司内部简洁的人员结构可以保证高管充分竞争，保证了好主意能够被最高层听取，每个人都可以充分地表达自己的观点。然而，上市后高盛合伙人制度并未消失，在公司制的治理架构下，高盛合伙人仍然发挥着作用，如合伙人仍然持有公司大量股份，并依据自己积累的客户资源继续给公司服务、合伙文化中的风险评估管理相互制衡的决策流程等很好地继承下来了。

（3）文化的统一和多元

高盛的企业文化是统一和多元化的结合，形成了既集中又开放的文化特色。高盛从2006年便提出“同一公司，同一文化（One Firm，One Culture）”，强调“同一公司”，可以使各业务平台之间在合法、合规的前提下保持紧密的合作，不互相拆台和争功；而“同一文化”则是要确保高盛各业务单元的员工都能遵照十四条业务原则来行事。

高盛集团有许多关于文化差异的讨论及培训项目。高盛在中国所有的员工每年要完成两个课时的“多元化和包容性”的培训，帮助员工了解并正确对待各个国家的文化差异。此外，高盛还有如何与残疾人交流和相处的培训、针对女性员工的培训等。

4. 思考高盛领导层对高盛文化所作的贡献

高盛领导人在高盛企业文化的制定和落实上都发挥着重要作用。在每次高盛面临重大决策的时候，都是领导人的决断力、整合力发挥着重要作用。

戈德曼跟女婿的联合拉开了高盛合伙人制度的序幕。后来，戈德曼又让

自己的儿子与另一位女婿成为合伙人。此后近50年，高盛成为名副其实的家族企业。1882年，60岁的戈德曼每年可以交易3 000万美元的证券，此时他决定邀请女婿萨克斯成为合伙人并成立戈德曼·萨克斯公司。1888年，正式更名为高盛。1904年，资本达到100万美元，事业蒸蒸日上，亨利·戈德曼定下将高盛发展为投资银行的目标。

自温伯格带领高盛与白宫有了“第一次亲密接触”之后，高盛与美国政府之间的关系相当密切；1929年美国股市崩盘给高盛造成了沉重打击。度过经济大萧条后，温伯格带领高盛开始了复苏之路，创造了新的辉煌：商业票据处于领先地位；机构经纪及大宗交易业务迅速发展；并为高盛订立了一系列核心政策，包括资金存留，强势竞争等。

列维带高盛跨入股票和债券巨量交易门槛，严谨的任务态度、团队协作的信念，成为高盛的企业文化支柱。他掌权期间，高盛由于1970年铁路公司倒闭濒临歇业，高盛承做该公司商业本票，遭美国证管会谴责，损失数千万美元。他为高盛立下了“长远上的贪婪”这一格言——只要长远上能够盈利，短期内的交易损失不用担心。

约翰·怀特黑德1955年与温伯格一起，帮助福特上市。20世纪70年代末，提出高盛员工十四条业务原则。

约翰·温伯格拥有50年一线投行经验，在高盛担任了14年的联席主席或主席。善于成功化解紧张局势。总是在寻找大家共同的利益而且经常能够发现个人层面上的共同利益。

乔恩·科尔津为了提升公司决策力，更好地履行公司代表的职能，管理委员会更名为执行委员会，成员数从12名削减到6名：科尔津、保尔森、约翰·塞恩、罗伊朱克伯格、戴维·塞芬和鲍勃·赫斯特（一年后塞芬离任，科尔津推举了约翰·索顿）。该领导小组证明了其决策速度得到改善。

为了提高管理与领导的参与度，乔恩·科尔津成立两个新的委员会——每个委员会包含18名成员，其中包括成立的执行委员会部分成员。科尔津——合伙人委员会的主席，负责管理合伙人政策和合伙人甄选条例，以及检查与评估公司的资本结构。保尔森——运营委员会的主席，负责促进合伙人及部门之间的沟通，协调各部门的运作，准备年度预算报告，批准新业务计划，保证“引入外部战略合作伙伴”。

亨利·鲍尔森认为高级管理团队最重要的事情就是招聘。如果我们拥有高素质人才，所有的高级管理人员需要做的就是研究公司的战略及正确地配置现金与资源。1999 年高盛上市后，个人决定不与摩根·大通合并。保尔森将所有的精力都放在开发长期客户关系以及争取新业务的最好机会上。

5. 文化的力量是如何展现的？

（1）讲究团结精神，抵制“明星”体制

在高盛，只有“我们”，没有“我”。高盛的各个部门中，大部分是两名负责人。这种团队精神让高盛不像别的公司那样纵容个人，即便是华尔街最优秀的个人。高盛不向任何人保证将在未来数年中，给予多少薪酬，也不按交易员赚取的利润给他们提成。

在华尔街，小部分盈利能力强的银行家与交易员获得的报酬远远高于其他人员。这种明星体制造就了一个个华尔街风云人物，也让华尔街有了从未有过的吸引力。德崇证券的迈克尔就是明星制下的产物。1987 年，迈克尔获得了高达 5.5 亿美元的奖金。但是当迈克尔因为违法而被美国监管机构指控后，德崇公司失去了它的明星，也就没有了影响力。另外一个明星产物就是所罗门公司的副总裁与负责所罗门公司所有自营债券交易的约翰。1991 年 5 月，所罗门公司在美国财政部国债认购中采取欺诈行为，约翰与所罗门兄弟公司的其他几名明星随即被所罗门公司的最大股东巴菲特解雇。所罗门公司从此也一蹶不振，并在几年之后不得不被花旗收购。

而高盛一直抵制“明星”体制。在别的公司，个人的突出表现会受到鼓励，而在高盛，能否融入公司之中才是关键，个人英雄主义没有立足之地。高盛不乏金融天才，但是高盛并没有将他们培养成明星。所以高盛没有这些人，依然能够立足。20 世纪 80 年代，高盛的员工流动率只有 3%，远远低于行业平均水平。员工的高度稳定也带来了客户关系的稳定。虽然也有人离去，但是很少有人离开高盛而去别的公司从事类似的工作。高盛的团队精神让公司员工，特别是合伙人之间产生了一种家族式的感情，这种感情让高盛合伙人之间相互救助。1931 年，一些初级合伙人的资本账户上甚至出现亏损，高级合伙人伸出援助之手，每人援助 20 万至 30 万美元。在他们看来，不管高盛是否是家族公司，但肯定是合伙人的公司，他们不会让高盛有背着债务的合伙人。由于市场状况不好，加上高盛因为宾州中央铁路破产案而声誉受到影响，1973 年前 9 个月一直亏损，刚刚当选的合伙人面临资本账户出现亏损的危险。格斯·列维提议原有合伙人资助新合伙人，得到一致赞成。对比国内金融机构，跳槽风气甚浓，员工对公司的忠诚度有待提高。

1986 年 12 月，由罗伯特·鲁宾、斯蒂文·弗雷德曼领导的管理委员会提出了将高盛上市的建议。在合伙人会议上，虽然管理委员会表达了强烈的支持高盛上市的想法，但从没有表示要强行通过该决议的意向，虽然建议得到高级合伙人的支持，但在合伙人会议上，几乎所有人都得到发表意见的机会。管理委员会虽然决定着合伙人在高盛的职业生涯，但被选为合伙人才6天的初级合伙人也敢于发表反对意见。结果，上市建议被否决。虽然高级合伙人可能因此而丧失上千万美元的利益，但他们也只是遗憾地表示接受。而最重要的是，在这次会议上，权力很大的管理委员会听取了合伙人的意见。1996年1月，高盛再次考虑上市。虽然共同总裁与CEO乔·考塞与亨利·保尔森都支持上市，但在以新任CFO约翰·塞恩为代表的年轻一代合伙人的反对下，上市的提议再次被否决。

（2）建立紧密客户网络，客户利益至上

在高盛看来，正如“十四条”的第一条：客户利益至上，只有对客户尽心服务，成功才会随之而来。高盛主要业务条线共享客户资源，共同服务客户，通过提供投行全产业链服务不但成功“捕捉”客户，而且还给客户带来最佳的客户体验，实现了高效流水化作业。这点启发国内金融机构将“交叉业务”进行更深入的开发和探索。

6. 对比我国券商的企业文化，思考国内券商在2015年股市大幅波动后的恢复能力相对薄弱的原因

以中信证券为代表的国内券商在2015年股市大幅波动期间遭遇重创，对比高盛在面对金融危机时的恢复能力，国内券商抗风险能力有待加强，这既是文化的原因也是体制机制的原因，而体制机制也是文化的内容之一。国内券商多数是国企背景，缺乏市场化激励机制，那么如何改革与完善？混合所有制可能是一个方向。

三、关键要点

1. 关键点：思考高盛文化对公司的影响；思考高盛文化是如何形成的。

2. 关键知识点：了解高盛发展史；理解高盛文化；文化的力量又是如何展现的？对比国内外金融机构的体制机制和文化的异同，思考国内券商在2015年股市大幅波动后的恢复能力相对薄弱的原因。

3. 能力点：分析与综合能力、批判性思维能力以及解决问题的实际能力。

四、案例的后续进展

2008年金融危机后，高盛进行了银行控股公司改革，并成为近20年来五大投行中唯一一家仍然健在并且成功跑赢大市的投行类金融机构。无论从净

利润的增长速度，还是国际影响力，高盛依然处于世界领先地位，是全球金融机构巨头。

五、课堂计划

本案例可以作为专门的案例讨论课来进行，如下是按照时间进度提供的课题计划建议，仅供参考。

本案例安排2个课时。

课前计划：

1. 学员准备：充分了解本案例涉及的企业及其事件；确定小组成员组成；提出1～2个论点。

2. 教师准备：完成相应的理论知识介绍；为学生提供学习此案例的材料；为学生提供讨论平台；收集学生的想法论点。

3. 教学辅助人员准备：准备好多媒体教学课件，课后收集学生的书面讨论资料。

课中计划：

案例讨论将分小组进行，每个小组拥有10～15分钟讨论及阐述时间，要求每个学生都要阐述自己的论点和观点。另外，每个小组都应该形成自己有别于其他小组的独特见解，并以文字描述。教师在主持此案例讨论中，应该鼓励及启发学生发表见解。此外，针对此案例相关的理论知识，教师应当向学生详细解释。

课后计划：

请学生上网搜索该企业的相关信息资料，尤其最新信息，采用报告形式给出更加具体的解决方案，或写出案例分析报告（1 000～1 500字）；如果对此案例有兴趣跟踪，建议联系案例作者或企业负责人，进行深入研究。明确具体的职责分工，为学习后续章节内容做好铺垫。

张×国债招标发行舞弊案引发的债市监管风暴①

臧　展

一、引言

近年来，债券市场不断发展。公募基金中固定收益产品规模急速扩张。中国证券投资基金业协会统计数据显示，2013 年 3 月，固定收益产品（债券基金货币基金）规模达到 8 886. 07 亿元，发展势头迅猛。与之相随的债券监管的问题也日渐突出。2012 年审结的张×舞弊案及其引发的债市监管风暴正是最为真实的写照。

2012 年 12 月 28 日，在审计署公布的“2012 年第 35 号审计结果公告——审计署移送至 2012 年底已办结 38 起违法违纪案件和事项处理情况”中排在公告首位的“财政部国库支付中心原副主任张×受贿案”称：2007 年至 2010 年这 4 年中，原财政部国库支付中心原副主任张×以职务之便，帮助他人在国债承销业务中获取不正当利益，并从中收受巨额贿赂。

2010 年 12 月，审计署将此案件线索移送财政部查处。2012 年 6 月，北京市第一中级人民法院以受贿罪判处张×死刑，缓期 2 年执行，剥夺政治权利终身，并处没收个人全部财产。

随后不久，中国债券市场掀起一轮监管风暴，多位“债市大佬”被带走调查。万家基金邹×、中信证券杨×、齐鲁银行徐××、易方达基金马××、西南证券薛×等人先后被抓。此次监管风暴波及商业银行、公募基金及证券公司，此外，一家政策性银行据称也被监管层约谈。这次整治行动涉及的广度与高度都可称得上前所未有。

---

① 1. 本案例由南京审计大学金融学院臧展副教授根据公开资料开发完成。本案例仅作为课堂讨论的材料，不表示企业成败及其管理措施的有效性。

二、债市监管风暴简介

（一）风暴起因——张×舞弊案

1. 案件的主角：张×与包商银行

张×，1965年生，供职于财政部国债司多年，此前一直在国库司国债发行兑付管理处负责国债的发行和兑付。2010年10月，张×通过岗位竞聘擢升为国库司支付中心副主任，这是个副司级别的职位（附录1）。本来，获得晋升的张×可以更好地发挥价值，未料提拔后“才两个月就进去了”。

包商银行成立于1998年12月，是内蒙古自治区最早成立的股份制商业银行，前身是包头市商业银行。2007年9月经中国银监会批准更名为包商银行。包商银行是一家在信贷创新、风险管理方面表现颇为激进的中小金融机构。2003—2011年的国债承销团名单显示，内蒙古四家城商行里只有包商银行为乙类国债承销团成员，并成功跻身前25名国债承销的排行。

2. 应急投标的猫腻

事情源于一家内蒙古的城商行在多次国债发行的投标中，中标价均落在最低价，有同业向有关部门举报，审计部门据此顺藤摸瓜，最终查出了财政部国库司为之通风报信的张×。经查，张×多次在国债招标临近结束之前，透过中间人柴××通过手机短信把实时招标信息透露给包商银行，提前泄露投标价格和相应数量。隔天，包商银行果然在发行中“准确”中标，获利不菲。2010年底，中纪委相关部门根据审计机构提供的线索，顺藤摸瓜，掌握了张×在国债发行中违规透露投标信息，收取好处的事实。

案件发端于2009年三四月间，包商银行全球金融部某负责人在北京出差时遇到了包头人、时任中银国际定息收益部副总经理的柴××。该负责人在双方交谈中抱怨，包商国债承销方面压力很大。柴××当即表示可在国债发行招标时给予帮助，为其透露一些信息。不久后，某期国债发行前一晚，柴××电话告知上述负责人，他会在投标结束前几分钟给其透露投标信息，让其做好应急投标准备。第二天，包商银行果然在发行中“准确”中标，获利不菲。

此后直到2010年8月一年内的多次国债招投标里，包商银行在柴××的信息指导下共投标13期国债，通过承销获利6 000多万元，其中12次都通过应急发行方式招投标的应急投标书进行投标并最终中标，并且其中大部分的应急投标书都是张×签章认可。应急招标是由于承销商远程系统无法登录或其他意外导致不能在规定期间投标而采取的应急措施，而包商银行十几次应急投标都不是这类情况。

一般国债招标时间通常为一个小时，在这个时间段内，参加投标的国债承销团是无法看到其他机构的投标情况的。如果在揭标之前获得这一中标价格区间，参与投标的机构就可以调节自己的投标策略。张×就抓住了其代表“财政部这一最强势发行人”的漏洞，利用自己的领导身份，违规用手机短信透露了信息。按照中国人民银行 2002 年发布的有关债券发行现场的管理规定，在国债发行过程中，操作室现场的电脑可以实时看见招投标详细情况，债券发行现场的任何人员均不得擅自出入，不得对外泄露债券招投标信息，必须关闭对外联系的一切通讯工具，国债发行中的招投标信息更是保密级资料。

3. “丙类户”成行贿通道

作为回报，包商银行在相关高层同意后，于 2009 年 7 月至次年 8 月，与柴××指定的机构进行了一些债券交易，如将企业债或国债以双方约定的较低价格卖给柴××指定的机构，或由柴××在市场上低价买入再高价售出给包商银行。

为方便利益输送，2009 年 5 月，张×让其家庭司机阮×和朋友的女儿张×作为股东出面成立了新盛华盈公司，并在南京银行开设债券交易结算丙类账户。丙类账户是机构投资者委托甲类账户持有人作为结算代理人在中央结算公司以委托人的名义开立的一级托管账户，丙类账户持有人必须委托甲类账户持有人作为结算代理人在该账户中办理其自营业务。“丙类户”主要为非金融机构法人。

新盛华盈参与的多笔国债和企业债交易，几乎都是张×指示柴××完成的。为掩盖真实的交易对手和目的，柴××还多次要求宁夏银行、交通银行、齐鲁银行等机构帮忙“过券”，共进行了 7 只企业债券和 3 只国债的交易，均为逆向的高价买入或低价卖出，新盛华盈通过此种方式间接从包商银行赚取了2 300余万元。这些钱事后均被张×个人用于消费和投资，并给了柴××30 万元作为报酬。

4. 国海证券卷入

张×主动交代 2007—2009 年他曾为国海证券提供实时招投标信息，并收取好处的情况。之前被调查的西南证券固定收益部副总经理薛×，曾于 2008—2009 年任国海证券固定收益证券部北京分部高级经理，这与张×给国海证券透露信息的时间吻合。国海证券根据张×提供的信息多次“精确”投标，获利五六千万元。期间，国海证券通过北京中商税通财务顾问有限公司（以下简称中商税通）以财务顾问费名义支付了1 400多万元。中商税通收到钱后通过交易套取资金，转入张×指定的账户。

2010年7月底，张×被任命为国库支付中心副主任，在提拔后没几个月便东窗事发。2012年6月，北京市第一中级人民法院以受贿罪判处张×死刑，缓期两年执行；柴××也因受贿罪被处有期徒刑14年。

2013年8月13日，人民银行公告称，取消包商银行债券结算资格，自公告之日起不得发生新的代理业务并逐笔退出存量业务，为时两年。

（二）舞弊案引发的连锁效应——债市监管风暴

张×国债投标舞弊案后，丙类账户中隐藏的问题引起了有关部门的高度重视。债券市场迅速刮起一阵监管风暴。

1. “丙类户”买债业务被叫停

2013年陆续被带走调查的“债市大佬”皆因“丙类户”而起。例如，中信证券固定收益部董事总经理杨×，被发现其家人开设的“丙类户”交易流水金额巨大；万家基金的固定收益总监邹×及其妻子控制的“丙类户”被发现存在利益输送行为；2013年初，江海证券固定收益部副总经理张××被调查，据报道，其控制的丙类账户资金高达1.5亿元；还有前西南证券固定收益部副总经理薛×，其控制的丙类账户资金达7 000万元；同年3月被公诉的易方达基金经理马××，在2008年3月到12月期间，多次安排摩根公司低价买入、高价卖出，获利4 900万元；另外被调查的还有齐鲁银行资金市场部徐××。此外，还有国海证券、北京银行、易方达基金等机构的债券部人士被要求协助调查。

2013年4月，中国债市对“丙类户”等将公司利益与个人利益之间输送的违法违规行为进行监管，中央国债登记结算有限责任公司（以下简称中债登）公告暂停信托产品、券商资管、基金专户开立银行间账户；同年5月7日中债登发布《关于非金融机构法人债券账户暂停有关业务的通知》，要求各结算代理人即日起非金融机构法人债券账户除卖出、履行未到期结算合同、转托管已经持有的债券外，暂停办理其他业务，中债登也将对上述账户进行暂停处理。这意味着一般企业法人的“丙类户”买入业务已被叫停。不过，部分属于“丙类户”的银行理财账户暂不在通知范围内。

2. 开启钱荒模式

2013年5月9日，中国人民银行时隔17个月后重启3个月央票，而后在市场资金紧张的时候续作3个月央票导致资金利率大幅上涨。7月9日央行发布第8号文叫停不透明的线下交易。公告显示，市场参与者之间的债券交易应当通过同业拆借中心交易系统达成，债券登记托管结算机构不得为未通过同业拆借中心交易系统达成的债券交易办理结算。同年7月18日交易商协会发布《存续期信息披露表格体系》，提升债市参与各方信息披露质量，宣布过渡期后统一实行债券兑付制度。

同年12月证监会宣布重启IPO，人民银行暂停逆回购重启正回购，资金面的紧张格局再次显现，这无疑加剧了市场的悲观预期。同时债市监管在加强，银监会在11月下发《商业银行同业融资管理办法》（以下简称9号文），意在促使商业银行同业业务“去杠杆”，收缩扩张速度（见表1）。

表1　“张×案”后出台的相关债券市场监管文件

时间	法律法规及办法通知	措施
2013.5.7	《关于非金融机构法人债券账户暂停有关业务的通知》	文件中要求，各结算代理人（具备结算代理资格的商业银行）从即日起，除卖出、履行未到期结算合同、转托管已持有的债券之外的其他业务，将对非金融机构法人债券账户进行暂停处理
2013.7.9	《中国人民银行公告（2013）第8号》	市场参与者之间的债券交易应当通过全国银行间同业拆借中心交易系统达成，债券交易一旦达成，不可撤销和变更。 中央国债登记托管结算有限责任公司和银行间市场清算所股份有限公司不得为未通过同业拆借中心交易系统达成的债券交易办理结算
2013.7.18	《非金融企业债务融资工具存续期信息披露表格体系》	债务融资工具处于存续期的发行企业及提供专业服务的中介机构应按照有关自律规定和《存续期信息披露表格体系》要求，编制、披露存续期相关信息披露文件。 是对存续期间相关事项信息披露的最低要求，不论本表格体系是否列明，凡是对企业偿债能力以及对投资者作出投资决策有重大影响的信息，均应予以披露。投资者应当独立判断投资价值，自行承担投资风险
2013.11	《商业银行同业融资管理办法》（银监会9号文）	规定正回购方应提供无条件不可撤销的书面回购承诺，并不得将业务项下的金融资产从资产负债表中转出； 规定商业银行开展的同业融资业务，不得接受和提供任何直接或间接、显性或隐性的第三方金融机构信用担保。商业银行开展同业融资业务，应当与交易对手金融机构逐笔签订合同或协议

三、我国债券市场问题分析

（一）国债发行招标机制的漏洞

在本次事件中，包商银行多次以应急投标的方式，与柴××私下短信沟通得知债券招标价格，实现利益输送。国债招投标信息本属于机密级资料，却被张×当作用来获取巨额利益的工具。张×的徇私舞弊损害的市场公平机制，也就是损害大部分机构的利益来使得个别机构获得收益。

债券发行舞弊的发展空间来自现行主要的国债招标方式。自1996年后，财政部的国债发行全面实现了市场化招标方式，产生了国债的市场化利率，自此初步完成了利率市场化、发行无纸化、交易电脑化和期限、品种多样化的发展目标。目前，除凭证式国债（柜台销售）和特种定向国债（定向募集）外，其他记账式国债和无记名国债基本上采用了招标的方式发行，招标标的为利率、利差、价格三种。

舞弊案的空间与现行的国债发行招标方式密切相关。目前国债发行的三类招标方式（荷兰式、美国式、混合式招标）各有利弊。其中，荷兰式招标又称统一价位中标或单一价位中标。在竞标结束后，发行系统将各承销商有效投标价位按照一定顺序进行排序，并将投标数额累加，直至满足预定发行额为止。此时的价位便是本次公开招标的中标价位，中标的承销商都以此价格或利率中标。该价格又称为中标价格或中标利率。美国式招标在竞标结束后，发行系统将各承销商的有效投标价位按照一定顺序进行排列，直至募满预定发行额为止。在此价位以内的所有有效投标均以各承销商的各自出价中标（见附录2）。

在21世纪初，财政部采用荷兰式、美国式招标，但均出现过几次流标。实因当时中国的债券市场分割发展滞后，长期国债利率偏低。因此，从2004年之后，中国的记账式国债发行主要采用混合式招标，底线即为全场加权平均中标价格，有助于锁定并提高债券投资收益，以吸引投资者参与投标。但混合式招标属于中国特色的“创新”，国际惯例仍是只有荷兰式、美国式两种招标方式。

荷兰式招标设立单一底价，简单易行；美国式招标，即不同的机构适用不同的数额、利率、价格甚至不同的佣金，更有利于通过市场化的方式使得各自的利益得以平衡。业内人士认为，采用美式价格招标，有利于培育理性的债券投资者。而混合式招标如前所述，是荷兰式招标加美国式招标的“混合体”。

在荷兰式招标和混合式招标中，投标人都会倾向于以偏低的利率（偏高的价格）投标，从而使整体的投标结果偏离理性的价格，进而扰乱债券市场投资人的心理状态。而在美国式招标中，投标者的中标价格即投标价格，要求投标人以极其理性、负责的态度制定投标策略，对机构投标的技术要求较高，价格风险也较大。但这有利于形成市场化的债券发行价格发现机制。

无论哪种投标方式，如果市场深度不够，主要投标人之间也可能因为共同的利益而联合起来，垄断发行市场，也都有可能出现寻租。加之监督机制的缺失或漏洞，舞弊案和张×成为“硕鼠”就很难避免。

（二）揭秘丙类账户

根据中央国债登记结算有限责任公司（以下简称中央结算公司）发布的《债券托管账户开销户规程》，中央结算公司设置甲、乙、丙三种债券一级托管账户。按账户的资格限定，具备甲类账户资格的主要是商业银行；具备乙类账户资格的只能是金融机构，包括银行、券商、基金公司、保险公司、信托投资公司、企业财务公司等；而丙类账户资格，除了甲乙两类账户资格者均可开立，一般社会法人也可以开立。2002 年 10 月，人民银行发文允许具有结算代理资格的商业银行，可接受非金融机构法人委托，代理买卖银行间市场债券。

根据中央结算公司发布的《债券托管账户开销户规程》，三类账户的区别在于：甲类账户是只有具备办理债券结算代理业务资格的代理人，或办理债券柜台交易的商业银行法人机构方可开立甲类账户。甲类账户可通过联网进行债券自营结算和代理结算。乙类账户可由不具备债券代理结算业务或不具备债券柜台业务的金融机构，及金融机构的分支机构开立。乙类账户也可通过联网进行债券自营结算。丙类账户所有具备乙类账户资格者，及其他监管当局许可的法人，可开立丙类账户。丙类账户以委托的方式通过结算代理人（甲类账户资格）办理债券自营业务，不直接联网交易。

张×案后，万家基金邹×、中信证券杨×、齐鲁银行徐××、易方达基金马××、西南证券薛×等“债券明星”陆续被带走调查皆因“丙类户”。隐藏问题的“丙类户”引起了监管部门的高度重视。央行数据库显示，2013 年 2 月债券市场同业拆借交易量为 2.8 万亿元，债券质押式回购成交 9.85 万亿元，现券交易成交 5.2 万亿元。两项均高于上证 A 股市场 1.5 万亿元的总成交量。这说明债券市场上存在大量丙类账户倒卖债券的情况。

市场已经陆续挖掘出债券市场基于丙类账户的多种利益输送潜规则。套路之一：丙类账户，可以所买债券做抵押，从代理行（甲类账户）融入短期资金。因此某丙类账户，可以先找甲类账户垫付资金，获得一级市场承销发行的债券，再从二级市场转卖出去，无须自己出钱，即能获得差价。这种以抵押获得融资杠杆的行为，实际是“代持”的一种形式。2010 年以来，人民银行已经要求各家商业银行暂停债市丙类户垫资、无实际资金往来的撮合及代持三项业务。套路之二：某金融机构因债券交易发生亏损，可在财报期间把贬值的债券交由丙类账户代持，从而在财务报表上暂时掩盖亏损。套路之三：通过代持进行内幕交易。金融机构可向丙类账户低价卖出债券，再高价回购回来，等于直接向丙类账户送钱。套路之四：以约定的价格向丙类账户买入或卖出某一债券，短期内又以相同或相近的价格买回或卖出。频繁而巨额的对敲交易，短时间内能放大交易量，影响市场价格，属于典型的操纵市场。

如果结合杠杆交易和以对敲方式操纵市场等特征，短时间内在银行间债券市场牟取非法暴利，并非神话。因此，处理好“丙类户”是解决债券市场违法违规问题的关键。

（三）交易体系缺陷

通过对本次事件的分析，更多问题指向债券交易制度，具体即市场上丙类账户的违规代持。债券市场三类账户中甲类账户风险较小。比较大的风险或利益输送行为在于乙类账户和丙类账户中，即乙类账户以放大杠杆头寸和雪藏效益不好看的债券为由头，将部分债券转由丙类账户进行代持。而作为代持的报酬，丙类账户可以获得一笔不菲的“代持服务费”和利差收入。

但代持本身是一种交易模式，几乎所有的机构都在做。可能出现灰色内幕实则“养券”。所谓“代持养券”指投资机构以现券的方式卖出债券后，跟交易对手私下签订协议，在将来某一时点以接近当初成本价重新购回该笔债券。以买回债券的期限进行划分，期限短的称为代持，不断滚动操作、期限长达数月甚至数年的称为养券。但从交易价格来看，很难判断某笔交易是代持还是养券。

“代持养券”很容易与商业贿赂、利益输送相联系，其操作方式是，如 A 账户低价过券给 B 账户，B 再高价过券给 C 账户。这样，B 账户就获得了利益输送。但这实际操作中为掩人耳目，经常是数个账户多次、反复交易，因规模巨大而获利惊人。而这一系列操作离不开丙类账户，该类账户的活跃存在往往给债市灰色交易提供了可能，银行就可以通过低价卖出高价买入、高价回购债券等形式向丙类账户直接送钱。因此，银行间债券市场交易体系的问题是造成债券市场现状的重要原因。

（四）监管失灵

丙类账户与“代持养券”的交易模式本身存在隐蔽性，交易过程和结果在常规的债券交易系统上没有体现，监管部门也难以监控。此外，丙类账户导致以对敲为主要交易方式的异常交易不断增加，控制人直接或间接利用几个甚至几十个丙类账户进行关联交易，造成市场严重失灵。而“代持养券”事件一旦爆发，银行间债券市场与各方的灰色利益链甚至要比债券投资违规黑幕更胜一筹。

我国债券发行的监管机构涉及五个部门：财政部、中国人民银行、国家发展改革委、中国证监会、中国银保监会。其中，财政部负责国债和地方政府债券的监管；中国人民银行监管短期融资券、中期票据以及央票；国家发展改革委则监管、审批非上市公司企业债券；中国证监会负责上市公司债的发行监管；中国银保监会负责管理商业银行的次级债、混合资本债等资本工具的发行及保险公司债权投资计划。我国债券市场多头监管，缺乏统一的规则，利益关系错综复杂，是造成银行间债市“灰幕”的至关重要的原因。因此，消除债券市场监管分割局面势在必行。

（五）国债发行参与者单一化

中国债券市场不同于美国，同一个债券账户无法在银行间市场和交易所市场同时交易，而且中国债券市场非但交易平台分立，发行监管都不统一且后台服务分离。这导致债券发行规模小，市场流动性小，大众参与程度较低。

在中国国债的主要承销商是商业银行、证券公司等大机构，而社会个人不能直接参加国债投标，只能购买凭证式国债，或向参与国债投标的承销商认购国债，这是债券市场深度不够的主要原因。

四、改革与完善我国债券市场的对策与建议

（一）对丙类账户重设门槛

据《21 世纪经济报道》统计，2012 年前三个季度，通过结算代理人进入银行间债券市场投资的丙类账户共 7 899 个，占银行间债券市场全部投资者的 71%，其中非金融机构的一般法人投资者，为 6 549 个，占到全部投资者的 58%。

为了遏制"丙类户"出现的问题，中债登发文暂停了非金融机构法人债券账户除卖出、未到期结算以及转托管之外的其他业务，这意味着一般企业法人的丙类户买入业务已被叫停。此前中债登还暂停了"丙类户"的开户业务，并暂停了券商资管、信托计划和基金专户等部分"乙类户"的开户业务，银行间债市的"丙类户"将逐步取消或升级。但丙类账户与另两类账户相比操作更灵活，可以中介角色很快活络市场的关系。市场不好的时候，出让债券的机构可以通过丙类账户的撮合，寻觅到合理的成交价格，可以说丙类账户可帮助商业银行等机构顺利承销债券，对于金融机构以及金融市场意义重大。

因此权衡丙类账户利弊，建议对丙类账户另设门槛，明确规定开设丙类账户的机构的注册资本、保证金、违约惩罚措施等项，无疑可以提高丙类账户违约成本，减少发生履约纠纷的频率，减少债券市场违法违规事件发生的概率。

（二）分散监管模式走向统一

监管部门可以通过在线对交易账户进行直接监管，并建立统一、有序的信息披露制度体系，完善对债券市场的监管。2014 年，中期票据和交易公司债实现跨市场相互挂牌，监管部门之间也逐步统一市场的准入门槛和监管方式。推动债券市场监管过程中的五统一，包括准入条件、信息披露标准、资信评级要求、投资者适当性制度和投资者保护制度 5 个方面的统一。同时打通债券市场，投资者可以使用同一个账户同时在央行主导的银行间市场和证监会主导的交易所市场买卖债券，激发投资者积极性，迅速做大债券市场规模。

（三）改革债券发行制度

与股票市场不同，债券市场一直以来是以银行间市场为主、交易所市场为辅。截至 2014 年 6 月末，整个债券市场的新增发行量为 5.53 万亿元，其中交易所登记发行的债券总计只有 1 537.02 亿元，占比约为 2.78%。可见，投资者群体日渐成熟，债券市场作为资本市场融资主体渠道作用日益显现。

自此证监会开始突破发行主体范围，将交易所公司债发行主体扩张至所有公司制法人，推出并购重组债券、市场公司债券、可交换债券等创新品种，允许全国中小企业转股系统挂牌公司发行中小企业私募债等。这表明，交易所债市正在与银行间市场上现行的发行方式和券种贴近，而银行间交易商协会是中国债券发行注册制的先行者。

审批权和准入权是债券市场两个关键权利，不过当前随着债券规模日益扩大，占先机的就是债券市场注册制的先行者交易商协会。除了国债、地方政府债、金融债券等特殊发行主体，其他资质允许的主体原则上都可以选择在交易商协会注册发行融资工具，对于拓展市场参与主体融资渠道，发展国内直接融资市场起到了重要作用。因此，债券市场的统一首先要行政审批权力逐渐变小，逐步形成市场机制，最终推行注册制，这对于推动债券市场健康发展意义重大。

（四）改革债券交易体系

目前，债券交易市场主要分为银行间债券市场和交易所债券市场，两个市场显著的区别在于，银行间债券市场参与主体主要为银行、保险机构、财务公司、券商以及基金公司，以询价交易进行；交易所债券市场采取自动报价系统进行实时交易，和股票交易一样。但银行间债券市场是主要市场，实际上是不公开、小范围的。

事实上，即便是债券市场不存在割裂现象，由于银行间市场的交易点对点的方式、流动性不佳，以及其所具有的隐蔽性特点，使得是否涉及利益输送也很难界定。这就涉及交易方式、交易机制改变的问题。银行间债券市场这种交易体系是从外国引进的，然而随着债券交易违规事件的频发，不得不让人思考这种交易体系的适用性。债券交易实行类似股票交易的竞价交易方式不失为一种好方式。

另外，也可推行债券交易做市商化，适当降低做市商准入标准，加大做市商的政策支持力度，放宽做市商的业务要求，以及其考核管理。从多方面对现有做市商制度框架进行完善，使得更多金融机构有机会参与银行间债券市场的做市业务。通过发展做市商制度、集合竞价制度等来逐步淘汰债券市场的询价制。

（五）丰富债券发行参与者

国债发行参与人的限制以及申购门槛是债券市场发展不够市场化的重要原因。在美国，任何居民、机构投资者既可以向自营商购买国债，也可以直接向联邦储备银行购买，可以亲临购买也可以邮购，甚至可以参加竞争性投标和非竞争性投标。因此，建议放宽我国国债拍卖参与者的资格限制，鼓励个人及其他企业积极参与竞购，这既可以扩大我国国债的需求量，也可以降低国债的发行成本。

思考题

1. 张×为什么会在国债发行中有舞弊的行为？请从多个角度谈谈你的理解。

2. 你认为中国的国债发行应该采取何种发行方式？理由是什么？如何才能最优化地促进国债的发行？

3. 说说你对“丙类户”的理解？为什么要叫停“丙类户”？你认为是否应该存在“丙类户”？

4. 除了监管制度的改革外，债券市场要想获得蓬勃发展还要从哪些方向作出改善？

附录

附录1 国库支付中心

国库支付中心简称国库预算中心。它主要是根据国家规定的预算内和预算外项目，按照收支两条线的原则，分别进行收缴、下拨和财政预算日常管理。

一、作用

财政部国库支付中心业务上由国库司负责指导，是财政部门审核、监督财政资金收付工作的延伸。主要任务：配合国库司建立和完善国库单一账户体系，从事国库集中收付制度改革后财政资金的审核、支付和会计核算工作，监管非税收入收缴，承担财政支付机构和收付系统内部的监督检查、系统维护及国债发行与兑付的管理业务。

在计划经济的条件下，它的管理虽然也强调分级管理，但地方财政权利和权力都很小，主要集中在中央财政。因此，预算中心能否即时收缴入库，涉及财政预算计划能否按时完成的问题，而对按计划下拨则不如对收缴重视，所以经常出现“财政挤银行”的问题。这也是为什么在当时企业公司轻而易举地从银行拿到银行贷款和人民政府干涉银行贷款，而银行则被称为财政的财务出纳。

对预算外资金的管理一开始是不允许有预算外资金从国库流出的，后来虽然放开一些，但还基本上是“大一统”的管理模式。

改革开放以后，随着经济形势和扩权让利的发展，中央财政和地方财政采取了“分灶吃饭”的办法，才改变了“大一统”的管理模式，从而扩大了地方人民政府的权力和权利。之后，又随着“费改税”和税制的进一步改革，中央和地方主要以税种来划分各自的收入。

由上可知，国库预算中心在整个财政资金管理过程中起着十分重要的作用。

二、职责

（一）预算指标及用款计划管理。接收国库司核批的部门用款计划和部门报送的下属单位的明细用款计划，复核部门预算指标、用款计划及下属单位的明细用款计划，监控部门预算指标及用款计划余额。

（二）办理财政资金支付。接受并审核部门报送的财政直接支付申请，核定财政直接支付金额，开具财政直接支付指令；按用款计划下达财政授权支付额度通知；监督代理银行办理财政资金直接支付与财政资金授权支付业务。

（三）监管非税收入收缴。配合国库司等有关部门确定非税收入收缴范围及收缴方式；监控执收票据的印制、发放、使用和核销；对执收单位和代理银行收入收缴执行情况进行监督检查；定期提供非税收入执行情况。

（四）登记总分类账及明细账。处理收支结报并向国库司报送财政支出日报表及收入报表；登记收支总账、分类账和明细账；按期与国库司、预算单位和代理银行对账；进行有关收支信息统计分析。

（五）管理各类账户。按统一制定的标准招标选择代理银行；办理有关账户的开立、变更和核销等事宜；监管各类账户使用范围。

（六）国债发行和兑付管理。拟订季度国债发行计划和国债发行及兑付办法；组织国债发行招投标；编制国债发行、还本付息及费用预决算；经收国债发行款，核拨国债兑付资金及相关费用；跟踪市场信息，统计国债数据；提出国债发行与库款变动衔接的操作方案。

（七）建设并维护收付管理信息系统。会同有关部门建设和完善收付管理信息系统；负责系统管理；监测系统安全；确定与部门、代理银行网上收支信息交换的范围和方式。

（八）内部监督检查。制定收付系统内部管理和监督制度；对财政支付机构和收付系统内部进行监督检查；受理预算单位及收款人投诉；对资金收付过程进行监测并对疑点问题进行核查。

（九）配合国库司推进财政国库管理制度改革。配合国库司制定国库收支管理制度、确定改革试点范围、指导地方国库管理制度改革等工作。

（十）办理部领导交办的其他工作。

资料来源：百度百科。

附录2　2011年记账式国债招标发行规则

为促进国债市场健康发展，规范记账式国债招标发行程序，特制定本规则。

一、招标方式

记账式国债发行采用荷兰式、美国式、混合式招标方式，招标标的为利率、利差、价格或数量。

（一）荷兰式招标方式。标的为利率或利差时，全场最高中标利率或利差为当期国债票面利率或基本利差，各中标国债承销团成员（以下简称中标机构）均按面值承销；标的为价格时，全场最低中标价格为当期国债发行价格，各中标机构均按发行价格承销。

（二）美国式招标方式。标的为利率时，全场加权平均中标利率为当期国债票面利率，中标机构按各自中标标位利率与票面利率折算的价格承销；标的为价格时，全场加权平均中标价格为当期国债发行价格，中标机构按各自中标标位的价格承销。标的为利率时，高于全场加权平均中标利率一定数量以上的标位，全部落标；标的为价格时，低于全场加权平均中标价格一定数量以上的标位，全部落标。背离全场加权平均投标利率或价格一定数量的标位为无效投标，全部落标，不参与全场加权平均中标利率或价格的计算。

（三）混合式招标方式。标的为利率时，全场加权平均中标利率为当期国债票面利率，低于或等于票面利率的标位，按面值承销；高于票面利率一定数量以内的标位，按各中标标位的利率与票面利率折算的价格承销；高于票面利率一定数量以上的标位，全部落标。标的为价格时，全场加权平均中标价格为当期国债发行价格，高于或等于发行价格的标位，按发行价格承销；低于发行价格一定数量以内的标位，按各中标标位的价格承销；低于发行价格一定数量以上的标位，全部落标。背离全场加权平均投标利率或价格一定数量的标位为无效投标，全部落标，不参与全场加权平均中标利率或价格的计算。

二、投标限定

（一）投标标位变动幅度。利率或利差招标时，标位变动幅度为0.01%；价格招标时，标位变动幅度在当期国债发行文件中另行规定。

（二）投标量限定。国债承销团成员单期国债最低、最高投标限额按各期国债招标量的一定比例计算，具体是：乙类成员最低、最高投标限额分别为当期国债招标量的0.5%、10%；甲类成员最低投标限额为当期国债招标量的3%，不可追加的记账式国债最高投标限额为当期国债招标量的30%，可追加的记账式国债最高投标限额为当期国债招标量的25%。单一标位最低投标限额为0.2亿元，最高投标限额为30亿元。投标量变动幅度为0.1亿元的整数倍。

（三）最低承销额限定。国债承销团成员单期国债最低承销额（含追加承销部分）按各期国债竞争性招标额的一定比例计算，甲类成员为1%，乙类成员为0.2%。

上述比例均计算至0.1亿元，0.1亿元以下四舍五入。

三、中标原则

（一）募入。全场有效投标总额小于或等于当期国债招标额时，所有有效投标全额募入；全场有效投标总额大于当期国债招标额时，按照低利率（利差）或高价格优先的原则对有效投标逐笔募入，直到募满招标额或将全部有效投标募完为止。

（二）最高中标利率标位或最低中标价格标位上的投标额大于剩余招标额，以国债承销团成员在该标位投标额为权重平均分配（取整至0.1亿元），尾数按投标时间优先原则分配。

四、追加投标

（一）对于允许追加承销的记账式国债，在竞争性招标结束后，国债承销团甲类成员有权通过投标追加承销当期国债。

（二）国债承销团甲类成员追加承销额上限为该成员当期国债竞争性中标额的25%，计算至0.1亿元，0.1亿元以下四舍五入。追加承销额应为0.1亿元的整数倍。

（三）“荷兰式”招标追加承销价格与竞争性招标中标价格相同；“美国式”和“混合式”招标追加承销价格，标的为利率时为面值，标的为价格时为当期国债发行价格。

五、债权托管

（一）在招投标工作结束后，各中标机构应通过国债招投标系统填制“债权托管申请书”，在中央国债登记结算有限责任公司（以下简称国债登记公司），中国证券登记结算有限责任公司（以下简称证券登记公司）上海、深圳分公司选择托管。逾时未填制的，系统默认全部在国债登记公司托管。

（二）国债登记公司，证券登记公司上海、深圳分公司，于规定的债权登记日对当期国债进行总债权登记和分账户债权托管。

（三）国债债权确认时间，按国债发行款缴入财政部指定账户的时间确定。国债发行缴款与债权确立方式以当期发行文件规定为准。

六、分销

记账式国债分销，是指在规定的分销期内，中标机构将中标的全部或部分国债债权额度转让给非国债承销团成员的行为。

（一）分销方式。记账式国债采取场内挂牌、场外签订分销合同和试点商业银行柜台销售的方式分销。具体分销方式以当期发行文件规定为准。

（二）分销对象。记账式国债分销对象为在国债登记公司开立债券账户及在证券登记公司开立股票和基金账户的各类投资者。国债承销团成员间不得分销。非国债承销团成员通过分销获得的国债债权额度，在分销期内不得转让。

（三）分销价格。国债承销团成员根据市场情况自定价格分销。

七、投标系统与应急流程

（一）投标系统。记账式国债发行招投标工作通过“财政部国债发行招投标系统”进行，国债承销团成员通过上述系统远程终端投标。

（二）应急流程。远程终端出现技术问题，国债承销团成员可以在规定时间内将内容齐全的“记账式国债发行应急投标书”或“记账式国债债权托管应急申请书”（格式见附件）传真至国债登记公司，委托国债登记公司代为投标。应急投标时间以国债登记公司收到“记账式国债发行应急投标书”或“记账式国债债权托管应急申请书”的时间为准。竞争性应急投标和追加应急投标的截止时间分别为当期国债竞争性投标和追加投标截止时间，债权托管应急申请截止时间为当期国债债权托管截止时间。

八、其他

（一）除另有规定外，财政部在中国境内（不包括香港、澳门和台湾地区）发行记账式国债按本规则执行。

（二）本规则未尽事宜，以各期记账式国债发行文件为准。

（三）本规则自公布之日起施行，有效期截至2011年12月31日。

附：1. 记账式国债发行应急投标书

2. 记账式国债债权托管应急申请书

3. 招标投标

附 1：

记账式国债发行应急投标书

业务凭单号：A01

财政部：

由于我单位国债招投标远程终端系统出现故障，现以书面形式发送年记账式（附息/贴现）（____期）国债发行（竞争性/追加）应急投标书。我单位承诺：本应急投标书由我单位授权经办人填写，内容真实、准确、完整，具有与系统投标同等效力，我单位自愿承担应急投标所产生风险。

投标方名称：托管账号：________________

投标日期：　　年　月　日【要素 1】

债券代码：____________【要素 2】

投标标位（%或元/百元面值）		投标量（亿元）	
标位 1【要素 3】		投标量【要素 4】	
标位 2		投标量	
标位 3		投标量	
标位 4		投标量	
标位 5		投标量	
标位 6		投标量	
合计			

注：标位不够可自行添加。

电子密押：（16 位数字）

经办人签字或盖章：　　　　复核人签字或盖章：

联系电话：　　　　联系电话：

单位印章

注意事项：

1. 单位印章应与投标方名称相符；业务凭单填写须清晰，不得涂改。

2. 本应急凭单进行电子密押计算时共有 4 项要素，其中要素 1 在电子密押器中已默认显示，如与应急凭单不符时，请手工修正密押器的要素 1；要素 2 ~4 按应急凭单所填内容顺序输入密押器，输入内容与应急凭单填写内容必须完全一致。

3. 传真电话：010 –66061821、66061822、66061823。

附 2：

记账式国债债权托管应急申请书

业务凭单号：A02

财政部：

由于我单位国债招投标远程终端系统出现故障，现以书面形式发送年记账式（附息/贴现）（____期）国债债权托管应急申请书。我单位承诺：本债权托管应急申请书由我单位授权经办人填写，内容真实、准确、完整，具有与系统投标同等效力，我单位自愿承担应急投标所产生风险。

投标方名称：托管账号：________________

申请日期：　　年　月　日【要素 1】

债券代码：____________【要素 2】

托管机构	债权托管面额（亿元）
中央国债登记公司【要素 3】	
证券登记公司（上海）	
证券登记公司（深圳）	
合计【要素 4】	

电子密押：（16 位数字）

经办人签字或盖章：　　　　复核人签字或盖章：

联系电话：　　　　联系电话：

单位印章

注意事项：

1. 单位印章应与投标方名称相符；业务凭单填写须清晰，不得涂改。

2. 本应急凭单进行电子密押计算时共有 4 项要素，其中要素 1 在电子密押器中已默认显示，如与应急凭单不符时，请手工修正密押器的要素 1；要素 2 ~ 4 按应急凭单所填内容顺序输入密押器，输入内容与应急凭单填写内容必须完全一致。

3. 传真电话：010 - 66061821、66061822、66061823。

附3：

招标投标

招标投标，是在市场经济条件下进行的大宗货物的买卖工程建设项目有发包与承包，以及服务项目的采购与提供时，所采用的一种交易方式。在这种交易方式下，通常是由项目采购（包括货物的购买、工程的发包和服务的采购）的采购方作为招标方，通过发布招标公告或者向特定数量的特定供应商、承包商发出招标邀请等方式发出招标采购的信息，提出所需采购的项目的性质及其数量、质量、技术要求，交货期、竣工期或提供服务的时间，以及其他供应商、承包商的资格要求等招标采购条件，表明将选择最能够满足采购要求的供应商、承包商与之签订采购合同的意向，由各有意方提供采购所需货物、工程或服务的报价及其他响应招标要求的条件，参加投标竞争。经招标方对各投标者的报价及其他的条件进行审查比较后，从中择优选定中标者，并与其签订采购合同。

参考文献

［1］巩方强．欧美储蓄国债的历史变迁与特点［J］．债券，2013（11）．

［2］邵茜．我国储蓄国债发行渠道建设及国际经验借鉴［J］．金融会计，2016（7）．

［3］卜凤．储蓄国债发行中存在的问题及建议［J］．金融视线，2015（11）．

［4］陈召洪．我国国债市场的金融功能与流动性分析［J］．生态经济，2015（8）：122－124.

［5］翟珊珊，杨梅．我国国债市场的流动性研究［J］．统计与决策，2016（20）：109－111.

［6］于鸿君，郑金国，焦健．论国债市场两市场分割问题及其解决方案［J］．特区经济，2014（8）：13－15.

［7］顾子杰．地方政府债券市场化发行的法律问题研究［D］．上海：华东政法大学，2016.

［8］刘剑文．财税法学［M］．北京：高等教育出版社，2014.

案例教学使用说明

一、教学目的与用途

1. 适用课程：投资银行学、金融市场学、投资学。

2. 适用对象：本案例主要为金融类专业、工商管理类专业等本科生开发。

3. 教学目的：本案例总结张×利用职务之便在国债招标发行中向外透露“投标价格和相应数量”等关键信息而后通过丙类账户对外利益输送的案件，梳理整个案件最终总结出国债招标发行前后可能出现舞弊的几个环节，包括国债印刷环节、国债招标发行期间故意泄露信息以及发行后期利用丙类账户倒卖国债等，并针对这几个环节提出建设性的政策建议。张×案的爆发不仅体现机构本身徇私舞弊，更体现出监管部门监管失灵。这引发我国对完善国债招标发行管理制度和改善监管模式的深度思考。

具体目标分为以下三个方面：

（1）掌握张×国债招标发行舞弊案发生过程；

（2）对国债招标发行中可能出现舞弊的环节进行总结；

（3）思考如何加强对国债招标发行环节的监管。

二、理论依据与分析

（一）理论依据

债券市场及金融监管理论。

（二）具体分析

1. 张×为什么会在国债发行中有舞弊的行为？请从多个角度谈谈你的理解。

（1）张×自身难以自律，妥协于利益的诱惑，权利过高且利用职务之便泄密；

（2）部门、机构本身内部监管不到位，相互内外勾结，输送利益；

（3）监管机构监管失灵。

2. 你认为中国的国债发行应该采取何种发行方式？理由是什么？如何才能最优化地促进国债的发行？

目前国债发行的三类招标方式（荷兰式、美国式、混合式招标）各有利弊。中国的记账式国债发行主要采用混合式招标，底线即为全场加权平均中标价格，有助于锁定并提高债券投资收益，以吸引投资者参与投标。无论哪种投标方式，如果市场深度不够，主要投标人之间也可能因为共同的利益而联合起来，垄断发行市场，也都有可能出现寻租。加之监督机制的缺失或漏洞，舞弊案和张×成为“硕鼠”就很难避免。

笔者认为应该开启国债直销发行模式。随着互联网金融的发展，高效率的直销模式顺应市场潮流。由承销回归直销或直销和承销并存的混合模式。早在2002年美国财政部就开发了“财政部网络直销系统”（Treasury Direct 系统），在承销为主的基础上，开展直销，最终在2012年底彻底转变为直销，结束了金融机构承销储蓄国债的历史，并关闭了美国所有储蓄国债销售办公室。投资者可以通过建立在线的“财政部直销账户”直接在财政部购买国债，并对所有的储蓄国债进行查询和其他操作了解所持有国债的基本信息和盈利情况，有效地提高了购买储蓄国债的安全性和便捷性。我国也应该开展国债直销发行模式，合理跳过招标环节，避免招标过程中部门间利用职务之便徇私舞弊的行为，最优化地促进国债的发行。

3. 说说你对“丙类户”的理解？为什么要叫停“丙类户”？针对文中“丙类户”的套路你可以发现哪些漏洞？你认为是否应该存在“丙类户”？

具备甲类账户资格的主要是商业银行；具备乙类账户资格的只能是金融机构，包括银行、券商、基金公司、保险公司、信托投资公司、企业财务公司等；而丙类账户资格，除了甲乙两类账户资格者均可开立，一般社会法人也可以开立。2002年10月，央行发文允许具有结算代理资格的商业银行，可接受非金融机构法人委托，代理买卖银行间市场债券。

事实上，上述四种套路，只是债券市场和金融机构本身各种规则漏洞被有心人利用，进行组合和衍生之后的结果。而债市与金融机构的规则漏洞之多，使得能够衍生出来的潜规则套路，远不止以上四种。结合近年来债券市场几次大的风波，相关法律界人士分析：

债市的规则漏洞之一：丙类账户不能联网交易，反而给代持行为增加了隐弊性。低卖高买、金融机构通过寻找代持以掩盖亏损的行为，均是利用丙类账户的这一特性而产生的。

规则漏洞之二：非金融机构的法人，可开立丙类账户。但对于丙类账户的资格和背景审核，监管部门似乎存有盲点。

如此多的漏洞都为丙类账户的叫停奠定基础。

4. 除了监管制度的改革外，债券市场要想获得蓬勃发展还要从哪些方向作出改善？

（1）完善国债发行市场

一把钥匙对应一把锁。不同种类的国债需要进行不同情况的利率机制调整，这样可以增加国债市场的活跃度，增大国债的交易次数，使国债的总供给量上升。随着投资者数量的快速增加，丰富国债的种类刻不容缓。长期国债在弥补财政赤字方面具有重大的作用，故而在低通货膨胀时要抓住有利时机来进行长期国债的发行，降低财政赤字的损失。

（2）建立高流动性的国债市场

银行间市场和交易所市场各有各的优势，所以要建立统一的国债市场体系。这两个市场统一后，有助于形成合理的国债市场价格。市场参与者用一个账户参加两个市场，可以提高市场的便利性，促进市场走向成熟。二级市场是国债流通的一个重要场所，其有益于保障国债的流动性，可以让持有者灵活地买卖国债。故而重视二级市场刻不容缓，这样才能良好地运用二级市场，更好地为国债定下一个合理的价格。

三、关键要点

1. 关键点：对如何规范债券市场的思考。

2. 关键知识点：掌握张×在国债招标发行过程中是如何舞弊的？公司是如何利用丙类账户倒卖债券的？对于本次事件监管机构对债券市场作出的监管改革。

3. 能力点：分析与综合能力、批判性思维能力以及解决问题的实际能力。

四、建议课堂计划

本案例可以作为专门的案例讨论课来进行，如下是按照时间进度提供的课题计划建议，仅供参考。

本案例安排 2 个课时。

课前计划：

1. 学员准备：充分了解本案例涉及的企业及其事件；确定小组成员组成；提出 1～2 个论点。

2. 教师准备：完成相应的理论知识介绍；为学生提供学习此案例的材料；为学生提供讨论平台；收集学生的想法论点。

3. 教学辅助人员准备：准备好多媒体教学课件，课后收集学生的书面讨论资料。

课中计划：

案例讨论将分小组进行，每个小组拥有 10～15 分钟讨论及阐述时间，要求每个学生都要阐述自己的论点和观点。另外，每个小组都应该形成自己有别于其他小组的独特见解，并以文字描述。教师在主持此案例讨论中，应该鼓励及启发学生发表见解。此外，针对此案例相关的理论知识，教师应当向学生详细解释。

课后计划：

请学生上网搜索该案例的相关信息资料，尤其最新信息，采用报告形式给出更加具体的解决方案，或写出案例分析报告（1 000～1 500 字）；如果对此案例有兴趣跟踪，建议联系案例作者或企业负责人，进行深入研究。明确具体的职责分工，为学习后续章节内容做好铺垫。

国内首例债券违约事件[①]

——S公司债券操纵盈余

华　维

一、引言

企业债券起步于20世纪80年代，发展至今已经有30多年。2013年，我国证券市场总规模是61万亿元，其中债券融资占比高达50%，股票融资仅为44%，可见债券融资是当时企业最主要的融资方式。企业为了能够达到债券发行的条件可能会操纵盈余，通过对当期盈余和现金流量进行调整，蒙蔽监管机构及投资者的眼睛（见附录1）。

S公司于2012年3月7日发行了2011年公司债券，发行规模为人民币10亿元，该固定利率债券的票面利率为8.98%，续存期限为5年，每年的3月7日为年度起息日。随着国内光伏产能过剩，S公司太阳能也随即陷入困境。2012年底，在发行不到一年之后，S公司太阳能及其发行的债券就曾经因为董事长跑路的传言而双双停牌。此后5亿元债务问题也开始浮出水面。同时，鹏元资信将该公司的主体长期信用等级、债券信用等级均从BBB+级下调至CCC级，该债券也已于2013年7月6日起暂停上市。

虽然S公司在2012年3月7日刚发行债券时曾经支付了首期利息，两年过去，该债券又面临第二次付息。但是根据S公司公告，由于公司流动性危机尚未化解，通过公司自身生产条件已无法付足利息，因此导致违约。而整个资金链出现困局，与S公司的布局扩张密切相关（见附录2）。

---

① 1. 本案例由南京审计大学金融学院华维博士根据公开资料开发完成，本案例仅作为课堂讨论的资料，不表示企业管理成败及其管理措施的有效性。

二、公司介绍及行业背景

（一）公司概况

S太阳能科技股份有限公司（以下简称S公司）成立于2003年6月，总部位于上海，其旗下的两家公司：S（洛阳）太阳能有限公司和S国际贸易有限公司，其共占地15 000平方米，拥有12 000平方米的标准化生产厂房，公司主要钻研并生产太阳能资源，员工人数1 500人。

S公司是一家生产各种型号、规格的单晶硅、多晶硅组件和太阳能灯具的新能源企业，生产的组件大多出口海外市场，如美国、意大利、法国、西班牙等国家。德国一家独立的专业测评机构调查显示，S公司的产品与其他非德国原产的太阳能产品相比，在质量以及客户用后满意程度上，排名仅次于夏普，位居第二。

S公司主营业务收入由2006年的4.34亿元增长到2008年的12.49亿元，接着2009年实现净利润1.87亿元，较2008年增长了1倍，最终S公司于2010年11月18日在深交所成功上市。

（二）发展历程

S公司发起人为倪××、倪×、张××等26位自然人及另3家法人单位。

2007年10月12日，S公司在上海市工商行政管理局正式办理了工商变更登记手续，设立时注册资本为11 500万元。

2012年12月28日，传闻董事长倪××卷款外逃。S九江、S洛阳的生产线、卫雪太阳能组件生产线、本部电池片生产线处于暂停生产状态，本部组件6条生产线中只有两条生产线正常生产，业务尚在运行。而S公司本部早已停工两个月，非法集资问题严重。

2013年1月23日，S公司发布公告称，公司于1月22日收到中国证监会上海稽查局《调查通知书》。因公司涉嫌未按规定披露信息，决定对公司立案调查。S公司自2012年12月20日起停牌，停牌前报收5.11元。

2013年3月4日，S公司发行的债券公告称本期利息将无法于原定付息日2014年3月7日按期全额支付，仅能够按期支付人民币400万元。至此，该债券正式宣告违约，并成为国内首例违约债券。

（三）光伏行业背景

光伏是太阳能光伏发电系统的简称，是一种利用太阳电池半导体材料的光伏效应，将太阳光辐射能直接转换为电能的一种新型发电系统，有独立运行和并网运行两种方式（见附录4）。

早在1990年德国就提出了“2 000个光伏屋顶计划”，德国拥有世界上最成熟的光伏市场，2009年光伏装机总量为全球第一。全球光伏发展更上一个台阶则是在2000年，全球光伏安装总量为1 000MW，标志着太阳能时代的开始。

在国内，2001年推出了“光明工程计划”，2009年开展“金太阳”工程，2010年启动了国内太阳能发电市场。这一系列的进步是我国光伏行业的第二次跳跃，主要是受到国际大环境的影响、政府项目的拉动。而第一次跳跃是在20世纪80年代以引进多条太阳能电池生产线为标志。

在光伏整个产业链中的各环节，我国的产量基本都达到了全球产量占比的一半，是名副其实的光伏生产国。由于受分布式光伏发展强劲带动，国内硅晶体需求旺盛。我国多晶硅产能快速提升，自2014年开始，我国产能利用率极高，接近满产。

接下来，由于亚洲新兴国家经济的快速增长，全球电缆的生产中心向亚洲转移，带动了中国、印度、越南、菲律宾和中东地区的埃及等国家电缆产业的快速发展，同时，中东欧地区由于欧洲统一、制造成本相对低廉，电线电缆行业增长也相当迅速。全球整体的竞争局势十分激烈。光伏技术具备很多优势：比如没有任何机械运转部件；除了日照外，不需其他任何“燃料”，在太阳光直射和斜射情况下都可以工作；同时太阳能组件无须维护，运行成本最小化；而且从站址的选择来说，也十分方便灵活，城市中的楼顶、空地都可以被利用。

在国际太阳能光伏发电市场的带动下，在《可再生能源法》及配套政策的支持下，我国太阳能发电产业快速成长，已经建立了较好的太阳能光伏电池制造产业基础，在技术和成本上形成了国际竞争优势。已经启动了大型光伏电站、光热电站、分布式光伏发电及离网光伏系统等多元化的太阳能发电市场。初步建立了有利于成本下降的市场竞争机制，太阳能发电成本实现了快速下降，具备了在国内较大规模应用的条件。

中国在光伏发电领域的技术和应用处于世界的下游水平，主要原因是国内还没有掌握太阳能光伏电池所需要的多晶硅提纯技术，而该技术被国外的大企业所垄断，因而国内生产太阳能光伏电池的成本很高。光伏发电的成本是一般发电成本的数倍，也因此造成其无法广泛普及。

三、事件始末

2011 年，S 公司提出“S 公司总部组件带动南北生产基地协调发展”战略，开展新项目“S 公司（洛阳）光伏产业园”，该项目计划年产 800MW 多晶硅铸锭、多晶硅切片、太阳能电池片，建设用地 449.39 亩，目标投资 36 亿元。截至 2012 年上半年，洛阳基地、九江基地的电池片项目相继建成，洛阳赛阳硅业土建工程进入收尾阶段。其中，硅业的投资，意味着公司在上游领域的布局。此外，公司还进行了一系列收购，包括卫雪太阳能 200MW 组件以及洛阳银电光伏 50MW 单晶拉棒，这一举措又连接了下游产业。年报称，这些举措使公司“从硅料到组件的一体化产业链初见成效，大大提高了市场风险抵抗力”。

2011 年 11 月，在加速扩张的步伐中，S 公司获得证监会核准，发行 10 亿元公司债券。其中 4 亿元将用于偿还公司的银行借款，进一步改善财务结构，降低财务费用，剩余资金将用于补充公司流动资金。

2012 年光伏产业所经历的一切并非一蹴而就的后果，早在 2009 年，多晶硅就已经产能过剩，但由于当时行业火爆，依然有大量投资者进入该市场，2010 年仍然有 100 多家中小企业对该行业趋之若鹜，果不其然，这些企业大多严重亏损，部分企业甚至面临资金链断裂的问题，停产企业达到 90%，整个光伏产业瞬间陷入泥泞。归根结底，还是光伏产业创新能力不足，发展无序，市场供过于求，以及国际贸易环境恶化等原因造成的。

截至 2011 年，太阳能制造业在经历 5 年的跨越式增长后达到了 40GW。接着全球的光伏市场增速开始趋于放缓，光伏产业竞争加剧。在这一背景下，银行等资金供给者对光伏企业的资金投放趋于收紧，一些实力薄弱的光伏企业由于资金中断不得不停止正在实施开展的项目，甚至有些企业破产倒闭。曾经一路高涨的光伏组件价格由于目前的供过于求直线下跌直至谷底。数据显示，2012 年初的光伏组件价格为 0.9 美元/W，到了年底降为 0.65 美元/W；晶体硅电池组件价格下降到 1.2 美元/W 左右，仅为 2010 年的 1/2。更为糟糕的是，2012 年底，美国宣布对进口中国的光伏产品征收高额的反倾销税和反补贴税，同时，欧盟和印度也对我国的光伏产品开展“双反”调查，一时间我国光伏产品的出口严重受阻、大幅下降。数据显示，2011 年超日太阳的毛利率为 17.14%，2012 年这一数字已变为 -30.73%。刚刚建成的产能转眼变成了“过剩产能”，由于毛利率、净利率都为负数，公司销售越多亏损越多。

为此，S 公司在 2013 年提出“瘦身”计划。2013 年第三季报显示，S 公司仅仅在上海总部和 S 九江各运转 2 条生产线，S 公司洛阳停工。公司希望将与主业关联不高的三家公司出售，但由于行业产能过剩，难以找到接手方。

相对于国内的扩张，S 公司的境外战略更显激进。S 公司在 2011 年起布局境外电站业务，在中国香港、卢森堡、瑞士等地设立了公司。一位光伏行业分析师告诉《新京报》记者，在 S 公司的战略中，公司给境外电站提供组件等原材料，实际上是一种变向的投资，期冀电站并网之后向银行贷款，再由贷款来支付货款。

由于欧盟等地光伏政策的变化，光伏电站拿到贷款变得越来越困难，从而导致这些货款很难收回。在这样的商业模式之下，S 公司的应收账款激增，2011 年的应收账款为 22.42 亿元，2012 年为 21.4 亿元，截至 2013 年第三季报，应收账款依旧高达 21.04 亿元。

流动性紧缺，让超日开始变卖海外电站，希望拿回资金解决国内的危机。然而这一资产出售计划似乎也不顺利。2013 年第三季报显示，S 公司希望出售的海外项目包括保加利亚、希腊、意大利、美国的电站项目，其中保加利亚和希腊的项目由于曾获得国开行的贷款，相关交易须经国开行审批才能进行，而意大利和美国的电站由于公司与意向收购方在价格上始终未达成一致，也不得不重新选择新的收购方。

表 1　　S 公司债券违约事件过程

日期	事件
2012. 3. 7	S 公司发行 10 亿元公司债券，其中 4 亿元用于偿还银行贷款，剩余资金用于补充公司流动资金
2012. 4. 26	S 公司发布 2011 年年报，显示公司亏损 0. 55 亿元
2012. 6. 28	鹏元资信维持 S 公司主体评级 AA 级，但展望调整为负面
2012. 10	证监会上海证监局对 S 公司进行 2011 年年报专项检查后对公司发布责令整改决定，指出公司《电站公司管理协议》以及海外电站担保信息披露不充分
2012. 11. 2	深交所发布通报批评，指出 S 公司在业绩预告、电站项目、变更募集资金用途方面信息披露不规范，对公司、董事长、总经理、财务总监、董事会秘书通报批评
2012. 12. 26	传 S 公司董事长倪 × × 携款潜逃，公司回应其本人正在国外催收应收账款
2012. 12. 27	S 公司董事长兼总经理倪 × × 辞去总经理职务

续表

日期	事件
2012. 12. 27	鹏元资信将 S 公司主体评级由 AA 级下调至 AA - 级
2012. 12. 29	S 公司发布公告，知会总经理辞职、部分生产线停产、借款逾期、供应商诉讼情况，称董事长正常履责
2012. 12. 29	鹏元资信将 S 公司主体评级及其发行债券信用等级定为 AA - 级，列入信用观察名单
2013. 1. 16	在 S 公司债券受托管理人——中信建投的要求下，公司董事会通过以部分应收账款、机器设备和不动产作为债券担保的决定
2013. 1. 22	证监会上海稽查局因 S 公司涉嫌未按规定披露信息，决定对 S 公司立案调查
2013. 3. 2	S 公司发布债券付息公告
2013. 4. 10	鹏元资信将 S 公司主体评级及其发行的债券信用等级调降为 BBB + 级
2013. 4. 27	S 公司发布 2012 年年报，显示亏损 17. 52 亿元；连续两年亏损导致股票退市警告
2013. 5. 2	S 公司发行的债券停牌
2013. 5. 18	鹏元资信将 S 公司主体评级及其发行的债券信用等级调降为 CCC 级
2014. 2. 28	S 公司发布业绩快报，显示归属于上市公司股东的净利润预亏 13. 31 亿元
2014. 3. 4	S 公司公告无法按期全额支付债券利息

四、S 公司发行债券前操纵盈余的方法

（一）关联购销业务

S 公司与其关联方之间存在着大量的关联交易，S 公司通过与关联方之间的交易进行盈余操纵，额度较大。2008—2010 年，国内光伏市场整体下滑，S 公司为了适应市场的变化，开始积极拓展海外光伏市场。从 2010 年年报中可以看出，S 公司采购关联方合计 47 728. 45 万元，占其同类交易的 24. 91%，占营业成本的 18. 23%；S 公司售出给关联方金额为 23 092. 52 万元，占同类交易的 7. 51%，值得一提的是，S 公司 2010 年前五名客户销售收入为 38 464. 22万元，占销售收入总额的 10. 02%（见表 2、表 3）。可见，关联交易在销售收入中所占的比重很大，即关联交易的小幅度变化都能引起 S 公司最终净利润的大幅度变动。由此可见，S 公司确是靠盈余操纵得到投资者信任的。

表 2　　　　　　　　　**S 公司关联采购**　　　　　　　　单位：万元

年份＼销售额	SunPerfect Solar，Inc.	South Italy Solar	合计
2008	3 579. 32	7 056. 48	10 635. 8
2009	21 034. 46	6 488. 65	27 523. 11
2010	43 926. 33	3 802. 12	47 728. 45
占同类交易百分比			
2008	2. 54	4. 21	6. 75
2009	7. 68	2. 20	9. 88
2010	15. 46	9. 45	24. 91

表 3　　　　　　　　　**S 公司关联销售**　　　　　　　　单位：万元

年份＼销售额	SunPerfect Solar，Inc.	South Italy Solar	Chaori Sky Solar Energy	合计
2008	4 824. 94	2 019. 78	0	6 844. 72
2009	6 662. 87	3 745. 11	859. 62	11 267. 6
2010	15 948. 33	5 802. 97	1 341. 22	23 092. 52
占同类交易百分比				
2008	0. 25	0. 76	0. 00	1. 01
2009	2. 44	1. 23	0. 33	4. 00
2010	5. 87	1. 27	0. 37	7. 51

（二）增加坏账准备计提比例

S 公司通过坏账准备来调节收益，表 4 所示的是 2009—2011 年每年所应计提的坏账准备和由此导致的坏账损失。2009—2001 年 S 公司的坏账损失对债务重组损失的增加而降低，并且随着应收账款的增加而降低，可见 S 公司是通过计提坏账准备来调节收益的。

S 公司坏账准备的计提是根据应收账款中单项金额重大的减值测试而得出的，由于应收账款中单项金额重大项目坏账准备的激增，导致 2009 年与 2010 年的坏账准备计提金额大幅度上升。由表 3 可见，2009 年该项目的金额为 22 828. 87万元，2010 年金额为 37 498. 67 万元。并且 S 公司将大部分应收账款都确认为单项金额重大的项目，2009 年和 2010 年占比分别是 82% 和 47. 7%，而公司并没有将如此大比例的单项金额重大应收款项公示，所以认为 S 公司将如此大比例的应收账款划分为单独金额重大的应收款项的意图让人怀疑。S 公司计提如此高的坏账准备使其当期利润下降，为后期盈余操纵利润做准备。可见，S 公司为 2012 年债券发行做了充足的准备。

表4　　S公司2009—2011年应收账款和坏账准备计提比率　　单位：万元

年份	应收账款、其他应收款之和（R）	坏账准备（D）	D/R	坏账损失
2009	32 123.74	1 488.65	4.63%	1 462.36
2010	78 612.94	3 430.13	4.36%	−2 332.37
2011	251 833.53	16 847.10	6.69%	2 452.18

更加值得一提的是，就在债券发行的当年，S公司发布公告称，调整2012年第三季度的业绩从1 000万~3 000万元的盈利调整为9 000万~11 000万元的亏损，其中应收账款总额200 000万元，应收账款的减值损失达到60 000万~65 000万元，经营中正常损失为30 000万~35 000万元。S公司在发行债券前后计提的坏账准备从2011年的5%到2012年的10%，可以见得坏账准备在其中的重要性（见表5）。

表5　　应收账款和坏账准备　　单位：亿元

	1年以内	1—2年	2—3年	3年以上	合计
2011年					
账面余额	23.14	1.08		0.02	24.24
比例	95.52	4.47		0.01	100
计提比例	5%	15%		100%	8.73%
坏账准备	1.95	0.16		0.02	2.13
2012年					
账面余额	6.84		0.02		6.86
比例	99.97		0.03		100
计提比例	10%	15%	50%	100%	5.01%
坏账准备	0.34		0.01		0.35

（三）操控生产成本

从表6可以看出，S公司2009年和2010年可操纵性生产成本分别是1.558和1.847，盈余操纵水平与0.706和0.878的行业平均值水平相比明显高于行业平均，说明这两年S公司生产成本盈余操纵的可能性很大。

由表7可知，S公司2010年存货水平是25 751.29万元，但就在债券发行当年2011年其存活突然增加到470 848.44万元，增长了1 728.84%。可见，S公司很可能是通过增加产量来操控生产成本，从而增加公司盈利。

表6　　盈余操纵水平

盈余操纵指标	年度	ST超日债券	行业平均
操纵性生产成本	2009	1.558	0.706
	2010	1.847	0.878
	2011	0.617	0.726

表7　　存货水平　　单位：万元

年份	存货	增幅
2010	25 751.29	—
2011	470 848.44	1 728.84%

五、原因分析

（一）监管不力

债券发行审核制度不完善，监管机构监管不力。证监会2007年颁布的《公司债券发行试点办法（证监会令第49号）》中规定，发行人最近三个会计年度实现的年均可分配利润不少于债券年利息的1.5倍。据S公司发布的债券募集公告称，其2008年、2009年、2010年三年的可分配收入分别是0.86亿元、1.70亿元、2.20亿元，这三年的年均可分配收入是1.59亿元。而2011年S公司债券发行拟募集金额为10亿元，票面利率是8.98%，年利息为0.898亿元，已达到规定：年均可分配收入大于年利息的1.5倍。因此2011年11月10日，S公司发行的债券通过了证监会审批，之后成功发行。但在发行前的几天，S公司修改业绩公告，将2011年的净利润由原本的盈利8 000万元修改为亏损5 852万元。这样计算出来的年均可分配收入就不足年利息的1.5倍，即S公司已不符合当时的债券发行标准了，但事实是债券于2012年4月20日正常上市。没有停止上市的原因仅仅是《公司债券发行试点办法（证监会令第49号）》中没有规定债券发行条件的变更需要重新审核，S公司在本次债券发行中完全是钻了制度的空子。

（二）公司内部股权集中

截至2011年末，S公司的股权结构中倪××持有37.37%的股份，处于绝对控股的地位，而其余的大股东股权分散，持股占比远远小于倪××。从公司治理角度看，董事会的作用是平衡董事会决策的决定权，一人一票，权利相衡，同时对经理层起到制衡作用。如果公司存在“一家独大”的现象，董事长的决策代表董事会的决议，那么其他股东的意见在公司就微乎其微。另外倪××在S公司做董事长兼总经理，不仅担任公司管理人还担任决策人，这样虽然便于掌握公司的直接情况，但也削减了各部门之间决议的步骤，进而从董事会决议效率方面会提高执行能力，但会使得董事长决议独占鳌头，削减了董事会的作用。

（三）信用债发行审核政策诟病

根据证监会2007年颁布的《公司债券发行试点办法（证监会令第49号）》，发行人最近三个会计年度实现的年均可分配利润不少于债券一年利息的1.5倍。从S公司债券发行时间轴可以看出，2011年3月9日S公司发布债券募集公告，S公司债券拟发行规模为10亿元，为固定利率债券，票面利率为8.98%，一年利息为0.898亿元，其2008年、2009年、2010年三年年均可分配利润1.59亿元，大于债券一年利息的1.5倍，符合证监会关于债券发行的规定。所以证监会在2011年11月10日通过了S公司债券的审批。2012年3月7日S公司债券成功发行。

然而，就在距离债券发行的前几天，S公司发布了年业绩快报修正公告，公司净利润由此前预计的8 000万元以上，修正为亏损5 852万元。如果以2009年、2010年和2011年的业绩为依据，这三年的年均可分配利润为1.11亿元，低于本期债券一年利息的1.5倍，若以此三年的业绩作为依据的话，该债券并不符合证监会对公司债券上市所规定的条件，但2012年4月20日，该债券正常上市。由于《公司债券发行试点办法（证监会令第49号）》未规定债券审查资料发生变更的需重新审核和终止发行，该债券的上市可谓是打了一个“擦边球”。

（四）信息不对称

发债企业应该遵循信息披露的规则，所披露应当是有真实且高质量的信息，同时信息使用者也应当对所披露的信息进行识别和辨认，一旦信息不对称，监管部门应当对发债企业进行严厉惩罚，以保证信息的可靠性。事实是，S公司债券发行前后，S公司对所披露的信息大改，单是2011年的净利润数据就前后修改了5次，从最初净利润3.3亿元到最后的－5 479万元，降了116.81%。如此频繁的业绩变化，可以看出公司股东与债券投资者之间，信息不对称情况严重。

另外，S公司信息披露不够充分。S公司债券募集说明书中仅仅披露了广发银行和中信银行承诺对S公司债券流动性支持，即8亿元人民币的流动性贷款支持。也就是只披露了两个银行的承诺，即一旦S公司对于债券本金和利息支付有困难，两家银行将在本金偿还日和利息支付日的前十个工作日给予S公司流动性贷款支持，但并没有在信息披露时提到关于广发银行和中信银行撤出承诺的信息。同时，S公司债券截至债券发行前，S公司获得批准的银行授信额度达到了26.5亿元，另有6.87亿元尚未授信的额度。因此两家银行对债券的承诺给了投资者极大的信心，但真实情况是，就在债券发行之后，两家银行收回对S公司的授信，而投资者也是事情发生后才发觉其中的利害关系。

S公司债券发行前后业绩“大变脸”，又有债券募集说明书中对于银行披露的信息不完全，投资者对此反应不及，最终损失惨重。

六、S公司债券盈余操纵的经验启示

（一）发债企业提高独立董事和监管层的独立性

在检查S公司内部控制信息时，发现监管层并未对内控报告作出全面具体的评价，可见独立董事和监管层的工作只是走过场，并未真正尽到监管的责任。所以这就要求公司独立董事和监管层明确各自职责，确保独立性，真正实现公司信息披露的透明化。

首先严格筛选独立董事和监管层组成人员，独立董事必须要有专业能力且与公司没有利益输送关系，监事会成员中既要有股东也要有职工代表。其次在公司规章中明确区分独立董事和监事会的职责，避免发生监管漏洞和监管重叠的现象。最后独立董事和监事对公司内控情况做到真实有效的披露，能够及时发现公司内部存在的问题，更好地完善信息披露制度。

（二）债券投资者提高风险认知能力

首先投资者在进行债券投资之前应做好相关资信评估工作，认真分析企业财务报表，了解企业真实的盈利状况。但盈利能力不是唯一的判断依据，现金流量是评价公司债券利息偿付能力的一个重要指标，企业盈利能力与现金流量密切相关。但企业可以通过粉饰业绩来操纵利润，但要想操纵现金流量却十分困难。所以建议投资者应该综合分析企业的财务报表，深入研究现金流量的实际情况，结合市场大趋势分析企业未来发展趋势，对公司债券利息偿付能力与企业实际现金流量进行综合评判，提前预防债券违约等不利状况发生。

（三）信用评级机构完善评级模式

截至2014年3月5日，我国债券市场上的垃圾债券高达335只，金额规模高达405.34亿元，债券利率平均为9.22%。在这335只垃圾债券中，通过信用评级机构评级的债券仅有6只，由此可以看出，信用评级机构在我国债券市场上的地位举足轻重（见附录3）。

信用评级机构在进行债券信用评级时，不应只关注企业短期盈利能力，更要综合行业的市场行情来判断企业的长期盈利能力。2007年光伏产业发展迅猛，但光伏产业中处于下游产业链条的发电产业由于发电成本昂贵而发展迟缓，发电产业依赖于政府补贴政策。2008年国际金融危机，各国政府在光伏产业上降低补助，一时间光伏产业市场供过于求，这使得2008年多晶硅的价格从400美元/公斤降为不到20美元/公斤，甚至低于镀晶硅的生产成本。这无疑给我国光伏产业的继续发展带来沉重压力。所以说，信用评级机构不仅要考虑企业本身的盈利能力和现金流量，更要关注市场行情和国家政策，真实反映企业的信用条件，作出合理的债券信用评级。

S公司债券的成功发行，信用评级机构有着不可推卸的责任，因此，建议建立公司债券双评级制度，由两家信用评级机构独立自主地对单个债券进行评级，这样可以防止企业与信用评级机构之间的利益输送问题。不同国家都有各自的信用评级监管模式，“双评级”制度在美国、欧洲等国家发展较早，客观上促进了这些国家债券市场的发展。

（四）健全公司债券监管机制

针对市场上大量的垃圾债券，政府监管部门应该加大对信用评级机构的监管，首先需要对信用评级机构的工作人员进行严格审核监督，同时出台相关法律法规来规范评级机构的行为作风，不难发现，现行的法律法规主要以保护股东利益为目的，很难照顾到债权人的利益。一旦出现债券无法兑付的情况时，只有通过政府出面解决。所以，应当修订相关法律规则，使债权人拥有监督发债企业经营状况的权利。更重要的是，当债券发生违约时，应增强对债券持有人利益的保护。

另外，多头监管一直是债券市场待解决的问题，在超日债违约事件中，不少于五个部门的多头监管阻碍了规范化市场的建立和监管职能的发挥。最终债券定价不合理，削弱了市场定价机制。因此统一法律法规和规范监管部门对债券市场的监管是当下需要解决的问题。

七、结论

S公司债券违约事件是国内第一起公募债券的违约案例，对于整个债券市场起到了警醒作用，更多的垃圾债券也开始映入眼帘。当企业在从事金融活动时，要从自身的经营活动着眼，发现潜在的风险，选择合适的融资手段。对于债权者来说，要运用市场上客观独立的信用评级信息，制定正确的投资决策。可惜的是，目前我国整个信用评级机构还不够完善，无法为市场提供客观公平的信息，因此，一方面，公司需要作出正确的融资决策，规划好正常的经营方式以达到资金链的合理运行；另一方面，市场要为债权人提供准确可靠的信息，以满足他们的投资需求。

思考题

1. 公司债券与公司债务的区别，公司债券与企业债券的区别，公司债券目前的监管工作，如何推进监管。
2. 信用评级的缺陷，如何改进。
3. 公司盈余操纵的目的、方法及后果。
4. S 公司债券违约事件带来的影响。
5. 如何控制企业金融风险。

附录

附录 1　公司债券

一、概念

公司债券是指公司依照法定程序发行的，约定一定期限内还本付息的有价证券。公司债券是一种公司债，在债券的持有人和发行人之间形成了以还本付息为内容的债券债务法律关系。因此，公司债券是公司向债券持有人出具的债务凭证。

二、主要特点①

（一）风险性高：债券的还款来源于公司，因此公司的经营状况决定着债务是否能在期限内被偿还。但是公司的未来经营都具有不确定性，因此公司债券的持有人承担利息甚至本金的风险。

（二）收益率高：与银行普通定期、活期储蓄，以及其他有价证券相比，因为风险性相对较高，所以公司债券所提供的收益率也较高。

---

① http：//baike. baidu. com/view/156970. htm？ fr = aladdin.

（三）选择权：持有者和发行者在一定条件下，可以相互给予一定的选择权。

（四）经营权：虽然持有人对债券拥有债务要求权利，但是本身对公司的经营管理没有参与权。持有人可以优先享有索取利息和优先要求补偿和分配剩余资产的权力。

三、发行条件①

（一）一般公司债券的发行条件：（1）股份有限公司的净资产不低于人民币 3 000 万元，有限责任公司的净资产不低于人民币 6 000 万元；（2）累计债券余额不超过公司净资产的 40%；（3）最近三年平均可分配利润足以支付公司债券一年的利息；（4）筹集的资金投向符合国家产业政策；（5）债券的利率不超过国务院限定的利率水平；（6）国务院规定的其他条件。

（二）上市公司发行可转换为股票的公司债券的条件，除了需要符合一般公司发行债券的条件，还应当符合证券法关于公开发行股票的条件：（1）具备健全且运行良好的组织机构；（2）具有持续的盈利能力，财务状况良好；（3）最近三年财务会计文件无虚假记载，无其他重大违法行为；（4）经国务院批准的国务院证券监督管理机构规定的其他条件。

（三）不得再次公开发行公司债券的情形。根据证券法规定，有下列情形之一的，不得再次公开发行公司债券：（1）前一次公开发行的债券尚未募足；（2）对已公开发行的公司债券或者其他债务有违约或者延迟支付本息的事实，仍处于继续状态；（3）违反证券法规定，改变公开发行公司债券所募集资金的用途。

四、发行程序②

（一）发行公司向国务院授权的部门或者国务院证券监督管理机构提出公开发行公司债券的申请。根据证券法的规定，公开发行证券，必须经国务院证券监督管理机构或者国务院授权的部门核准；未经核准，任何单位和个人不得公开发行证券。

（二）按照法律规定向核准机关提交申请文件。根据证券法的规定，公司申请公开发行公司债券，应当向核准机关报送下列文件：（1）公司营业执照；（2）公司章程；（3）公司债券募集方式；（4）资产评估报告和验资报告；

---

① http://www.fujian.gov.cn/ggfwpt/qykb/gszcdj/zcfg/201407/t20140723_760645.htm. 根据《关于公司债券的定义和发行条件的规定》整理。

② 根据《关于公司债券的定义和发行条件的规定》整理。

(5)国务院授权的部门规定的其他文件。

(三)聘请保荐人。证券法规定,采取承销方式公开发行可转换为股票的公司债券的,应当聘请具有保荐资格的机构担任保荐人,并且在向核准机关提出发行公司债券的申请时,应当向核准机关报送保荐人出具的保荐书。

(四)公告公开发行募集文件。证券法要求公司债券的发行人在其发行申请经核准后,在证券公开发行前,公告公开发行募集文件,并将该文件置备于指定场所供公众查阅。发行人不得在公告发行募集文件前发行证券。

五、主要分类

(一)按照是否记名可分为:(1)记名公司债券,即在券面上登记持有人的姓名,在支取本息时要凭印鉴领取,转让时必须背书债券发行公司登记的公司债券。(2)不记名公司债券,与记名债券相反,不需要在券面上登记名字,在还本付息时也不需要印鉴,只需以债券为凭证。

(二)按照持有人是否参加公司利润分配可分为:(1)参加公司利润分配,除了预先规定的利息本金以外,还可在一定程度上参与公司的利润分配的公司债券。(2)非参加公司债券,指持有人仅获得事先约定好的利息收入的公司债券。

(三)按照是否可以提前赎回可分为:(1)可提前赎回:即发行者在债券到期前可以购回发行的全部或者部分债券。(2)不可提前赎回:只能等到到期日获得还本付息。

(四)按照发行债券的目的可分为:(1)普通公司债券,即以固定利率、固定期限为特征的公司债券。其主要目的是为公司扩大再生产提供资金来源。(2)改组公司债券,为了清理公司债券而发行的债券。(3)利息公司债券,是指面临债务信用危机的公司经债权人同意而发行的较低利率的新债券,用以换回原来发行的较高利率的债券。(4)延期公司债券,指公司在已发行债券到期无力偿还的条件下,又不能发利息债券,在征得债权人同意后可延长偿付期限的公司债券。

(五)按照发行人是否给予持有人选择权可分为:(1)附有选择权的公司债券,指在公司发行中,发行人给予持有人一定的选择权,比如可转换公司债券、有认股权证的公司债券和可退还公司债券。(2)未附选择权的公司债券,即债券发行人未给予持有人上述各种权利的公司债券。

六、存在的风险

(一)利率风险:当利率提高时,债券的价格就降低。债券剩余期限越长，利率风险也就越大。

（二）流动性风险：流动性差的债券使得投资者在短期内无法以合理的价格卖掉，从而造成损失。

（三）信用风险：发行公司不能按照预先规定的时间和利率偿付，给债权人带来损失。

（四）再投资风险：如果一开始购买短期债券，而没有购买长期债券，进行再投资就会有风险。

（五）回收性风险：对于有回收条款的债券，公司有权进行强制回收，而这种可能常常是市场利率下降、投资者按券面上的名义利率收取实际增额利息的时候，因此投资者的预期收益就会遭受损失。

（六）通货膨胀风险：由于货币贬值，购买力下降产生的风险。

七、监管问题——中国证监会①

1995 年 3 月，国务院正式批准《中国证券监督管理委员会机构编制方案》，确定中国证监会为国务院直属副部级事业单位，是国务院证券委的监管执行机构，依照法律法规的规定，对股权期货市场进行监管。1998 年 4 月，根据国务院机构改革方案，决定将国务院证券委与中国证监会合并为国务院直属正部级事业单位。

（一）机构简介

中国证监会在省、直辖市和计划单列市设立 36 个证券监管局，以及上海、深圳证券监管专员办事处。中国证监会是经政府授权的法定监管部门，履行的是法定监管责任。

（二）主要机构设置②

1. 股票发行审核委员会：负责审核股票发行申请是否符合规定；审核保荐人、会计师事务所等为股票发行出具的材料；审核证监会有关职能部门出具的初审报告。

2. 行政处罚委员会：制定证券期货违法违规认定规则，审理案件，依照法定程序主持听证，拟订行政处罚意见。

3. 各类直属事业单位：稽查总队、研究中心、信息中心和行政中心。

4. 各种内部职能部门：办公厅、发行监管部、非上市公众公司监管部、

① 详见附录 6。

② 中国证监会官网。

市场监管部、证券基金机构监管部、上市公司监管部、期货监管部、稽查局、法律部、行政处罚委员会办公室、会计部、国际合作部、投资者保护局、公司债券监管部、创新业务监管部、私募基金监管部、打击非法证券期货活动局、人事教育部、党委宣传部、监察局和机关党委。

5. 各省市派生证监局。

附录2　金融风险①

一、企业金融风险及其载体

企业金融风险可以定义为企业在从事金融活动时，由于汇率、利率和证券价格等基础金融变量在一定时间内发生非预期的变化，从而蒙受经济损失的可能性。其中，风险因素是企业从事金融活动，风险事件使汇率、利率和证券价格发生非预期的变化，风险结果是蒙受经济损失。

二、属性

金融风险与经营风险和财务风险是不一样的。经营风险是指生产经营的非确定性引起企业息税前收益变动和营业收入不足以支付固定经营成本而形成的风险。经营风险是由企业的投资决策所决定的。财务风险（或称筹资风险）是指企业使用了债务、优先股等固定财务成本的资本后所增加的企业普通股股东收益或每股收益变动和无力偿还债务的风险。财务风险也是由企业筹资决策决定的，企业的筹资结构决定了它所面临的财务风险的大小。而金融风险并不是企业自身决策所决定的，而是企业外部的一种客观存在。

三、特征

（一）金融风险一般是由经济原因造成的，如汇率、利率、证券价格等因素。

（二）金融风险的规避主要是利用套期保值的市场交易方式，利用复杂多变、本身充满投机和风险的衍生工具。

（三）金融风险属于投资风险，风险管理的货币偿付可正可负。主要依赖基础资产和衍生工具交易的关系。

四、金融风险分类②

（一）汇率风险：主要表现为汇兑过程中的价值损失。目前，国际汇市复

---

① 根据《关于企业金融风险》整理所得。

② 根据《企业金融风险控制与和谐发展》整理。

杂多变，呈现出很大的不确定性。汇率的波动，增加了换汇操作难度，也增加了风险。因此，如何选择签约合同币种、外汇报纸方案等有效规避汇率风险，成为新的课题。

（二）信贷风险：企业进行海外投资，无论是资源能源合作开发，还是国际工程承包，或是金融业本身，涉及资金规模较大，由此产生的资金风险较为突出。如果流动资金管理完善，则可以产生较大的收益；反之则会出现不可预测的风险。

附录3　信用评级

债券信用评级是以企业或者经济主体发行的有价债券为对象的信用评级。通常按照还本付息的可靠程度进行评估，并标识信用程度。这种信用评级，是为投资者购买债券和证券市场债券的流通转让活动提供信息服务。

一、原因

进行债券信用评级最主要的原因就是为了给投资者在进行债券投资时提供信息。投资者在购买债券时需要承担一定的风险，此风险主要是当发行者到期不能按照预先规定的利率进行还本付息，这种风险就叫作信用风险。由于受到时间、知识和信息的限制，投资者无法付出高昂的成本去对债券进行分析和选择，因此专业机构需要对发行的债券进行考察和评定。另一个原因就是减少信誉高的发行人的筹资成本。信誉较高的债券，越容易得到投资者的信任，能够以较低的利率出售，从而减少发行人的筹资成本。在发行人信用等级未知的情况下，发行人很容易就增加了发行成本，无法以确实的信息以较低的利率出售债券。

二、等级标准

（一）A级债券：（1）本金和收益安全性最大；（2）受经济形势影响的程度小；（3）收益水平较低，筹资成本也较低。鉴于低风险和低收益，此类债券大多用来保值。

（二）B级债券：（1）债券的安全性、稳定性和利息收入会受到经济中不稳定因素影响；（2）经济形势的变化对价值影响很大；（3）收益水平较高，筹资成本也较高。这类债券特别能够吸引熟练掌握证券投资的人员，他们甘愿冒一定风险以获得更高收益。

（三）C级和D级：纯粹是投机性或赌博性的债券。基本上没有多大的经济意义，如果敢于承担风险，试图获得巨大收益，可以选择此类债券。

三、评级机构

国际上最权威的信用评级机构主要是美国的标准普尔公司和穆迪投资服务公司。这两家公司负责评级的债券范围很广，包括地方政府债券、公司债券、外国债券等。它们拥有详尽的材料，先进的科学分析手段，又有丰富的实践经验和专门人才，因此它们作出的信用评级具有很高的权威性。两家机构的信用等级划分大同小异。这两家公司都是独立的私人企业，不受政府控制，也独立于证券交易所和证券公司。

四、必要性

（一）市场经济发展的需要：在美国，信用评级已经形成了一套完整的制度。债券评级是市场经济的必然产物，市场经济中存在大量的信用形式，或者说市场经济的基础是信用经济。如果受信任的偿还能力出了问题，就会影响信用关系，如果整个社会的信用恶化，就会阻碍社会的发展。因此，债券评级对债券进行评估，可以推动信用关系的良好发展。

（二）发展债券市场的需要：对于投资者来讲，债券评级可以帮助他们选择投资对象，以降低信息成本；对企业来讲，债券评级可以提高知名度。

五、评级内容

评级的主要内容包括：（1）分析债券发行单位的偿债能力；（2）考察发行单位能否按期付息；（3）评价发行单位的费用；（4）考察投资人承担的风险程度。

六、评级程序

（一）接受委托。包括评估预约、正式接受委托、交纳评级费用等。

（二）前期准备。包括移送资料、资料整理、组成评估项目组、确定评级方案等。

（三）现场调研。评估项目组根据实地调查制度要求深入现场了解、核实被评对象情况。

（四）分析论证。评估项目组对收集的信息资料进行汇集、整理和分析，形成资信等级初评报告书，经审核后提交信用评级评审委员会评审。

（五）专家评审。包括评审准备、专家评审、确定资信等级、发出《信用等级通知书》。

（六）信息发布。向被评对象出具《信用等级证书》，告知评级结果。

（七）跟踪监测。在信用等级有效期内，评估项目组定期或不定期地收集被评对象的财务信息，关注与被评对象相关的变动事项，并建立经常性的联系、沟通和回访工作制度。

附录4　光伏

光伏（PV，photovoltaic）是太阳能光伏发电系统（Photovoltaic Powersy Stem）的简称，是一种利用太阳电池半导体材料的光伏效应，将太阳光辐射能直接转换为电能的一种新型发电系统，有独立运行和并网运行两种方式。太阳能光伏效应，简称光伏（PV），又称为光生伏特效应（Photovoltaic），是指光照时不均匀半导体或半导体与金属组合的部位间产生电位差的现象。

人们通常不会将连接光伏组件和逆变器的布线系统视为关键部件，但是，如果未能采用太阳能应用的专用电缆，将会影响到整个系统的使用寿命。太阳能系统常常会在恶劣的环境条件下使用，如高温和紫外线辐射。在欧洲，晴天时将导致太阳能系统的现场温度高达100℃。目前，我们可采用的各种材料有PVC、橡胶、TPE和高质量交叉链接材料，但遗憾的是，额定温度为90℃的橡胶电缆，还有即便是额定温度为70℃的PVC电缆也常常在户外使用，显然，这将大大影响系统的使用寿命。

就光伏应用而言，户外使用的材料应根据紫外线、臭氧、剧烈温度变化和化学侵蚀情况而定。在该种环境应力下使用低档材料，将导致电缆护套易碎，甚至会分解电缆绝缘层。所有这些情况都会直接增加电缆系统损失，同时发生电缆短路的风险也会增大，从中长期看，发生火灾或人员伤害的可能性也更高。

而在安装和维护期间，电缆可在屋顶结构的锐边上布线，同时电缆须承受压力、弯折、张力、交叉拉伸载荷及强力冲击。如果电缆护套强度不够，则电缆绝缘层将会受到严重损坏，从而影响整个电缆的使用寿命，或者导致短路、火灾和人员伤害危险等问题的出现。

我国的光伏企业在国外承包建设项目的光伏电站，将面临采购专用电缆的光伏，电线电缆质量也直接关系到外包项目质量安全。质量问题直接制约了整条光伏产业链的竞争力和发展。质量是电线电缆行业的核心竞争力；同样的，质量问题也是关系电线电缆产业发展的根本问题。与中国市场不同的是，全球电缆市场已日趋成熟，世界电缆制造业的增长幅度趋缓。

附录5 我国《公司法》中的公司债券条款[①]

《中华人民共和国公司法》第七章 公司债券

第一百五十四条 本法所称公司债券，是指公司依照法定程序发行、约定在一定期限还本付息的有价证券。公司发行公司债券应当符合《中华人民共和国证券法》规定的发行条件。

第一百五十五条 发行公司债券的申请经国务院授权的部门核准后，应当公告公司债券募集办法。公司债券募集办法中应当载明下列主要事项：（一）公司名称；（二）债券募集资金的用途；（三）债券总额和债券的票面金额；（四）债券利率的确定方式；（五）还本付息的期限和方式；（六）债券担保情况；（七）债券的发行价格、发行的起止日期；（八）公司净资产额；（九）已发行的尚未到期的公司债券总额；（十）公司债券的承销机构。

第一百五十六条 公司以实物券方式发行公司债券的，必须在债券上载明公司名称、债券票面金额、利率、偿还期限等事项，并由法定代表人签名，公司盖章。

第一百五十七条 公司债券，可以为记名债券，也可以为无记名债券。

第一百五十八条 公司发行公司债券应当置备公司债券存根簿。发行记名公司债券的，应当在公司债券存根簿上载明下列事项：（一）债券持有人的姓名或者名称及住所；（二）债券持有人取得债券的日期及债券的编号；（三）债券总额，债券的票面金额、利率、还本付息的期限和方式；（四）债券的发行日期。

发行无记名公司债券的，应当在公司债券存根簿上载明债券总额、利率、偿还期限和方式、发行日期及债券的编号。

第一百五十九条 记名公司债券的登记结算机构应当建立债券登记、存管、付息、兑付等相关制度。

第一百六十条 公司债券可以转让，转让价格由转让人与受让人约定。公司债券在证券交易所上市交易的，按照证券交易所的交易规则转让。

第一百六十一条 记名公司债券，由债券持有人以背书方式或者法律、行政法规规定的其他方式转让；转让后由公司将受让人的姓名或者名称及住

---

① http：//wiki. mbalib. com/wiki/%E5%85%AC%E5%8F%B8%E5%80%BA%E5%88%B8，公司债券。

所记载于公司债券存根簿。无记名公司债券的转让，由债券持有人将该债券交付给受让人后即发生转让的效力。

第一百六十二条 上市公司经股东大会决议可以发行可转换为股票的公司债券，并在公司债券募集办法中规定具体的转换办法。上市公司发行可转换为股票的公司债券，应当报国务院证券监督管理机构核准。发行可转换为股票的公司债券，应当在债券上标明可转换公司债券字样，并在公司债券存根簿上载明可转换公司债券的数额。

第一百六十三条 发行可转换为股票的公司债券的，公司应当按照其转换办法向债券持有人换发股票，但债券持有人对转换股票或者不转换股票有选择权。

附录6 中国证监会职责[①]

（一）研究和拟订证券期货市场的方针政策、发展规划；起草证券期货市场的有关法律、法规，提出制定和修改的建议；制定有关证券期货市场监管的规章、规则和办法。

（二）垂直领导全国证券期货监管机构，对证券期货市场实行集中统一监管；管理有关证券公司的领导班子和领导成员。

（三）监管股票、可转换债券、证券公司债券和国务院确定由证监会负责的债券及其他证券的发行、上市、交易、托管和结算；监管证券投资基金活动；批准企业债券的上市；监管上市国债和企业债券的交易活动。

（四）监管上市公司及其按法律法规必须履行有关义务的股东的证券市场行为。

（五）监管境内期货合约的上市、交易和结算；按规定监管境内机构从事境外期货业务。

（六）管理证券期货交易所；按规定管理证券期货交易所的高级管理人员；归口管理证券业、期货业协会。

（七）监管证券期货经营机构、证券投资基金管理公司、证券登记结算公司、期货结算机构、证券期货投资咨询机构、证券资信评级机构；审批基金托管机构的资格并监管其基金托管业务；制定有关机构高级管理人员任职资格的管理办法并组织实施；指导中国证券业、期货业协会开展证券期货从业

① 中国证监会官网。

人员资格管理工作。

（八）监管境内企业直接或间接到境外发行股票、上市以及在境外上市的公司到境外发行可转换债券；监管境内证券、期货经营机构到境外设立证券、期货机构；监管境外机构到境内设立证券、期货机构，从事证券、期货业务。

（九）监管证券期货信息传播活动，负责证券期货市场的统计与信息资源管理。

（十）会同有关部门审批会计师事务所、资产评估机构及其成员从事证券期货中介业务的资格，并监管律师事务所、律师及有资格的会计师事务所、资产评估机构及其成员从事证券期货相关业务的活动。

（十一）依法对证券期货违法违规行为进行调查、处罚。

（十二）归口管理证券期货行业的对外交往和国际合作事务。

（十三）承办国务院交办的其他事项。

附录7　美国公司债券监管①

一、对市场信息披露的监管

美国公司债券市场由债券的经纪人和交易商组成的自律组织——全国证券交易商协会（NASD）执行监管职能。美国证券交易委员会（SEC）要求全国证券交易商协会（NASD）从以下三个方面加强信息披露：第一，要求经纪人向NASD报告美国公司债券的所有交易情况，要求经纪人开发系统，在即时基础上接收和重新传送交易价格信息；第二，创建公司债券交易数据库；第三，在建立数据库的同时，制订一个监管计划，以阻止交易不法行为。因此，2002年7月2日，TRACE正式启动，公司债券报告采用阶段性方式。自2003年10月1日起，NASD6230（a）准则规定，交易信息必须在成交后的45分钟之内上报TRACE，TRACE之后公布每笔债券交易的日期、事件、数量、价格和收益率，也反映债券成交价格是否含佣金，是否采用特殊结算方式，交易信息上报是否延迟等。这样，投资者可以通过TRACE第一时间获知公司债券真实出售价格，并能追溯90天以内公司每天成交的最高价和最低价。

二、对公司债券发行的监管

（一）注册制：初次公开发行的公司债券必须进行注册，并向公众公开发

---

① 来自《美国市场公司债券研究》。

行公司注册数和其他相关的附件。

（二）募集方式：某些公司债券如电力、煤气、电信等企业必须通过公募方式进行发行。此外，私募债券的发行免予注册。但是，私募发行有其他要求：第一，投资者若超过35人，则这些投资者必须是“对投资的价值和风险具有识别能力的投资者”，主要包括银行、证券公司、保险公司等金融机构，或者大投资者和年收益高的个人投资者，以及慈善团体。第二，私募发行者不得利用广告等形式公开募集。第三，投资者购买的私募债券两年内不得转让。

（三）对债券受托人的监管：受托人不得卷入利益冲突之中；必须拥有一定资本和盈余；应妥善保存债券持有人名单；受托人在履行职责和承担责任方面要符合法律所要求的标准等。

（四）对券商持有公司债券的监管：SEC 要求：1）资本流动性的调整。由于资本的流动，那些不能立即变现的资产要从总资本中扣除。2）资本风险性的调整。从资本中扣除券商所持证券的市场价值。

参考文献

[1] 黄梅，夏新平．操纵性应计利润模型检测盈余管理能力的实证分析［J］．管理评论，2009（12）：136－143.

[2] 杨芳．“超日债”违约事件对企业债风险评价的启示［J］．新经济，2014（23）：12－14.

[3] 林舒，魏明海．中国A股发行公司首次公开发行募股过程中的盈余管理［J］．中国会计与财务研究，2000（6）：87－91.

[4] 朱红军．盈余管理计量模型在中国股票市场的应用研究［J］．中国会计与财务研究，2002（5）：4－7.

[5] 冯雨．存货减值对盈余管理的影响［M］．北京：首都经济贸易大学出版社，2010：42.

[6] 范宗辉，王静静．证券分析师跟踪：决定因素与经济后果［J］．上海立信会计学院学报，2010（1）：15－19.

[7] 杨模荣．我国非经常性损益信息披露市场效果检验［J］．财会月刊，2010（3）：12－14.

[8] 吴联生．盈余管理、政治关联与公司税负［J］．会计论坛，2010（1）：3－16.

[9] 马会起，干胜道，胡建平. 基于经营者股权激励的盈余管理与股价操纵相关性研究（来自中国上市公司的经验证据）[J]. 财会通信，2010(8)：15－18.

[10] 李增福，董志强，连玉君. 应计项目盈余管理还是真实活动盈余管理？——基于我国2007年所得税改革的研究［J］. 管理世界，2011（1）：121－134.

案例教学使用说明

一、教学目的与用途

1. 适用课程：投资银行学、金融市场学、投资学。

2. 适用对象：本案例主要为金融类专业、工商管理类专业等本科生开发。

3. 教学目的：本案例的教学主题是S公司在债券发行过程中通过盈余操纵来蒙骗市场和投资者。通过排查，发现S公司通过关联购销业务、虚增坏账计提准备及操控生产成本等方法操纵盈余，隐瞒券商、会计师事务所、律师事务所及监管部。最终在无法实现兑付时才真相大白，引发发债企业、投资者、信用评级机构及监管机构的深刻反省。在课堂上，重点讨论：一是掌握S公司债券违约的发生始末；二是了解S公司如何通过盈余操纵来做掩饰；三是对如何规范债券市场的深刻思考。

二、理论依据与分析

（一）理论依据

财务分析相关理论。

公司债券相关法律法规。

（二）具体分析

1. 公司债券与公司债务的区别，公司债券与企业债券的区别，公司债券目前的监管工作，如何推进监管

(1) 公司债券与公司债务

公司债是由企业发行的债券。企业为筹措长期资金而向一般大众举借款项，承诺于指定到期日向债权人无条件支付票面金额，并于固定期间按期依据约定利率支付利息。中国债券市场的发展相对于股票市场一直是“跛足”，债券市场规模小、市场化程度低、发行和交易市场割裂。尤其是公司债，相对于国债和金融债，更是发展缓慢。

公司债务是民法中债务概念与公司的简单组合，包括贷款、应付账款、

未付款的采购件等。公司债务包括公司与特定人之间的债权债务关系，其转让受合同法的限制，它具有不同的偿还方式和期限，且形式是多样性的。

（2）公司债券与公司债务的区别

①公司债是股份有限公司特有的概念，公司债务则是民法中债务概念与公司的简单组合。

②公司债是股份有限公司与不特定人之间形成的债权债务关系，而公司债务则包括公司与特定人之间的债权债务关系。

③公司债是一种可转让的债权债务关系，而公司债务的转让则受合同法的限制。

④公司债的偿还具有一律性，而公司债务具有不同的偿还方式和期限。

⑤公司债的形式为债券，公司债务则具有多样性。

（3）如何推进公司债券监管

政府监管部门应该加大对信用评级机构的监管，首先需要对信用评级机构的工作人员进行严格审核监督，同时出台相关法律法规来规范评级机构的行为作风。不难发现，现行的法律法规主要以保护股东利益为目的，很难照顾到债权人的利益。

2. 信用评级的缺陷，如何改进

信用评级机构在实际的运作中存在很多缺陷及不足，很大程度上是由于缺乏有效的法律规制。这与它们百年的发展历程是分不开的。信用评级机构以其百年发展起来的信誉为基石，进而评价其他金融产品。市场和投资者首先信任的是信用评级机构，其次才信任它们出具的报告。因此市场和投资者的信任已经对其产生了一种无形的规制。但是，原有的那种规制已经远远不能保护市场和投资者了，所以我们就要有更加有力的措施保障公众的权利和利益，而这个措施就是法律。

（1）建立统一收费付费机制

如果信用评级机构公正客观地对金融产品进行评级，但是得出的结论不是证券发行人想要的结论，或者得出的结论不能够让证券发行人的金融产品顺利地推向市场并销售得很好的话，那么证券发行人就不会采用这个信用评级结果。证券发行人会重新找一家信用评级机构进行重新评级，直到得到他想要的结果。

（2）信用评级机构应进行及时有效的监测与跟踪

信用评级机构的反应过于迟缓，没有进行有效的跟踪。包括穆迪、标准普尔在内的信用评级公司直至出现问题时，还保持着对其较高的评级，下调速度过慢，令市场和投资者都大为失望。

评级结果公布后，评级机构仍应定期搜集被评级对象的各项资料，包括国家的政治经济形势、产业发展趋势等相关资料以定期进行复查，了解被评级对象的信用状况变化。如果被评级对象的信用可能在近期或长期发生重大变化，评级机构应将其列入观察名单向大众公布其正向或负向调整的可能性，并对被评级对象进行更密切的监测与跟踪，了解情况。必要时还要修正评级内容，调整信用级别，并对外公布。因此，在危机初显端倪时信用评级机构应迅速预警次级贷风险，及时告诫投资者。

（3）加大信用评级机构评级的透明度

目前，各信用评级机构在公开评级透明度的过程中，缺乏有效的监督和惩罚机制，使得相关的规定形同虚设。因此，在立法过程中，应该多请一些金融业的专家共同参与制定法律，以提高法律对专业领域的规制能力。同时增加足以威慑信用评级机构的惩罚措施和对投资者的相关赔偿机制，以达到增加评级透明度的目的。

（4）限定信用评级机构的范围

目前，信用评级机构评级的范围极其广泛，涉及各行各业，各种金融产品。尤其是在2008年国际金融危机中，希腊、西班牙、葡萄牙、意大利等国遭受了严重的冲击，有的国家濒临破产，但同时信用评级机构却一再降低这些国家的主权债务等级，从而引起了市场的恐慌性抛售，使得陷入危机的国家金融状况雪上加霜。在这一过程中，信用评级机构的做法不免让人觉得有些落井下石。多次的事件表明，在许多金融产品导致投资者陷入危机之后，信用评级机构才考虑对投资者的赔偿机制，降低债券等级。此种做法不仅不利于投资者减少损失，更加剧了市场的恐慌情绪，更加不利于市场信心的恢复和金融业的复苏和发展。

3. 公司盈余操纵的目的、方法及后果

（1）目的

①降低债务融资成本

S公司所发行的债券从实质上来说就是一种资金交易行为，即发债企业通过发行债券来购买资金的使用权。在盈余操纵下，公司财务报表得到粉饰，外部信息使用者通过粉饰后的报表，投资者看到企业未来良好的发展态势，从而降低债券利率以达到降低债务融资的成本。

②提升债券及发债企业信用评级

信用评级，又叫作资信评级，是一种社会中介服务，为社会提供资信信息，或为单位自身提供决策参考。信用等级的划分有：AAA 级、AA 级、A 级、BBB 级、BB 级、B 级、CCC 级、CC 级、C 级，排名按所列顺序依次排列，其排名代表着信用等级，也是衡量企业财务能力的重要指标。

S 公司在债券发行前，通过对盈余进行操纵，所披露的信息有所美化，这使得在信用评级机构与 S 公司之间产生信息不对称。企业信用评级一般的指标包括盈利能力、偿债能力以及发展能力。根据 S 公司 2009 年、2010 年、2011 年财务报表数据显示，其信用评级指标均不够理想。然而 S 公司在发行债券时信用评级等级为 AA 级，足以看出该债券在发行之前进行盈余操纵的目的是为了提升企业的信用等级，从而吸引投资者投资。

③扩大债务融资规模

融资规模是指一定时期投资主体筹集资金的总额，通常以货币形态表示。债券融资的目的就是要筹集资金，财务报表是投资者进行投资的主要依据。S 公司在债券发行前对盈余进行操纵，其目的就是要对财务报表进行粉饰，进一步说明粉饰财务报表的目的就是要吸引投资者投资。

随着近年来光伏行业发展下滑，S 公司为了发展在海外建立多个电站，导致大批资金投资于海外市场。由于太阳能资源产业投资期长，从而导致公司资金链紧张。正因为资金链的紧张，S 公司在债券发行前，对盈余进行操纵，以吸引更多的投资者，筹集更多的资金从而扩大融资规模来缓解公司资金链的紧张。

（2）方法

①关联购销业务

关联方之间的商品购销、提供或接受劳务是金额最大的一种关联交易类型。通过分析上市公司与关联方之间商品购销、提供或接受劳务等经营活动产生的营业收入占该公司的营业收入总额的比重以及产生的利润额占该公司利润总额中的比重，来判断上市公司的盈利能力依赖关联企业的程度。

②增加坏账准备计提比例

2009—2011 年 S 公司的坏账损失随着债务重组损失的增加而降低，并且随着应收账款的增加而降低，可见 S 公司是通过计提坏账准备来调节收益的。

③操控成本

盈余操纵水平是衡量盈余操纵程度的量化指标。根据修正的 Jones 模型，盈余操纵水平的指标分别有操纵性经营性现金净流量和操控性成本。其中可操控性现金净流量等于公司实际的现金净流量减去估计出来的现金净流量，可操控性生产成本等于公司实际的生产成本减去估计出来的生产成本。

（3）后果

①发债企业资金链断裂。

②债券违约。

4. S公司债券违约事件带来的影响

S公司债券违约事件意味着隐性刚性兑付的正式结束，对于我国直接融资市场的壮大与经济结构转型、利率市场化下商业银行的转型、债券市场各中介机构的市场功能归位将产生三大影响。

（1）有利于直接融资市场的壮大与经济结构转型。长期以来，公募债券市场的隐性刚性兑付预期使得投资者将收益率置于首位，而人为地忽视债券自身的信用风险，其后果是市场监管者与承销商、评级机构等中介机构都承担着隐性刚性兑付各种压力，这种信用风险的绑架扭曲了市场参与者的心态，大大弱化了市场信用风险定价能力。

S公司债券违约有利于纠正扭曲的市场信用风险定价，虽然这种信用风险定价机制的复位短期内加大了信用利差，打击了债券市场的情绪，但从长远看，刚性兑付的破除，能够让中小企业、创新型企业在融资时背负的兑付压力减轻，将丰富债券市场的种类与促进信用衍生品市场的发展，真正拓宽企业直接融资的途径。

（2）有利于利率市场化下商业银行的转型。随着利率市场化进程的加快，目前我国商业银行都面临较大的转型压力，从欧美利率市场化进程中的商业银行转型经验看，资产管理业务是未来商业银行最重要的业务之一。

S公司债券作为公募债券第一单实质性的违约在让部分投资者遭受损失的同时，也给市场机构与个人投资者上了最重要的一课，股票有风险，债券也有风险。这对未来资产管理业务实现“买者自负”奠定了市场基础，有利于商业银行资产管理业务的发展与自身业务转型。

（3）有利于债券市场各中介机构的功能归位。在S公司债券违约之前，债权人已经就相关赔偿向深圳市中级人民法院提起诉讼，其中包括保荐机构履职不充分、评级公司的信用评级虚高等问题。长期以来，债券市场的隐性刚性兑付与激烈的市场竞争不仅弱化了信用评级的效力，也迫使保荐机构、审计机构等中介机构出于自身利益考量在信息跟踪与披露上倾向于融资人的利益。S公司债券违约事件有利于改变目前融资主体与中介机构的地位不对称问题，有效促使中介机构真正实现各司其职与市场功能归位。

综上所述，S公司债券违约事件虽然短期内影响了低等级融资主体的融资需求，但长期看信用风险定价的复位与隐性刚性兑付的破除，将有力地推动利率市场化背景下中国资本市场持续壮大，为未来实体经济的发展创造多层次的融资市场环境。

5. 如何控制企业金融风险

（1）提高风险意识，加强评估能力

在面对市场经济的激烈竞争时，企业应该防患于未然，提高对金融风险的重视程度，为可能发生的风险提前进行预防，识别和预见金融市场可能会产生的政策等变化。按照国家对金融业的政策要求，制定符合企业实际和市场规律的金融发展计划。将风险降低在可控的范围内，使企业金融能够稳定发展。同时，对市场的发展趋势进行评估，及时调整企业的发展战略，依据市场变化提前做好准备并在风险发生时及时做出应对。

（2）建立健全企业金融风险的预测预警机制

企业的发展能够对国家整体金融业的经济起到推进的作用，国家和相关的政府部门会为企业金融风险进行预测和预警。与此同时，企业自身也要建立健全预测系统，保证金融交易的过程方向正确，避免依照他人的预测进行交易。比如，在投资时应该先对金融风险进行评估，预算收益和投入成本以及过程中可能发生的风险，提前做好准备，将损失降低或避免。

也应该完善预警和分析机制，对市场信息进行迅速的收集和筛选，在交易的各个环节都要设置负责人，将责任落实并加强信息的交流，避免信息的不完整。如在进行投资时，要求对被投资的企业进行信息收集，保证公司的真实性，再结合市场的金融政策评判投资的可能性。

（3）企业加强内部部门的管理

对企业部门进行逐一合理的分工，明确部门的职责，如策划部门要在设计金融方案时，增加金融风险的罗列，并同财务部门研讨得出准确的风险和收益比例。财务部门对企业金融的作用十分重大，这就要求企业对财务部门的管理加大力度，加强信息的透明度，对财务主体会计师进行严格要求。

首先，完善企业内部的会计管理体制，对会计的职责和工作流程细分，保证权责关系明确，推广高效的财务核算软件，构建稳定安全的金融风险管理体系。其次，引入会计监督机制，设置监管部门，对会计进行全面的考察、判断和评价。最后，注重企业会计队伍的建设，加强对会计师的职业道德培养，组织再学习提高专业技能，积极引进有能力和经验的会计师，合理安排管理人员，并建立辞退和招聘机制，定期进行绩效考察。

（4）建立科学的融资体系

企业金融风险除了来源于汇率的变化外，就是在企业融资过程中带来的风险。而且企业的融资难等问题是企业金融发展中一直存在的问题，民间贷款具有不稳定性和高利息的特点，对企业金融的发展是不利的。针对这一风险，其一是提高企业的信用度，获得向商业银行贷款的机会，首先从低额贷款开始，逐渐地积累企业信用，逐步提高银行放贷的金额。其二要深化金融体制改革，完善金融制度，建立科学的融资结构。

（5）提高企业发展多样化和管理

企业金融发展面对着投资单一的风险，投资单一会导致企业面对风险时无法对损失进行分散，金融风险是无法避免的，企业要根据实际状况增加企业投资的多样化，增加企业的产品种类，当一种产品面对金融风险时，可以利用其他产品分散风险，降低企业的经济损失。同时，更新企业的管理模式，营造规范的管理氛围，引进专业的管理人才，设置专门的金融风险评估部门，防范金融操作风险和加强对金融人才的储备和培养。

除此之外，企业在面对外汇金融风险时，可以使用期权合同或外汇期货合约、货币互换等方法应对外汇风险，并且要灵活地使用金融衍生工具如期货等来规避金融风险。

三、关键要点

1. 关键点：对如何规范公司债券监管的深刻思考。

2. 关键知识点：了解S公司债券盈余操纵的方法；对如何完善金融风险监管体系的思考。

3. 能力点：分析与综合能力、批判性思维能力以及解决问题的实际能力。

四、案件的后续进展

自S公司债券宣布发生违约以来，债权人到多处表达诉讼，但是无人兜底。根据超日债募集说明书显示，偿债应急保障方案有两种。

第一，发行人与广发银行和中信银行针对债券签订了共计8亿元的银行流动性贷款支持协议，当发行人对本期债券付息和本金兑付发生临时资金流动性不足时，广发银行上海分行和中信银行苏州分行将在每次付息和本金兑付首日前10个工作日，分别给予发行人合计不超过3亿元和5亿元的流动性支持贷款。

第二，因当年S公司业绩表现良好，“截至2011年6月30日，公司已获银行批准授信额度26.5亿元，其中尚余授信额度为6.87亿元。一旦受本次债券兑付影响遇到突发性经营周转问题，公司所需周转资金可通过银行信贷资金予以解决”。但是中信董事办称，已经就此事询问过苏州分行。协议是有效的，但协议上面写的是“临时流动性”，S公司目前情况恐怕不是“临时流动性”，因此届时应该不会提供贷款。仅从S公司现状、银行反应以及债券募集说明书来看，债民获赔利息几无可能。

五、课堂计划

本案例可以作为专门的案例讨论课来进行，如下是按照时间进度提供的课题计划建议，仅供参考。

本案例安排2个课时。

课前计划：

1. 学员准备：充分了解本案例涉及的企业及其事件；确定小组成员组成；提出1~2个论点。

2. 教师准备：完成相应的理论知识介绍；为学生提供学习此案例的材料；为学生提供讨论平台；收集学生的想法论点。

3. 教学辅助人员准备：准备好多媒体教学课件，课后收集学生的书面讨论资料。

课中计划：

案例讨论将分小组进行，每个小组拥有10~15分钟讨论及阐述时间，要求每个学生都要阐述自己的论点和观点。另外，每个小组都应该形成自己有别于其他小组的独特见解，并以文字描述。教师在主持此案例讨论中，应该鼓励及启发学生发表见解。此外，针对此案例相关的理论知识，教师应当向学生详细解释。

课后计划：

请学生上网搜索该企业的相关信息资料，尤其最新信息，采用报告形式给出更加具体的解决方案，或写出案例分析报告（1 000~1 500字）；如果对此案例有兴趣跟踪，建议联系案例作者或企业负责人，进行深入研究。明确具体的职责分工，为学习后续章节内容做好铺垫。

×证券“萝卜章”事件引发的债券代持业务监管改革[①]

臧 展

一、引言

×证券是一家股东稳定且实力雄厚的证券公司，在二十几年的发展中，公司在业内的地位不断提升，各项经营指标都稳步提升，整体实力排在券商行业前三分之一的位置。公司经营涵盖零售财富管理、企业金融服务、销售交易、资产管理、信用、网络金融、研究业务等多个板块，形成多元化的业务体系。然而2016年12月14日，媒体曝出的一则×证券“萝卜章”报道把×证券推到了风口浪尖，报道称×证券已离职员工张×、郭×等内部员工私刻公司印章、以公司名义与20余家金融机构违规开展债券代持交易。报道出来后第二天，×证券等4只股票相继停牌，一时间，债券市场乃至整个金融市场发生剧烈动荡。此次×证券能否渡过难关、化解危机呢？应如何看待此次事件引发的债券代持业务监管改革？

二、事件介绍

（一）事件始末

2016年12月14日，一则新闻爆出A银行代×证券持有的100亿元债券出现巨额浮亏，到期后，×证券以债券代持合同章伪造为由拒绝回购债券。其他代持×证券债券的机构闻风赶来要求其兑现合同承诺。

2016年12月15日，广西证监局对×证券债券等相关业务现场检查，

---

① 1. 本案例由南京审计大学金融学院臧展副教授根据公开资料开发完成。本案例仅作为课堂讨论的材料，不表示企业成败及其管理措施的有效性。

×证券及相关证券相继停牌。

2016 年 12 月 17 日，司法鉴定机构鉴定协议所盖章系伪造，并以此判定此案为刑事案件。

2016 年 12 月 20 日，继续停牌。×证券称已与印章私签债券交易协议事件相关涉事机构协调会议并达成共识，且具体方案与事项还未确定。

2016 年 12 月 28 日，×证券与与会各方在协调会议上达成共识，并已经与 19 家与会机构签订相关协议。

2017 年 1 月 11 日，根据×证券披露的 2016 年 12 月的主要财务信息，截至 2016 年 12 月，营业收入为 147 924 772. 86 元，净利润为 –52 955 426. 82 元；而在事件还未披露的同年 11 月×证券的营业收入为 331 777 558. 12 元，净利润为 58 108 349. 89 元，可以看出，事件发生以后短短一个月，×证券的净利润急剧下滑直至为负。

2017 年 1 月 20 日，×证券发布关于此次案件的处理结果，最终与 24 家机构签订了协议，1 家机构自行承担，股票于当日复牌。×证券遭到多家机构和营业部的大笔抛售，公司股价以跌停价开盘，股价下跌了 7. 75%，以 6. 43 元/股的价格收盘，成交金额达到 15. 29 亿元，换手率为 5. 7%。

B 公司救场

2017 年 1 月 18 日，×证券接到第一大股东广西 B 公司（以下简称 B 公司）通知，基于对公司未来持续发展稳定的信息及对公司价值的认可，B 公司计划自股票复牌日起 6 个月内，在二级市场上增持×证券的股份不超过公司总股本的 2%，并且承诺在本次增持期间及法律法规规定的期限内不减持本次增持的×证券股份。

2017 年 1 月 20 日，B 公司通过其全资子公司 C 公司以集中竞价的方式增持×证券 1 529. 00 万股，占公司总股本的 0. 36%。

截至 2017 年 1 月 21 日，B 公司持有×证券 94 195. 96 万股，占公司总股本的 22. 34%；B 公司及其一致行动人 C 公司、D 公司合计持有×证券股份 107 317. 88万股，占公司总股本的 25. 46%。

截至 2017 年 5 月 19 日，B 公司通过 C 公司以集中竞价的方式累计增持×证券股份 5 061. 00 万股，占公司总股本的 1. 20%。

2017 年 5 月 26 日，B 公司通过 C 公司于 5 月 22 日至 5 月 26 日以集中竞价的方式增持×证券 4 438. 22 万股，占公司总股本的 1. 05%。本次增持后，C 公司已累计增持×证券股份 9 499. 22 万股，占公司总股本的 2. 25%。

截至2017年5月27日，B公司直接持有×证券股份94 195.96万股，占公司总股本的22.34%；其全资子公司C公司持有×证券股份9 499.22万股，占公司总股本的2.25%。此外，其控股子公司D公司持有×证券股份12 075.64万股，占公司总股本的2.86%。综上，B公司及其一致行动人合计持有×证券股份115 770.81万股，占公司总股本的27.46%。

B公司的意图不言而喻，它通过第一时间增持×证券股票的方式暂时拖住其股价，但“萝卜章”事件对×证券带来的整体影响不小，此种方法可以暂时稳定×证券股价，但长期而言还要看市场的选择。这也是×证券股价在重新复牌后维稳一段时间后又下跌的原因。

（二）事件处置结果

1. 涉事机构的处理结果

公司与涉事机构达成一致协议：相关债券各方继续持有，其中信用债风险收益由×证券全部承担，共计面值为35.90亿元；部分利率债按比例各自买断，×证券买断面值为87.30亿元；部分利率债券由涉事机构继续持有，其投资收益与相关资金成本之差由×证券与涉事机构共担，共计面值为44.60亿元；个别涉事机构已于2016年12月20日前对相关债券进行处理，已形成实际损失的按比例承担，×证券分担损失为0.56亿元。

×证券共承担债券面值167.80亿元，其中，利率债共计131.90亿元，全部为安全性和流动性高的国债、国开债，剩余期限5年以下的占5.76%，5年以上的占94.24%，加权平均票面利率为3.26%；信用债11只，共计35.90亿元，其中，债券评级AA级及以上的9只、AA－级的1只，A－级的短期融资券1只，分别占信用债总面值的94.99%、3.34%和1.67%，剩余期限（按行权日）5年以下的占96.66%，5年以上的占3.34%，加权平均票面利率为7.51%。

2. 公司内部处理结果

2017年5月19日，×证券受到中国证券监督管理委员会的通知书，决定在行政监督管理措施正式下发之日起1年内，暂不受理债券承销业务的相关文件，暂停资产管理产品备案，暂停新开证券账户；增加内部合规检查次数，1年内对公司开展全面内部合规检查，并每季度中国向证监会提交检查和整改报告。

3. 证监会对相关人员采取以下管理措施：

一是责令张×、郭×在通知书下达之日起分别在10年和8年内不得担任证券公司资产管理相关职务；二是撤销分管资产管理相关业务的高级管理人员胡××、燕××的证券公司高级管理人员任职资格；三是对公司历任合规总监李×、刘××、付××予以公开谴责；四是对姚×采取监管谈话措施。

（三）事件处置影响

截至2016年12月31日，公司已将需要承担的面值为167.80亿元的债券全部计入“持有至到期投资”会计科目，按实际利率法计算摊余成本进行后续计量，其中有0.6亿元已于2017年3月到期兑付，大部分债券将于2017年底前由×证券分批兑付承接，其余债券由涉事机构继续持有或提供融资。

事涉债券主要为国债、国开债，预计信用风险较低，×证券称未来现金流稳定，不存在到期无法偿还的违约风险。截至2016年年报披露之日，公司持有的已到付息期的事涉债券均按期完成利息兑付，未出现减值的迹象，不计提减值准备。与此同时，×证券设立了事涉债券专项处置资金，利用自有资金、债券回购等方式承接事涉债券，自有资金的杠杆比例约为3倍。×证券表示，接回上述事涉债券对公司所需资金造成一定压力，对此公司将积极加强资产负债管理，拓宽融资渠道缓解资金压力，目前公司流动性风险可控。但“萝卜章”事件给公司带来经营不规范的负面影响，在短期之内公司的业务经营必然会受到一定影响，从其2016年12月净利润由盈转亏就可以看出。

相关债券入表后，流动性覆盖率、净稳定资金率、风险覆盖率、资本金杠杆率等主要风险控制指标均优于预警指标和监管指标（见表1）。

表1　×证券主要风险控制指标

指标/年份	2015	2016	2017.6.30	行业标准
流动性覆盖率（%）	270.57	226.32	564.50	100
净稳定资金率（%）	202.28	144.65	138.74	100
风险覆盖率（%）	446.52	249.06		100
资本金杠杆率（%）	31.83	21.21		8

其中：风险覆盖率=净资本/各项风险资本准备之和×100%

资本杠杆率=核心净资本/表内外资产总额×100%

流动性覆盖率=优质流动性资产/未来30天现金净流出量×100%

净稳定资金率=可用稳定资金/所需稳定资金×100%

（四）公司采取的措施

一是对事涉债券进行专项管理。采取积极主动的管理策略，有效控制各类风险特别是信用债的信用风险，努力提高组合收益率，最大限度地维护公司和股东利益。

二是积极配合公安机关对伪造公司印章私签债券交易协议案件进行调查，尽快彻底查清事实真相，将犯罪分子绳之以法，切实维护公司合法权益。

三、债券代持业务介绍

（一）债券代持业务的操作流程

债券代持属于金融机构的表外非标准化业务，学术界对于债券代持并没有明确定义，债券代持属于业内俗称。所谓债券代持，相当于债券回购，不转移实质所有权，债券持有方通过与代持方签订协议的方式将自己所持有的债券转让给代持方，并且约定一段时间后以协议约定的价格回购所转让债券的交易方式。通过债券代持，对于债券实质持有者而言可以规避监管，同时需要承担债券所有权相关的风险和损益；而对于债券代持方而言，可以获得债券实质所有者支付的资金使用权让渡的利息费用，因此，债券代持在财务上是双赢的（见图1）。

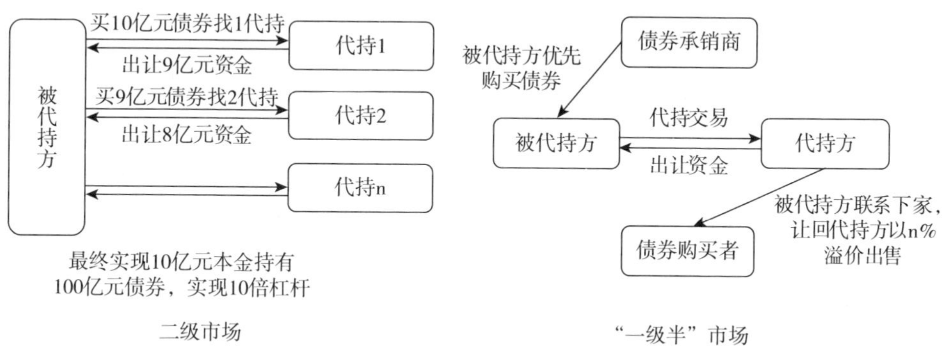

图1　债券代持流程

债券代持可以用来放大投资杠杆，通过首次代持获得的资金再购买新债券，再次开展委托代持交易，如此循环，可以实现资本最大化，同时有效套利和规避监管。如果机构债券代持业务过多，将导致：第一，债券持有方账面杠杆水平被低估。债券持有方通过单笔债券代持次数越多，则实际杠杆和真实杠杆之间的偏离度越高。第二，债券代持业务的真实杠杆难以监测。由于债券代持反映为两个机构之间的业务关系，随着代持次数增加，和债券持有方产生代持关系的代持机构也相应增加。如果要监测债券持有方的真实杠杆水平，则必须将其链条中所有代持方的代持规模进行拆分和统计，操作难度大，且可行性低。在这过程中，会涉及两份协议，一份是正规的债券买卖协议，另一份是回购协议，被称为上不了台面的“抽屉协议”，而在债券实质所有者拒绝回购债券时，代持方便用“抽屉协议”来维护自身权益。如果双方在相互信任的基础上经常开展类似债券代持交易，甚至都不需要私下签署回购协议。

从2013年6月至2016年长达近3年的债券市场“牛市”中，不少金融机构不惜铤而走险，对于监管法规视而不见，私下开展类似债券代持交易。2016年下半年债市“牛”转“熊”，债券代持所产生的杠杆效应随即体现出来，代持机构所持有债券的市场价格低于原交易价格，对于实质所有者而言便面临巨额损失，自然有拒绝回购的可能，而这也是引发债券市场震荡的一大原因。而在本次事件中，在A银行代×证券持有的债券发生大跌的情况下，×银行要求其回购，却因其已离职员工张×、郭×等投机取巧、私刻公章，发生×证券拒绝回购转让的债券，代持机构集体找上门的事件。

（二）债券代持的动因

一是为了延长债券持有期限。中国证监会出台的《货币市场基金管理暂行规定》要求货币基金投资短期债券（包括非金融企业债务融资工具和资产支持证券）的久期不能超过397天。为了延长债券持有期获得更高的利息收益，一些金融机构便会使用债券代持的手法。

二是为了加大杠杆，获取更多收益。因为将债券卖给代持方后，获得的资金可以再买债券再进行代持交易，理论上可以反复操作。因为给付代持方的资金的利息费用是固定的，只要债券的总体收益大于这部分利息费用，整体交易的盈利是很可观的，因此，许多金融机构会铤而走险，加大杠杆。

三是为了操纵利润。债券代持交易可以将原本属于自己机构资产负债表的债券资产“出表”，“出表”前是交易性金融资产，公允价值变动计入当期损益，影响当期的利润；“出表”后到期再买回来时可以计入可供出售金融资产，公允价值变动计入其他综合收益，不再影响当期利润。每到季末、年末等考核时点，一些金融机构为了掩盖债券投资的亏损，就通过债券代持的方式向其他债券投资业务盈利、有调节余地的金融机构“转移”这部分亏损，调节利润，进而粉饰资产负债表，等考核期过后再回购。

四是为了规避监管机构对净资本的监管。证监会和银监会对券商和银行等金融机构实施债券杠杆作出了严格监管，如《证券公司风险控制指标管理办法》规定券商自营固定收益类证券的合计金额不得超过净资本的500%；

《债券质押式回购交易结算风险控制指引》规定融资回购交易未到期金额与其证券账户中的债券托管量的比例不得高于80%；《证券公司进入银行间同业市场管理规定》规定证券公司债券回购资金余额不得超过实收资本金的80%；《证券期货经营机构落实资产管理业务“八条底线”禁止行为细则》规定分级资产管理计划的杠杆倍数不得超过10倍。部分券商已经达到监管法规的上限后为了加杠杆获取更多收益，会找商业银行、信托等其他金融机构代持债券，以此来规避监管指标的同时实现政策性套利。

五是为了输送利益。这种交易目的主要存在于银行间债券市场，在债券分销时，甲银行因为不能独立交易结算会委托乙银行代为办理。甲银行会首先与办理债券承销的券商建立合作关系，并与乙银行合谋代持优先获得的债券，同时甲银行由于注册门槛低会委派内部员工在外注册，进入银行间债券市场开展业务，通过暗里渠道进行债券代持，进行利益输送，损公肥私。

四、事件风险分析

在金融风险管理理论中，金融机构面临的风险一般被划分为八大类，此次×证券“萝卜章”事件除了不涉及战略风险和国别风险外，其余的六大类风险均有所涉及，下文将逐一进行分析。

（一）信用风险

信用风险又称违约风险，是指交易对手未能履行契约中的义务而造成经济损失的风险。在债券代持交易中，一旦债券市场走“熊”，标的债券出现较大浮亏，被代持方就可能不承认“抽屉协议”的有效性，拒绝回购及支付资金使用的利息费用。而在债券市场“大牛市”的时候，也可能会出现代持方为获得更多的收益而拒绝被代持方回购的情况。对于整个金融行业来说，债券代持违约会造成连锁反应，引发证券业与银行业、信托业等其他金融子行业的信任危机，甚至造成系统性风险。在此次×证券“萝卜章”事件中，×证券债券代持的交易对手们即面临着×证券的信用风险。

（二）市场风险

市场风险是由于利率、汇率、股票、商品等价格变化导致金融机构损失的风险。×证券主要面临以自有资金持有的股票、债券、基金及金融衍生品等因价格和利率变动而发生损失的市场风险。2016年下半年，美元加息的预期叠加时任美国总统特朗普积极的财政政策的预期，美元指数和美元债券收益率快速上行，全球债市都处于震荡之中，中国债券市场也加快调整，收益率一路快速上行，债券市场已开始走熊。到了2016年11月末，在金融机构年末冲规模的需求下，同业理财、存单利率明显上行，债券市场资金进一步流出，行情进一步下跌，市场进入“债市调整——代持方不愿续作——被动降杠杆——债市调整”的负反馈循环中。在本次事件中，正是市场风险导致×证券被代持的债券发生巨额亏损，代持方不愿续作，×证券不愿回购，进而发现公章是假的，事件爆发。

（三）操作风险

操作风险是由不完善的内部程序、员工和信息科技系统，以及外部事件所造成损失的风险。在本次事件中，虽然×证券声称涉事的两位员工已离职，但是债券代持交易发生时两位员工是否离职并未披露，两位已离职员工是否在离职前就已经用私刻的公章进行债券代持交易也不得而知。通过这次事件可以看出，×证券的内部风险控制机制是有问题的，公章的使用没有有效的机制来监督，离职员工的离任审计也没有落实，这些都为操作风险的产生埋下隐患。

（四）流动性风险

流动性风险是指金融机构虽然有清偿能力，但无法及时获得充足资金或无法以合理成本及时获得充足资金以支付到期债务的风险。在债券代持交易中，一旦被代持方违约，将会造成代持方大量资金被占用，造成流动性风险。另外，如果大量代持方同时要求被代持方回购时，也会造成被代持方的流动性风险。在本次事件中，×证券债券代持业务的交易对手方们同时要求×证券回购即险些造成×证券的流动性风险。

（五）声誉风险

声誉风险是指金融机构经营、管理及其他行为或外部事件导致利益相关方对金融机构负面评价的风险。在本次事件中，证监会对×证券进行了严肃处理，其股价在事件结束后复牌当天暴跌7.75%，×证券无论是公司业务还是公司形象都因为“萝卜章”事件遭受了较大的负面影响。

（六）法律风险

金融机构日常经营活动因为违反法律规定，导致不能履行合同而发生法律纠纷，给金融机构造成经济损失的，即为法律风险。在本次事件中，虽然公章是假的，但是在签署相关协议前，交易对手只有合理的注意义务，而这种义务并不包含对公章真伪的审查。公章只不过是合同各方意思表示加以确认的方式，但并非唯一方式。至于公章是否与×证券在公安机关备案的印章一致，并非确定合同成立或生效的必备要件。即使最终确认公章是伪造的，也仅是合同形式要件的瑕疵，并不能妨碍合同成立甚至生效。另外，×证券已离职员工存在表见代理行为。表见代理是指行为人虽无代理权，但由于本人的行为，造成了足以使善意第三人相信其有代理权的表象，而与善意第三人进行的、由本人承担法律后果的代理行为。×证券声称的已离职员工本身在公司中已有一定的认知身份，经常代表公司对外出具合同，那么对第三方来说，即便这个公章是伪造的，第三方也有合理理由相信合同签署方就是×证券。因此可以看出，即使×证券不愿回购，那么最后当交易对手方诉诸法律时，×证券仍然存在着败诉的风险。

五、事件前后相关债券代持业务的监管政策

（一）监管政策

2013 年 8 月 27 日，中国人民银行公告第 12 号，银行间债券结算方式统一为券款对付（DVP），设置 3 个月过渡，最终 12 月 6 日宣布全部实现 DVP 强制结算。

银行间市场外汇交易中心 2013 年 5 月 14 日规范管理关联交易，商业银行法人内部机构之间不得进行债券回购与现券交易，禁止其他金融机构自营与产品在银行间的关联交易，这些规定根本的出发点是限制之前的丙类户通过代持等操作进行利益输送和套利，从需求上限制了对于债券“代持”的开展。

2015 年 1 月 15 日，中国证监会发布《公司债券发行与交易管理办法》，规定公司债券公开发行的价格或利率以询价或公开招标等市场化方式确定。发行人和主承销商不得以代持、信托等方式谋取不正当利益或向其他相关利益主体输送利益。

2017 年 3 月 29 日，中国银监会办公厅发布《关于开展银行业“违法、违规、违章”行为专项治理工作的通知》（银监办发〔2017〕45 号），要求在银行业金融机构中全面开展“违反金融法律、违反监管规则、违反内部规章”行为专项治理工作。同日，中国银监会办公厅发布《关于开展银行业“监管套利、空转套利、关联套利”专项治理的通知》（银监办发〔2017〕46 号），剑指银行同业业务、投资业务、理财业务等跨市场、跨行业交叉性金融业务中存在的高杠杆、嵌套多、链条长、逃离多等问题。

2018 年 1 月 4 日，中国人民银行、中国银行业监督管理委员会、中国证券监督管理委员会、中国保险监督管理委员会联合印发《规范债券市场参与

者债券交易业务的通知》（以下简称《302 号文》）。《302 号文》对证券公司、基金管理公司及其子公司的证券自营、资产管理、投资顾问等业务参与债券交易作出进一步规范和细化。它旨在规范资产管理行业，剑指债券违规交易和金融机构乱加杠杆，通过促进债券市场的规范化发展来防范金融风险，促进金融回归服务实体经济的本源。

《302 号文》重点规范了债券代持，包括任何债券回购交易需要签订回购主协议，远期交易需要签订衍生品主协议，并且强调严禁"抽屉协议"或变相组合交易规避内控和监管，除了债券发行分销期间的代申购、代缴款外，其他任何形式的债券代持都被划入买断式回购里。债券市场参与者在债券市场开展质押式回购，应该按照有关法律法规办理质押登记，严禁私下签订协议，参与者开展质押式回购与买断式回购最长期限均不得超过 365 天。

中央经济工作会议将防范化解重大风险列为三大攻坚战之首，其中防控金融风险是重中之重。《302 号文》秉承着中央经济工作会议精神，一是进一步补齐短板，针对债券代持、高杠杆等重点领域风险加大防范和处置力度；二是坚决打击违法违规金融活动，将类似 × 证券——"萝卜章"事件作为重点监管对象。

另外，《302 号文》还规定了一年的调整期，这也体现了在政策加码的同时给金融机构留下业务调整的时间和空间，还透露出积极稳妥推进的政策安排预期，把握好业务规范、"去杠杆"和维护市场基本稳定的平衡，避免处置"风险的风险"。

（二）监管效果

2013 年债券市场风暴之后，随着市场和金融机构的规范和制度的强化，债券市场的代持业务回到正轨，成为金融机构进行流动性管理和推动债券市场走"牛"的工具。代持业务纳入表内进行管理，同时要求债券代持签订规范的交易合同，此类业务与质押式回购、买断式回购一起构成了市场融资行为的立体化形态，保证了债券市场利率连续性、流动性平稳的重要业务形式。代持业务的交易价格受到规范，代持业务的交易对手管理有所加强。

就如此次 × 证券——"萝卜章"事件暴露的债券代持就能说明问题，企业对债券代持的风险管理还不够，尽管出台了一系列法律法规，但监管机构对于债券代持的监管力度依然不够。它体现了目前代持市场的业务出现了明显的问题。一是代持规模过高造成机构面临的市场波动风险，这是杠杆控制问题。二是代持时间过长，造成成交价格出现偏离估值较高的情况。三是代持交易对手违约风险。

六、风险防范措施建议

（一）加强风控

首先，不得不承认债券代持是债券市场“牛市”的一股推动力，能够有效活跃债券市场。但债券代持的直接目的是规避监管，利用政策空缺实现表外融资，有操纵财务和利益输送的嫌疑，一旦杠杆被发现，极易引发债券市场的动荡。所以对于监管者来说，需要出台政策使债券代持交易的每个过程透明化，加强对交易对手、杠杆倍数及交割期限的信息披露。长此以往，便会使得债券代持回归表内同时使得债券代持进入监管的视线范围内。而对于金融机构来说，更加需要加强内部风险控制措施。近年来，国内大资管领域迅速发展，部分券商以及中小商业银行业务激进、竞争过度、内控机制不规范、业务人员管理教育不足，下属员工不顾监管法规，私刻公章、私签协议，片面追求工作绩效，毫无风险意识，最终酿成大错。因此，要规范金融机构尤其是券商行业资管业务发展，避免无序竞争。同时通过督导检查、行业自律等加强券商等金融机构的内控和相关从业人员的风险认知；另外，建立合适的员工激励机制、强化企业用章管理，合理规划业务发展等。

（二）技术改进

债券代持交易双方在签署协议时，可以同时采用纸质协议和电子协议。例如，一方面使用纸质协议加盖公章，另一方面使用电子协议备案，电子协议在签署时自动生成数字化密钥，一份协议对应一个密钥，方便日后双方对协议的核实。

（三）完善监管

债券代持交易应向监管部门备案，严禁为操纵利润、规避监管指标的债券代持交易。短期的债券代持有助于金融机构调节流动性，而长期的债券代持实为“加杠杆”。监管部门应区别对待不同期限的债券代持交易，对于长期的债券代持要重点监管，防范其杠杆倍数过高。

（四）协调债券市场行业间监管

债券市场的监管主体有很多，包括国家发展改革委、银监会、证监会、保监会、行业协会等。各监管主体对银行、券商、保险、信托、资管、基金等机构都有各自不同的监管规定，正是这些监管差别导致不同市场的债券交易产生套利空间。尤其是资管行业已开展了涉及银行、证券、保险三个行业的混合型业务，这类交叉性业务便没有监管主体或法律法规的监管，无疑成了市场监管的灰色地带。因此，需要以资管固守等领域为突破口，重点加强协调监管。

（五）强化市场基础制度建设

债券代持业务处在法律边缘，监管机构的经营业务许可中并没有债券代持业务，也没有法律和规章明确指出该行为违法，也没有监管者明确提出禁止此业务的，而在产生违法行为引发债券市场动荡的时候，并没有行之有效的措施或有理可据的条款来处理。因此，若要实现监管政策长久有效，必须建立健全与代持相关的基础性法律法规。

思考题

1. 什么是债券代持？债券代持的动机有哪些？债券市场行情处于什么阶段时债券代持业务会流行？
2. 债券代持可能会产生哪些风险？一般在行情处于什么阶段时容易发生？
3. 什么是监管套利？如何加强对债券代持业务的风险管理？

附录

附录1 银行业金融机构“监管套利、空转套利、关联套利”专项治理工作要点

银监办发〔2017〕46号

一、指导原则

（一）银行业金融机构董事会要切实负责同业、理财（资管）等通道类业务的发展规划和风险管控工作。各机构要制定符合经济、金融发展实际和本机构风险管理能力的目标和规模，对本机构通道类业务近年的发展情况进行梳理和总结，检查是否存在过激或与本行风险管控能力不相适应的发展战略及规划。通道类业务发展速度和规模过高且风险管理能力明显跟不上要求的机构，应制定切实有效的整改计划。

（二）对于交叉性金融产品，总体原则是资金来源于谁，谁就要承担管理责任，出了风险就要追究谁的责任；相应监管机构也要承担监管责任。

（三）对于资金来源于自身的资产管理计划，银行业金融机构要切实承担起风险管控的主体责任，不能将项目调查、风险审查、投后检查等自身风险

管理职责转交给“通道机构”。

（四）各银行业金融机构在防范外部风险冲击方面，要管好自己的员工、自己的业务和自己的资金。尤其是要建立银行体系与资本市场、债券市场、保险市场、外汇市场之间的防火墙，不得为各类债券或票据发行提供担保。禁止将非持牌金融机构列为同业合作交易对手。

二、监管套利

监管套利是银行业金融机构通过违反监管制度或监管指标要求来获取收益的套利行为。

（一）规避监管指标套利

1. 规避信用风险指标。主要内容包括但不限于：

（1）是否存在通过各类资管计划（包括券商、基金、信托、保险、期货等）违规转让等方式实现不良资产非洁净出表或虚假出表，人为调节监管指标；

（2）是否违反监管规定或会计准则，通过调整贷款分类、重组贷款、虚假盘活、过桥贷款、以贷收贷、平移贷款等掩盖不良，降低信用风险指标或调整拨备充足率指标；

（3）是否存在低估抵债资产的损失程度或抵债资产减值准备计提不足的情况；

（4）是否存在理财资金投资非标债权资产总额超过规定上限的情况；

（5）是否存在同业融入资金余额占比负债总额超过三分之一的情况。

2. 规避资本充足指标。主要内容包括但不限于：

（1）是否存在同业业务、票据业务、理财业务未按照“穿透性”原则和“实质重于形式”原则，准确进行会计核算、风险计量并足额计提资本的情况，包括但不限于：通过违规提供同业增信，或通过借助券商、基金、信托、保险、期货等通道方，设立定向资管计划、有限合伙股权理财融资等模式；

（2）是否通过卖出回购或以表内资产设立附回购协议的财产权信托等模式，将金融资产违规出表或转换资产形态以达到调节监管指标的目的；

（3）转贴现卖出票据、卖断附带追索权的票据业务是否按照规定计提资本；

（4）是否存在以拆分时段买入返售相同票据资产，减少风险资产占用；

（5）是否存在利用第三方机构，将票据资产转为资管计划，以投资替代贴现，随意调节会计报表并减少资本计提；

（6）是否存在考察期末时点将风险权重相对较高的同业资金缴存央行，期末立即转回，人为调节会计报表和资产风险权重，虚增资本充足率及收益调节的情况；

（7）是否存在将不符合小微企业条件客户人为调整为小微企业，致使信用风险加权资产计量不准确。

3. 规避流动性风险指标。主要内容包括但不限于：

（1）是否存在利用票据业务，以票吸存虚增存贷款规模；

（2）是否存在通过同业业务倒存，将同业存款变为一般性存款；

（3）是否存在协助同业机构违规将同业存款变为一般性存款等；

（4）是否存在违规开展资金池理财业务，理财产品期限严重错配，通过滚动发售、混合运作、分离定价，发行分级理财产品或理财产品与代销产品之间相互交易，调节流动性，隐匿流动性风险；

（5）是否通过将非标资产人为调整按照标准资产核算，影响流动性指标；

（6）是否将理财资金转为一般性存款。

4. 规避其他类指标。主要内容包括但不限于：

（1）是否通过理财业务与自营业务之间相互交易，规避信贷规模控制或将自营资产出表或减低信用风险加权资产；

（2）是否通过违规办理同业代理转贴现业务，隐匿信贷资产规模；

（3）表外理财业务违规通过人为调整将非标准化转为标准化，突破非标监管指标；

（4）是否存在利用“卖断 + 买入返售 + 到期买断”、“假买断、假卖断”、附加回购承诺等交易模式，调节信贷指标；

（5）是否存在倒换业务类型，提增中间业务收入等；

（6）是否存在多头开户、多头借款、多头互保突破集团客户集中度要求；

（7）是否存在通过重分类债券投资调整利润，债券投资未准确估值或提足拨备；

（8）是否为违规交易场所提供承销、开户、托管、资产划转、代理买卖、投资咨询、保险等服务；

（9）是否存在本行自营资金购买本行理财产品现象。

（二）规避监管政策违规套利

1. 违反宏观调控政策套利。重点检查银行业金融机构是否贯彻落实国家行业调控政策和信贷调控政策。包括但不限于：

（1）信贷资金是否借道建筑业或其他行业投向房地产和“两高一剩”行业领域；

（2）是否通过同业业务和理财业务或拆分为小额贷款等方式，向房地产和“两高一剩”等行业领域提供融资；

（3）是否通过同业非标投资、理财投资等方式，继续对“僵尸企业”以及环保排放不达标、严重污染环境且整改无望的落后企业提供授信；

（4）是否违反落实新预算法和国务院关于地方政府性债务管理的有关要求，通过产业基金、委托贷款等方式提供融资放大政府性债务，通过产业基金等进行非标资产投资等；

（5）是否发放虚假用途的贷款用于股票或理财投资；

（6）是否人为调整企业标准形态，完成小微企业贷款“三个不低于”目标。

2. 违反风险管理政策套利。重点检查包括但不限于：

（1）是否放松风险管理或授信条件，以形式审查替代实质审查，为不符合条件的客户办理授信业务；

（2）是否放松信用证结算管理使企业挪用信用证结算回款，套取银行信用；

（3）是否给予企业进出口两端双重融资或开立与业务周期严重错配的信用证；

（4）是否开展三方或以上交易对手之间的买入返售或卖出回购业务；

（5）是否使用不符合监管规定的金融资产办理买入返售（卖出回购）业务；

（6）是否规避自营贷款尽职调查、风险审查和风险管理要求，通过非标准化债权同业投资业务和理财产品非标准化债权资产投资提供授信融资；

（7）是否存在银行名义上代销主动管理类信托产品，实际主导相关项目选择、尽职调查、审批以及贷后管理，并与信托公司签订隐性回购条款的情形。

3. 利用不正当竞争套利。重点检查包括但不限于：

（1）是否依据虚假的合同、增值税发票、银行进账单、他项权证以及审计报告等办理授信业务；

（2）是否向不符合固定资产贷款标准的企业和项目改为发放流动资金贷款；

（3）是否与企业签订债权债务抵销协议，为企业在会计报表中抵销金融资产和负债提供便利；

（4）是否与中介合作，离行离柜办理无真实贸易背景票据贴现非法牟利；

（5）是否通过票据业务为他行隐匿、削减信贷规模提供“通道”；

（6）是否通过签订“阴阳合同”或“抽屉协议”等行为为非保本理财提供保本承诺；

（7）是否存在将本行票据业务完全授信给第三方非金融机构办理。

4. 增加企业融资成本套利。重点检查包括但不限于：

（1）是否强制设定条款或协商约定将部分贷款转为存款；

（2）是否以存款作为审批和发放贷款的前提条件；

（3）是否要求客户接受不合理中间业务或其他金融服务收取费用；

（4）是否将利息分解为费用收取，变相提高利率；

（5）是否在发放贷款或以其他方式提供融资时强制捆绑搭售理财、保险、基金等金融产品；

（6）是否笼统将贷款利率上浮至最高限额；

（7）是否将经营成本以费用形式转嫁给客户；

（8）是否对小微企业贷款收取承诺费、资金管理费；

（9）是否对小微企业及其增信机构严格执行限制收取财务顾问费、咨询费等费用；

（10）是否承担抵押登记费。

三、空转套利

空转套利是指银行业金融机构通过多种业务使资金在金融体系内流转而未流向实体经济或通过拉长融资链条后再流向实体经济来获取收益的套利行为。

（一）信贷“空转”

主要内容包括但不限于：

（1）是否存在以虚增存款和中间业务收入为目的为企业组合办理表内外融资业务，拉长融资链条、造成资金低效空转、增加企业负担的现象；

（2）是否存在以本行表内表外融资违规置换他行表内表外融资等方式，用于企业举新债还旧债，资金未被真正用于生产经营的现象；

（3）多头过度授信集团企业及个人信用贷款领域，是否存在信贷资金被挪用于委托贷款、理财、信托、证券市场等现象；

（4）是否存在违规发放“搭桥贷款”，套取银行资金进行民间借贷及投向高利率行业的现象。

（二）票据“空转”

主要内容包括但不限于：

（1）是否存在循环开立无真实贸易背景的承兑汇票并办理贴现，套取保证金，虚增存款和中间业务收入的情况；

（2）是否存在通过组合运用卖断、买入返售、买断转贴等方式，将票据在资产负债表内转移出去逃避信贷规模管控、赚取买卖差价的行为；

（3）是否存在借助跨业合作通道，通过信托、券商等“通道”模式，运用理财资金投资票据资产的行为；

（4）是否存在违规办理不与交易对手面签、不见票据、不出资金、不背书的票据转贴现“清单交易”业务；

（5）是否存在违规配合客户办理无风险敞口、无真实贸易背景银行承兑汇票业务进行套利导致资金在银行体系空转。

（三）理财“空转”

主要内容包括但不限于：

（1）是否存在以理财资金购买理财产品的现象；

（2）是否存在非银机构利用委外资金进一步加杠杆、加久期、加风险等现象；

（3）是否存在理财资金为各类监管套利提供支持的情况；

（4）是否存在利用同业理财购买本行同业存单现象；

（5）简述本行理财资金委外规模（主要指购买券商、保险、基金、信托、期货等各类机构发行的资产管理计划）以及主动管理和非主动管理的规模情况，并列明简要交易结构。

（四）同业“空转”

主要内容包括但不限于：

1. 同业资金空转

（1）是否存在通过同业存放、卖出回购等方式吸收同业资金，对接投资理财产品、资管计划等，放大杠杆、赚取利差的现象；

（2）是否存在通过同业投资等渠道充当他行资金管理“通道”，赚取费用，而不承担风险兜底责任的现象（信托公司开展的风险管理责任划分清晰的事务管理类信托除外）；

（3）是否存在通过同业绕道，虚增资产负债规模、少计资本、掩盖风险等现象。

2. 同业存单空转

是否通过大量发行同业存单，甚至通过自发自购、同业存单互换等方式来进行同业理财投资、委外投资、债市投资，导致期限错配，加剧流动性风险隐患；延长资金链条，使得资金空转套利，脱实向虚。

四、关联套利

关联套利是指银行业金融机构通过利用所掌握的关联方或附属机构资源，通过设计交易结构、模糊关联关系和交易背景等形式，规避监管获取利益的套利行为。

（一）违规向关联方授信、转移资产或提供其他服务

1. 违反或规避限制性政策规定。主要内容包括但不限于：

（1）是否存在以降低定价标准、贷款贴息、腾挪收益、显性或隐性承诺等方式变相优化关联交易条件的情况；

（2）是否存在向关联方的融资行为提供显性或隐性担保的情况；

（3）是否存在通过掩盖或不尽职审查关联关系、少计关联方与商业银行的交易、以不合格风险缓释因素计算对关联方授信风险敞口、“化整为零”等方式，规避重大关联交易审批的情况；

（4）是否存在借道其他银行、信托、证券等同业机构向关联方间接提供授信资金，规避向已发生授信损失的关联方授信的情况；

（5）是否存在通过投资关联方设立的基金、合伙企业等，违规转移信贷资产，并规避关联交易审批的情况；

（6）是否通过关联方进行利益输送、调节收益及本行资产负债表等行为。

2. 违反或规避关联授信集中度控制。主要内容包括但不限于：

（1）向关联方所在集团统一授信是否覆盖全部关联企业，是否存在通过掩盖或不尽职审查关联方的关联关系，规避关联授信集中度控制的情况；

（2）是否存在未按“穿透原则”认定关联方和关联方所在集团授信或未真实反映风险敞口，规避关联授信集中度控制的情况。

3. 违反或规避股权管理规定。主要内容包括但不限于：

（1）是否存在通过掩盖关联关系、股权代持、股权转让等方式，违规超比例持有商业银行股权、变更持股或股份总额5%以上股东的情况；

（2）在增资扩股、引入战投、员工持股、股权激励等实施过程中，是否

存在股权定价偏低、“低买高卖”等违规向关联方、高管层等输送利益的情况；

(3) 是否存在以股权提供质押反担保等变相接受本行股权作为质押提供授信的情况；

(4) 股东质押本行股权，是否存在高估股权价值，套取信贷资金、放大股权风险的情况。是否存在通过控制关联子公司并为子公司提供资金等方式间接控制本行或他行股权。

(二) 违反或规避并表管理规定

主要内容包括但不限于：

(1) 是否存在未将商业银行具有实质控制权的机构，或借道理财、代销、同业等渠道通过复杂交易结构设立且商业银行具有实质控制权或重大影响的合伙企业、合伙制基金等被投资机构，或业务、风险、损失等对商业银行集团造成重大影响的被投资机构等纳入并表范围，规避资本、会计或风险并表监管的情况，并表处理是否全面合规；

(2) 是否存在借道相关附属机构，利用内部交易转移资产，调节业务规模以及不良、拨备、资本等监管指标的情况；

(3) 是否存在利用境内外附属机构变相投资非上市企业股权、投资性房地产，或规避房地产、地方政府融资平台等限制性领域授信政策的情况；

(4) 同一或关联客户是否借道银行集团各附属机构，特别是信托公司、金融租赁公司、证券公司、保险公司、资产管理公司等机构，通过复杂交易结构和安排进行融资，形成不正当利益输送，侵害其他投资者或客户权益，或规避监管政策限制、关联集中度控制等情况；

(5) 是否通过购买 QDII 产品等投资国内房地产企业在境外发行的债券。

附录2　关于规范债券市场参与者债券交易业务的通知

(2018 年 1 月 4 日　银发〔2017〕302 号)

为进一步规范债券市场参与者债券交易业务，促进债券市场健康平稳发展，根据《全国银行间债券市场债券交易管理办法》（中国人民银行令〔2000〕第 2 号）、《银行间债券市场债券登记托管结算管理办法》（中国人民银行令〔2009〕第 1 号）、《公司债券发行与交易管理办法》（中国证券监督管理委员会令第 113 号）等有关规定，现就有关事宜通知如下：

一、本通知所称债券市场参与者（以下简称参与者），包括符合债券市场有关准入规定的各类金融机构及各类非法人产品等境内合格机构投资者，以及非法人产品的资产管理人与托管人。

本通知所指债券交易包括现券买卖、债券回购、债券远期、债券借贷等符合规定的债券交易业务。

二、参与者应按照中国人民银行和银监会、证监会、保监会（以下统称各金融监管部门）有关规定，加强内部控制与风险管理，健全债券交易合规制度。

（一）参与者应根据所从事的债券交易业务性质、规模和复杂程度，建立贯穿全环节、覆盖全业务的内控体系，并通过信息技术手段，审慎设置规模、授信、杠杆率、价格偏离等指标，实现债券交易业务全程留痕。

（二）参与者应将自营、资产管理、投资顾问等各类前台业务相互隔离，在资产、人员、系统、制度等方面建立有效防火墙，且不得以人员挂靠、业务包干等承包方式开展业务，或以其他形式放松管理、实施过度激励。

（三）参与者的合规管理、风险控制、清算交收、财务核算等中后台业务部门应全面掌握前台部门债券交易情况，加强对债券交易的合规性审查与风险控制。

（四）前中后台等业务岗位设置应相互分离，并由具备相应执业能力的人员专门担任，不得岗位兼任或混合操作。

（五）金融监管部门另有规定的，按照从严标准执行。

三、参与者不得通过任何债券交易形式进行利益输送、内幕交易、操纵市场、规避内控或监管，或者为他人规避内控与监管提供便利。非法人产品的资产管理人与托管人应按照有关规定履行交易结算等合规义务，并承担相应责任。

四、参与者应严格遵守债券市场账户管理有关规定，不得出借自己的债券账户，不得借用他人债券账户进行债券交易。

五、参与者应严格遵守债券市场有关规定，在指定交易平台规范开展债券交易，未事先向金融监管部门报备不得开展线下债券交易。货币经纪公司应按照有关规定规范开展各类经纪业务。

六、参与者应按照实质重于形式的原则，根据有关规定签订交易合同及相关主协议。其中，开展债券回购交易的应签订回购主协议，开展债券远期交易的应签订衍生品主协议等。严禁通过任何形式的“抽屉协议”或通过变相交易、组合交易等方式规避内控及监管要求。

七、参与者开展债券回购交易，应按照会计准则要求将交易纳入机构资产负债表内及非法人产品表内核算，计入“买入返售”或“卖出回购”科目。

约定由他人暂时持有但最终须购回或者为他人暂时持有但最终须返售的债券交易，均属于买断式回购，债券发行分销期间代申购、代缴款的情形除外。开展买断式回购交易的，正回购方应将逆回购方暂时持有的债券继续按照自有债券进行会计核算，并以此计算相应监管资本、风险准备等风控指标，统一纳入规模、杠杆、集中度等指标控制。

八、参与者在债券市场开展质押式回购交易，应按照有关法律法规规定办理质押登记。参与者开展质押式回购与买断式回购最长期限均不得超过 365 天。经交易双方协商一致，质押式回购交易可以换券，买断式回购交易可以现金交割和提前赎回。

九、参与者应按照审慎展业原则，严格遵守中国人民银行和各金融监管部门制定的流动性、杠杆率等风险监管指标要求，并合理控制债券交易杠杆比率。出现下列情形的，参与者应及时向相关金融监管部门报告：

（一）存款类金融机构（不含开发性银行与政策性银行）自营债券正回购资金余额或逆回购资金余额超过其上季度末净资产 80% 的。

（二）其他金融机构，包括但不限于信托公司、金融资产管理公司、证券公司、基金公司、期货公司等，债券正回购资金余额或逆回购资金余额超过其上月末净资产 120% 的。

（三）保险公司自营债券正回购资金余额或逆回购资金余额超过其上季度末总资产 20% 的。

（四）公募性质的非法人产品，包括但不限于以公开方式向不特定社会公众发行的银行理财产品、公募证券投资基金等，债券正回购资金余额或逆回购资金余额超过其上一日净资产 40% 的。其中，封闭运作基金和避险策略基金债券正回购资金余额或逆回购资金余额超过其上一日净资产 100% 的。

（五）私募性质的非法人产品，包括但不限于银行向私人银行客户、高资产净值客户和合格机构客户非公开发行的理财产品，资金信托计划，证券、基金、期货公司及其子公司发行的客户资产管理计划，保险资产管理产品等，债券正回购资金余额或逆回购资金余额超过其上一日净资产 100% 的。

参与者应向全国银行间同业拆借中心、上海证券交易所、深圳证券交易所和相关债券登记托管机构（以下简称市场中介机构）报送相关财务数据。

参与者未按相关要求报送数据的，市场中介机构可拒绝为其提供服务。

本条所指的债券回购不包含与中国人民银行进行的债券回购。

对于多层嵌套的产品，其净资产按照穿透至公募产品或法人、自然人等委托方计算，相关金融监管部门另有规定的除外。

十、市场中介机构应加强债券市场债券交易日常监测，建立数据信息共享机制，发现参与者有第九条所列情形的，应及时向中国人民银行和金融监管部门报告，并根据中国人民银行及金融监管部门的要求向市场进行信息披露。

十一、中国人民银行对债券市场实施宏观审慎管理，必要时可对参与者杠杆要求进行逆周期的动态调整，并协调各金融监管部门开展债券交易业务规范管理工作。各金融监管部门加强对所管理的金融机构及其他债券市场参与者内控制度建设、债券交易规范、杠杆比率审慎水平的监督检查，并依法对有关违法违规行为进行处罚。

中国人民银行和各金融监管部门之间加强信息共享与沟通协调。

十二、中国银行间市场交易商协会等行业自律组织应完善相关自律规则，加强对参与者的自律管理，维护市场秩序。

十三、本通知自印发之日起施行。参与者应严格按照本通知要求，对内控制度等进行自查整改，一年内未完成整改的，不得新开展各类债券交易。对于本通知印发之日尚未了结的不符合本通知要求的各类债券交易，可以按合同继续履行，但不得续作，同时应当向金融监管部门报告，并按有关要求纳入表内规范。因纳入表内造成相关交易规模、杠杆、集中度等指标不达标的，一年之内予以豁免。

请中国人民银行上海总部，各分行、营业管理部，各省会（首府）城市中心支行，各副省级城市中心支行；各省、自治区、直辖市、计划单列市银监局、证监局、保监局将本通知联合转发至辖区内相关金融机构。

参考文献

［1］欧明刚．债券违约频发“萝卜章”推向高潮［J］．银行家，2017（1）：31.

［2］钟国斌．“萝卜章”主角国海证券被罚［N］．深圳商报，2017－05－20（A6）.

［3］张忆．国海证券：接回“萝卜章”事涉债券造成一定资金压力

[N]. 上海证券报，2010－05－24（5）.

[4] 梁睿. 债市惊现“萝卜章” 风险防控须加强 [N]. 经济日报，2016－12－23（13）.

[5] 佚名. 透视债券代持 [J]. 中国总会计师，2017，162（1）：145－147.

[6] 管晓明. 中国债券市场杠杆率问题探讨 [J]. 南方金融，2016（7）：32－38.

[7] 星焱. 债券代持的交易功能、潜在风险与金融监管 [J]. 上海金融，2017（9）：62－66.

[8] 谢天一. 金融风险管理：以国海证券“萝卜章”事件为例 [J]. 时代金融，2017（21）：190－191.

案例教学使用说明

一、教学目的与用途

1. 适用课程：投资银行学、金融市场学、投资学。

2. 适用对象：本案例主要为金融类专业、工商管理类专业等本科生开发。

3. 教学目的：本案例通过给学生介绍了解×证券“萝卜章”事件的始末，重点启发学生我国债券市场债券代持这一灰色地带的业务存在的风险，引导他们对这一业务的监管深入思考，如何完善相关法规，堵住监管套利的漏洞。

二、理论依据与分析

（一）理论依据

金融企业风险管理。

金融监管理论。

（二）具体分析

1. 什么是债券代持？债券代持的动机有哪些？债券市场行情处于什么阶段时债券代持业务会流行？

债券代持属于金融机构的表外非标准化业务，学术界对于债券代持并没有明确定义，债券代持属于业内俗称。所谓债券代持，相当于债券回购，不转移实质所有权，债券持有方通过与代持方签订协议的方式将自己所持有的债券转让给代持方，并且约定一段时间后以协议约定的价格回购所转让债券的交易方式。

一是为了延长债券持有期限。为了延长债券持有期获得更高的利息收益，一些金融机构便会使用债券代持的手法。

二是为了加大杠杆，获取更多收益。因为将债券卖给代持方后，获得的资金可以再买债券再进行代持交易，理论上可以反复操作。因为给付代持方的资金的利息费用是固定的，只要债券的总体收益大于这部分利息费用，整体交易的盈利是很可观的，因此，许多金融机构会铤而走险，加大杠杆。

三是为了操纵利润。债券代持交易可以将原本属于自己机构资产负债表的债券资产“出表”。每到季末、年末等考核时点，一些金融机构为了掩盖债券投资的亏损，就通过债券代持的方式向其他债券投资业务盈利、有调节余地的金融机构“转移”这部分亏损，调节利润，进而粉饰资产负债表，等考核期过后再回购。

四是为了规避监管机构对净资本的监管。证监会和银监会对券商和银行等金融机构实施债券杠杆作出了严格监管，部分券商已经达到监管法规的上限后为了加杠杆获取更多收益，会找商业银行、信托等其他金融机构代持债券，以此来规避监管指标的同时实现政策性套利。

五是为了输送利益。这种交易目的主要存在于银行间债券市场，大多是发生在债券分销时，往往是注册门槛低的银行委派内部员工在外注册，进入银行间债券市场开展业务，通过暗里渠道进行债券代持，进行利益输送，损公肥私。

债券代持业务一般是在债券市场处于牛市时比较流行。

2. 债券代持可能会产生哪些风险？一般在行情处于什么阶段时容易发生？

信用风险、市场风险、流动性风险、操作风险、声誉风险、法律风险等都会有所体现。这些风险一般是在债券市场行情“牛”转“熊”阶段时容易发生。

3. 什么是监管套利？如何加强对债券代持业务的风险管理？

监管套利是银行业金融机构通过违反监管制度或监管指标要求来获取收益的套利行为。主要有规避监管指标套利、规避监管政策违规套利两大类行为。

(1) 加强风控

对于监管者来说，需要出台政策使债券代持交易的每个过程透明化，加强对交易对手、杠杆倍数及交割期限的信息披露。长此以往，便会使得债券代持回归表内同时使得债券代持进入监管的视线范围内。而对于金融机构来说，更加需要加强内部风险控制措施。因此要规范金融机构尤其是券商行业资管业务发展，避免无序竞争。同时通过督导检查、行业自律等加强券商等金融机构的内控和相关从业人员的风险认知；另外建立合适的员工激励机制、强化企业用章管理，合理规划业务发展等。

(2) 技术改进

债券代持交易双方在签署协议时，可以同时采用纸质协议和电子协议。例如，一方面使用纸质协议加盖公章，另一方面使用电子协议备案，电子协议在签署时自动生成数字化密钥，一份协议对应一个密钥，方便日后双方对协议的核实。

(3) 完善监管

债券代持交易应向监管部门备案，严禁为操纵利润、规避监管指标的债券代持交易。短期的债券代持有助于金融机构调节流动性，而长期的债券代持实为“加杠杆”。监管部门应区别对待不同期限的债券代持交易，对于长期的债券代持要重点监管，防范其杠杆倍数过高。

(4) 协调债券市场行业间监管

债券市场的监管主体有很多，包括国家发展改革委、银监会、证监会、保监会、行业协会等。各监管主体对银行、券商、保险、信托、资管、基金等机构都有各自不同的监管规定，正是这些监管差别导致不同市场的债券交易产生套利空间。因此，需要以资管固守等领域为突破口，重点加强协调监管。

(5) 强化市场基础制度建设

债券代持业务处在法律边缘，监管机构的经营业务许可中并没有债券代持业务，也没有法律和规章明确指出该行为违法，也没有监管者明确提出禁止此业务的，而在产生违法行为引发债券市场动荡的时候，并没有行之有效的措施或有理可据的条款来处理。因此，若要实现监管政策长久有效，必须建立健全与代持相关的基础性法律法规。

三、关键要点

1. 关键点：对债券代持业务动机及其风险的全面思考。

2. 关键知识点：债券代持业务相关风险分析、×证券“萝卜章”事件前监管漏洞分析、如何防范债券代持业务的风险。

3. 能力点：分析与综合能力、批判性思维能力以及解决问题的实际能力。

四、建议课堂计划

本案例可以作为专门的案例讨论课来进行，如下是按照时间进度提供的课题计划建议，仅供参考。

本案例安排2个课时。

课前计划：

1. 学员准备：充分了解本案例涉及的企业及其事件；确定小组成员组成；提出1~2个论点；

2. 教师准备：完成相应的理论知识介绍；为学生提供学习此案例的材料；为学生提供讨论平台；收集学生的想法论点；

3. 教学辅助人员准备：准备好多媒体教学课件，课后收集学生的书面讨论资料。

课中计划：

案例讨论将分小组进行，每个小组拥有10~15分钟讨论及阐述时间，要求每个学生都要阐述自己的论点和观点。另外，每个小组都应该形成自己有别于其他小组的独特见解，并以文字描述。教师在主持此案例讨论中，应该鼓励及启发学生发表见解。此外，针对此案例相关的理论知识，教师应当向学生详细解释。

课后计划：

请学生上网搜索该企业的相关信息资料，尤其最新信息，采用报告形式给出更加具体的解决方案，或写出案例分析报告（1 000~1 500字）；如果对此案例有兴趣跟踪，建议联系案例作者或企业负责人，进行深入研究。明确具体的职责分工，为后续章节内容做好铺垫。

从A公司上市造假谈加强与完善中介机构监管①

华 维 臧 展

一、引言

一直以来，我国企业IPO上市实行核准制，核准制对上市企业财务状况的要求严格，这样不免存在一些公司通过财务造假以达到上市的目的。中介机构被罚也屡见不鲜，如B股份IPO造假，某证券作为B股份的IPO保荐机构，没收业务收入1 676.96万元，并处等额罚款；C股份财务造假，某会计师事务所出具的审计报告存在虚假记载，没收其业务收入150万元，罚款450万元。上市公司的财务丑闻成为市场关注的热点，它们向广大投资者隐瞒了公司的真实盈利情况，财务造假严重损害了投资者、债权人的利益，削弱了政府宏观调控的效力，威胁到证券市场的有效运行、市场的资源配置功能，同时也误导信息使用者，导致其遭受严重损失和国有资产严重流失。IPO财务造假的危害是灾难性的，危及整个社会行业的诚信建设且威胁到证券市场的有效运行和整个社会资源的合理配置。

广州A公司自2012年4月提出招股说明书，这个举着"两市茶油"第一股旗帜的农业类公司，却在证监会成功过会后，同年6月被媒体爆出其在IPO过程中造假，7月12日证监会终止上市审查。自创业板2009年10月开板以来，A公司是首个因舆论质疑而被证监会终止审查的公司。随后，其IPO保荐人南京证券及保健代表人廖××、胡×逐渐被推向前台。上市被终止后，A公司至少1.05亿元的融资计划失败，同时南京证券高达数千万元的承销费也得不到。本文旨在通过A公司IPO财务造假案的分析研究如何应对IPO财务

① 1. 本案例由南京审计大学金融学院华维博士、臧展副教授根据公开资料开发完成。本案例仅作为课堂讨论的材料，不表示企业成败及其管理措施的有效性。

造假以及可以采取的防范措施，引发读者对如何规范和完善 IPO 中介机构监管的思考。

二、公司简介

（一）公司概况

A 公司成立于 2004 年，主要从事油茶产业化的现代农业企业，2011 年 8 月被有关部门评为国家高新技术企业。公司主营业务是茶皂素系列产品研发及山茶油加工、油茶苗培植及油茶基地开发；洗发护发、沐浴液化妆品及生物有机肥生产、销售。该公司生产的“曼佗神露”牌高山茶油，作为公司的主打产品，对公司的销售收入贡献不小。同时该公司的产品获得一些相关机构的认证，如有机转换产品认证、绿色食品认证、ISO 9001 质量管理体系认证、食品安全管理体系认证等。

公司产品涵盖了油茶全产业链的上、中、下游，即上游的良种油茶苗的培育与推广、高产油茶林基地的开发与建设；中游的茶油系列产品的研发、生产和销售，如精炼茶油等；下游的茶油精深开发如山茶油维 E 胶囊、护肤山茶油等，副产物茶粕、茶壳的综合利用如茶粕有机肥、天然山茶籽洗洁粉等，茶皂素及其衍生品的开发如茶皂素洗涤品、茶皂素生物农药等。从表面上看来，A 公司是一家很有潜力的公司。

2012 年 5 月 18 日，A 公司通过创业板发审委的首发审核，被誉为茶油第一股的 A 公司 IPO 之旅开局顺利。这场 IPO 之旅中的数个关键角色，公司实际控制人黄 × ×、凌 × × 夫妇，保荐机构为南京证券，审计机构大华会计师事务所和发行律师大成律师事务所等，都在等待上市敲钟的那一刻。2012 年 6 月 28 日，媒体曝光 A 公司涉嫌欺诈上市。2012 年 7 月 3 日，A 公司提交终止发审申请，茶油第一股背后的巨大谎言震动资本市场。2013 年 5 月 31 日，证监会公布的 A 公司案件处罚结果显示，A 公司通过资金循环、虚构销售业务、虚构固定资产等手段，2009—2011 年年报中虚增利润 2 629 万元。

（二）A 公司 IPO 前部分财务指标分析

根据 A 公司 2009—2011 年的年报，本书摘录了部分重要财务数据用来分析。根据表 1 数据计算，A 公司在其 IPO 申请的 2009 年到 2011 年，仅仅三年时间，A 公司总资产增长接近 80%，营业收入增长接近 160%，利润总额增长接近 150%，每股收益增长接近 150%，各项财务数据出现井喷式增长。

表 1　　A 公司 IPO 主要财务指标年份　　单位：元

年份	总资产	营业收入	利润总额	净利润	每股收益
2009	116 403 486.71	47 970 122.29	16 945 747.63	14 353 477.17	0.38
2010	158 389 291.08	87 737 998.35	26 544 693.56	22 585 260.03	0.59
2011	208 533 181.47	123 560 505.11	42 096 620.56	35 834 026.42	0.94

资料来源：A 公司 2009—2011 年度财务报告。

三、财务造假披露过程

A 公司于 2012 年 4 月 12 日通过首次公开发行股票在创业板上市的申请，并在证监会网站进行预先披露，而后在 2012 年 5 月 18 日召开的证监会创业板发审委 2012 年第 36 次会议上获得通过。然而，2012 年 5 月下旬，经过记者的深度调查，发现了大量与 A 公司招股书不符的事实，其涉嫌虚增利润、隐瞒关联交易，且财务数据自相矛盾的现象十分严重。2012 年 6 月，中国证监会已终止对 A 公司首发上市申请的后续审查。

相比之前的财务舞弊事件，A 公司的舞弊手段更加精细。A 公司的舞弊手段主要有虚增收入、虚减成本、虚增资产，隐瞒关联方交易等。具体如下：

（一）财务报表分析

1. 产能分析

招股说明书显示，截至 2011 年底，A 公司的精炼茶油、茶粕有机肥产能分别为 1 500 吨/年、9 000 吨/年。此外，A 公司还具备茶粕 2.67 万吨/年、洗涤品 600 吨/年、茶皂素 300 吨/年和油茶苗 1 000 万株/年的产能。公开信息显示，早在 2008 年 3 月，湖南金浩就实现了年预榨茶籽 15 万吨、精炼茶油 4.2 万吨的产能。江西青龙高科几年前也已建成年产 1.6 万吨冷榨茶油生产线、年产 2.1 万吨浸出生产线、1.8 万吨精炼茶油生产线各一条。这两家企业的精炼茶油产能，分别为 A 公司现有产能的 28 倍、12 倍。

值得一提的是，A 公司拟通过本次发行 1 268 万股，募集资金将全部投向年产 2 000 吨精炼茶油项目、年产 6 万吨的茶粕有机肥项目以及营销渠道建设项目等几个项目。即便在上述募投项目全部达产后，较之于湖南金浩、江西青龙高科等行业龙头，A 公司在全国几百家规模以上的油茶企业中，仍然只算是中等水平，江西等周边地区精炼茶油产能规模与之相当的企业比比皆是。

2. 利润分析

面对如此薄弱的产能和销售渠道分析，A 公司却号称 2009—2011 年的茶油毛利率，分别高达60.66%、43.50%和36.19%。通过从事食用油加工业务的其他上市公司的公开资料分析，此利润远远高于市场普遍毛利率，甚至超出全国规模以上茶油加工企业80%~140%（见表2）。

表2　　2009—2011年A公司茶油和茶粕毛利率及占比

项目	2011年度		2010年度		2009年度	
	毛利率	收入占比	毛利率	收入占比	毛利率	收入占比
茶油	36.19%	50.27%	43.50%	53.03%	60.66%	57.48%
茶粕	22.06%	25.37%	-3.67%	27.31%	-10.22%	30.80%

资料来源：A公司创业板上市招股说明书申报稿。

同时笔者查阅了几个同行业如西王食品、东陵粮油、金健米业这三家公司的利润表，分别计算得出各自2009—2011年的毛利率进行汇总（见表3）。

表3　　三家公司2009—2011年毛利率汇总表

毛利率	2011年	2010年	2009年
西王食品	22.50%	18.56%	26.60%
东陵粮油	-0.86%	7.67%	6.71%
金健米业	10.62%	15.89%	16.53%

资料来源：公司招股说明书。

根据调查，最近3年的超精炼食用油行业的毛利率平均水平在6%上下波动，但是对比表2和表3，可以看到A公司的毛利率水平比相对较高的西王食品的毛利率还要高出2~3倍，没有品牌和营销渠道的优势，业绩却出现了井喷式的高增长，对此，招股说明书未给出任何合理的解释。那么，是否A公司的茶油产品拥有远超同行的定价权，从而获得远超同行的高毛利呢？

3. 成本核算

A公司的销售单价，不仅与经销商提货价格存在较大悬殊，甚至还严重脱离了原材料成本。据了解，经过压榨、浸出两道工序后，理论上的油茶籽出油率为24%。

因此，以2011年度为例，A公司的油茶籽采购价格为8 573元/吨，按照油茶籽的两道工序24%的出油率保守估算，当年油茶籽提取毛油的直接材料成本高达35 721元/吨；如采用茶饼浸出毛油的方法，当年的茶饼采购价格为2 044元/吨，按照茶饼浸出5%的出油率测算，当年茶饼提取毛油的直接材料成本也高达40 883元/吨。将毛油提纯为精炼油，还要经过脱水、脱酸、去除杂质等工艺，还有损耗，所以精炼油的直接材料成本将超过35 721元/吨。

根据A公司的招股说明书，其精炼茶油2011年的销售单价为52 684元/吨，按照2011年36.19%的毛利率计算，营业成本为33 618元/吨，这其中包含了三大部分：直接材料、直接人工和制造费用，但离奇的是，即便是这三项之和（33 618元/吨），也大幅低于直接材料（35 721元/吨）一个单项的数值。

这样的产品是如何生产出来的？一吨的营业成本竟低于生产一桶油的直接原料成本。那么，人工成本、包装成本、房租、设备折旧、销售费用、管理费用、财务费用、各种税费又如何计算？

4. 原材料的量不符

茶粕数据不符。从2010年建成一条年产9 000吨有机肥的生产线并于当年投产和销售开始，目前A公司的有机肥业务主要是普通型有机肥。A公司用茶粕生产高效杀螺型有机肥，其制备方法为用茶籽粕45%～60%、鸡粪25%～45%、磷肥0.5%～3%、有机添加剂5%～20%、微生物腐熟剂0.5%～3%、杀螺增效剂1%～4%。从主要原材料供应情况来看，主要原材料是茶粕、茶壳和配料，所需的茶粕、茶壳以及配料分别为2.7万吨、2.7万吨和6 000吨，三者之间占比分别为45%∶45%∶10%。

A公司2010年、2011年分别实现有机肥2 440.90吨和9 312.49吨的销量，按照茶粕含量45%的最低标准推算，对应所需的茶粕原料分别为1 098.41吨、4 190.62吨。然而，按照当年的茶粕用途来看，实际用于生产有机肥的茶粕，远远低于上述理论需求量。

招股说明书第304页“公司用于生产洗涤品、茶皂素和有机肥的茶粕数量及占比情况”部分显示，在2010年和2011年，有机肥耗用的茶粕分别只有64.82吨和118.14吨。同样来自招股说明书的信息显示，2010年和2011年有机肥产量分别高达2 555.34吨和9 254.16吨。

可见，同期用于生产有机肥的茶粕，占比分别仅为2.54%和1.28%，远远低于45%的技术工艺最低标准。招股说明书中“公司用于生产洗涤品、茶皂素和有机肥的茶粕数量、有机肥产量、销量及占比情况”部分显示（见表4）。

表 4　　2010—2011 年 A 公司有机化肥产销量及茶粕　　单位：吨

项目	2010 年	2011 年
有机肥产量	2 555. 34	9 254. 16
有机肥销量	2 440. 90	9 312. 49
茶粕消耗量	64. 82	118. 40
茶粕占比	2. 54%	1. 28%

资料来源：A 公司创业板上市招股说明书申报稿。

5. 少计成本与虚增收入

一方面，如果 A 公司有机肥的实际销售数据属实，那么按照茶粕最低占比 45% 推算，2010 年和 2011 年分别高达 2 440. 90 吨和 9 312. 49 吨的有机肥销量，对应的茶粕使用量分别为 1 098 吨和 4 191 吨，较招股说明书披露的数据分别多出 1 033. 59 吨和 4 072. 48 吨。

这意味着，茶粕的成本被少计了，同期茶粕的均价分别为 1 427. 94 元/吨和 1 552. 94 元/吨，根据差额计算，仅茶粕方面 2010 年和 2011 年就将少计成本 147. 59 万元和 632. 43 万元，短短两年累计少计成本 807. 63 万元。

另一方面，若使用的茶粕量属实，那么有机肥的产量和售量就存在大量虚增。按有机肥中茶粕最低占比 45% 推算，在分别仅耗用 64. 82 吨和 118. 40 吨茶粕的情况下，2010 年和 2011 年能生产出的有机肥仅为 144. 04 吨和 262. 53 吨，对应虚增有机肥产量和销量分别为 2 296. 86 吨和 9 049. 96 吨。

精炼茶油是 A 公司的又一主要销售业务，精炼茶油是由茶油籽提炼再经过多道工序加工而来，理论上茶油籽的出油率为 24%，根据 A 公司招股说明书中的数据，2011 年 A 公司购买茶油籽的价格是 8 573 元/吨，所以保守推算和估计，提取毛油的直接材料的成本就需要 35 721 元/吨。

可是根据表 5 中的数据，2011 年 A 公司精炼茶油的销售成本只有33 618 元/吨，明显低于茶油所需直接材料的数值。A 公司通过少计成本来包装招股说明书中披露的数据，完成创业板上市的指标要求。

表 5　　2009—2011 年 A 公司茶油产品的平均销售成本构成

项目	2011 年		2010 年		2009 年	
	金额（万元）	比例（%）	金额（万元）	比例（%）	金额（万元）	比例（%）
直接材料	29 487. 23	87. 71	18 590. 77	85. 61	12 103. 06	82. 06
直接人工	957. 94	2. 85	713. 94	3. 29	500. 96	3. 40

续表

项目	2011 年		2010 年		2009 年	
	金额（万元）	比例（%）	金额（万元）	比例（%）	金额（万元）	比例（%）
制造费用	3 172.82	9.44	2 411.48	11.10	2 140.98	14.52
合计	33 617.99	100	21 716.19	100	14 745	100

资料来源：A 公司创业板上市招股说明书申报稿。

（二）品牌和销售

公开资料显示，湖南金浩、江西青龙高科等龙头企业均起步于 20 世纪 90 年代初期，有着近 20 年的品牌积淀，“金浩”“润心”等品牌已成为全国茶油行业的著名品牌，市场占有率稳居前列。从这两家龙头企业的销售渠道来看，从全国各地的分公司到连锁专卖店，再到 KA 卖场（大型商超）、BC 店和团购销售队伍，无一例外地都建立了一个多层次的密集分销网络。

相比之下，A 公司的销售渠道和品牌则毫无优势可言。比如，主打品牌“曼陀神露”系列商标 2009 年 10 月底至 2011 年初才陆续注册生效，可以说 A 公司的主打品牌依然是新品牌，要积累人气仍然需要很多年；最近 3 年的前十大客户中，仅 2009 年度出现在唯一当地 KA 卖场——梅州市喜多多超市连锁有限公司，且该卖场当年仅实现 57.48 万元的茶油销售额等。反而是个人大户频频出现，还有一批神秘的法人客户走马灯似的换人，这不禁让人怀疑其下游客户群体的真伪性。

（三）股东高管客户之间的“撞车”

A 公司最近 3 年前十大客户涉及的 22 家客户中，居然有近十家客户被查出关联交易、可能存在虚假交易等问题。

1. D 公司注册地与董秘实际控制企业一致

就在 2011 年 5 月 11 日注册成立后的第三天，D 公司便于 5 月 13 日与 A 公司签订了为期两年的华北地区《总经销合同》。与 A 公司签下经销合同后短短 7 个多月，D 公司茶油和洗涤品销售额达到 405.24 万元，成为当年的第三大客户。

然而 D 公司注册地址和 A 公司董秘赵 × 实际控制的企业完全一致。工商信息显示，D 公司注册地址为北京市海淀区某地址，并且房屋性质为住宅。凑巧的是，这恰恰就是赵 × 直接控制的北京某环保科技有限公司登记注册的所在地。公开信息则显示，赵 ×2008 年 7 月空降 A 公司，任董事、董事会秘书，目前仍为北京某环保科技有限公司的法人代表、负责人。

2. “德宝鑫”的多重巧合

与此同时，另一家新增进入前十大客户的北京某餐饮公司，2010 年茶油销售金额为 225.59 万元，占比为 2.57%，为 A 公司当年的第四大客户。

招股书披露，该公司的出资人分别为某房地产开发有限公司和北京某贸易有限公司。其中，某房地产开发有限公司出资人为全民所有制的某实业总公司和一家事业单位。北京某贸易有限公司的出资人为自然人林 × 以及刘 × ×、刘 × 等三位自然人共同出资设立的上海承康投资管理有限公司。线索显示，E 公司曾经以战略投资者身份现身 F 公司的股权重组。

根据 F 公司 2008 年 12 月 2 日的公告，E 公司由某会计师事务所部分合伙人、某投资发展有限公司及其他自然人共同出资，主要从事风险投资、战略投资，注册资本为 5 000 万元，法人代表也为赵 × ×，注册地址为北京市海淀区某地址。其中的一个细节是，该注册地址恰恰就是 F 公司的办公场所，并且上述公司也变成了 E 公司，注册地址也变成了 F 公司的注册地址，但法人代表依然是赵 × ×。

值得注意的是，在 2008 年 12 月江西某通信有限公司的股权重组过程中，除 E 公司外，当时还有一家名为北京某电子科技有限公司的战略投资者，法人代表为王 ×，但股权关系没有披露。

根据胜利股份 2010 年 9 月 20 日的一则公告，北京某电子科技有限公司股东为某集团。也就是说，当年同时现身江西某通信公司的 E 公司、北京某电子科技有限公司都指向了背后深藏不露的某集团及其总裁赵 × ×。

另外，在 D 公司与 E 公司的企业名称出现“撞车”的同时，北京某贸易有限公司与北京某电子科技有限公司也离奇地出现了企业名称“撞车”。

3. 四川某酒业公司紧邻 F 公司

除此之外，还有一家前十大客户名为四川某酒业公司北京分公司，凑巧跟赵 × ×旗下的 F 公司的办公地点“扎堆”一处。工商信息显示，四川某酒业公司北京分公司的注册地址为北京市海淀区板井路某地址，房屋性质为“住宅”。同时，F 公司的执业证书也显示，该公司的办公场所也位于北京市海淀区板井路。

这两家公司又凑巧都“扎堆”在海淀区同一小区。跟 E 公司、北京某餐饮有限公司等另外两家北京地区的重要客户一样，四川某酒业公司北京分公司也是“来无影去无踪”。

招股书显示，四川某酒业有限公司 2010 年以 247.16 万元的茶油销售金额突然跻身 A 公司当年的第三大客户之后，2011 年却又迅速从前十大客户名单中消失。

4. 神秘换主的茶油专卖店

招股说明书披露，梅州市某山茶油专卖店（以下简称茶油专卖店）为个体工商户，出资人为邹 ×，公司对该专卖店的销售模式是经销。而在最近三年的前十大客户名单中，上述专卖店的出资人始终是自然人邹 ×，并且“不存在关联关系”。

工商资料显示，茶油专卖店此前的出资人为黄 ×，发照日期为 2010 年 5 月 19 日，目前状态为“已注销”。此后，茶油专卖店于 2010 年 6 月 2 日摇身一变，注册号有变更，出资人也由黄 × 变成了邹 ×，经营场所未变。

由此，招股书所披露的 2009 年该店出资人即为邹 × 实为虚假记载，刻意隐瞒了该专卖店原为黄 × 所有的事实，而黄 × 系黄 × × 的侄女。由此看来，这至少说明 A 公司与专卖店曾存在关联关系。

5. 第五大客户某工贸和第七大客户某农业

黄 × 娴作为黄 × × 的亲戚，与马 × × 以出资人的身份通过志联实业联系在了一起。工商信息显示，除了出任志联实业法人代表，马 × × 还是梅州市某食品有限公司（以下简称某食品）的法人代表。某食品位于梅州市梅江区团结路的联系地址，正是“梅州市梅江区江南团结路金马商场”。而这家名为“金马商场”的烟酒特产店恰恰就是 A 公司的另一家前十大客户某工贸。工商信息显示，某工贸的法人代表为马 × ×，出资人为马 × × 和马 × ×；而某农业的法人代表为马 ×，出资人为马 × 和马 × ×。由此可见，在 2010 年度的前十大客户名单中，通过自然人马 × ×，第五大客户某工贸和第七大客户某农业也联系在一起。

综上可知，马 ×、马 × × 共同出资设立某工贸，而马 × × 又与马 × × 共同出资设立某农业，马 × 任则与马 × 同时现身于泓拓建材。同时，除了与黄 × 娴共同出资设立某实业外，马 × × 旗下的某食品与某工贸至少存在一定的业务往来关系。

6. 多重身份的个人客户

招股书显示，截至 2011 年底，A 公司一共有 30 家经销商，其中包括 6 位自然人。同时，在最近 3 年的前十大客户名单中，自然人客户的单一销售金额少则数十万元，多则 800 多万元。其中，最为抢眼的非林 × × 莫属，他不仅是 A 公司 2009 年第二大客户，而且在随后的 2010 年和 2011 年均为公司第一大客户。他在最近3年累计实现的销售金额高达1 474万元，是最近3年A公司的第一大客户。

当然，看似隐秘的背后也不是完全无迹可寻。另一位名为“黄×”的核心客户，竟然就有三个疑似身份相继现身A公司的前十大客户名单中。

根据招股书，自然人黄×于2008年成为A公司的第10位经销商，第二年跻身第六大客户。紧随其后，萍乡市某农业科技有限公司、长沙某农业科技有限公司于2011年分别跻身A公司的第十大客户、第二大客户。工商信息显示，萍乡市某农业科技有限公司法人代表为黄×，出资人也为黄×；长沙某农业科技有限公司法人代表同样是黄×，出资人为黄×、章××。

除了上述几家公司与新大地存在关联交易外，名列2011年度前十大客户的梅州市某工贸发展有限公司、梅州市某农业科技发展有限公司和梅州某实业有限公司都与A公司存在关联关系。这些大量的关联交易在A公司的招股说明书上很巧妙地被隐瞒了。

表6　2010—2011年A公司上市招股说明书显示前五大销售客户

序号	2011年	关联关系	2010年	关联关系
1	林××	不存在	林××	不存在
2	长沙某农业科技有限公司	不存在	陈××	不存在
3	D公司	不存在	四川某酒业有限公司北京分公司	不存在
4	长沙某进出口有限公司	不存在	北京某餐饮有限公司	不存在
5	梅州市某山茶油专卖店	不存在	梅州市某农工贸发展有限公司	不存在

资料来源：A公司创业板上市招股说明书申报稿。

四、中介机构严重违规

赵××出生于1966年3月，河南平顶山人，毕业于中国人民大学区域经济专业，本科学历，为注册会计师。

北京市海淀区政协官网2012年1月初发布的信息显示，身为海淀区第九届政协委员的赵××，作为经济界的代表，他的职务为G集团有限公司（以下简称G集团）总裁、F公司董事长。A公司招股书显示，G集团持股633.46万股（占发行前的16.67%），位列第三大股东，仅次于实际控制人凌××和黄××夫妇，持股成本仅为0.789元/股。

实际上，赵××既是A公司招股书的签字注会，同时又是A公司第三大股东公司的总裁，A公司如果成功IPO，第三大股东是最大的受益者之一，将获得数千万元乃至上亿元的财富。更多信息揭示，2001 年 12 月至今，赵 × × 担任 F 公司董事长，但是却以另外一家会计师事务所的注册会计师身份执行审计业务。

在 A 公司招股书的验资机构声明一栏中，经办注册会计师第一个签字的就是“赵 × ×”，其注册会计师编号也相符，签字日期为 2012 年 4 月 10 日。但是，落款盖章的验资机构不是 F 公司，而是立信会计师事务所。实际上，F 公司根本就不具备证券资质，而具备证券资质的立信会计师事务所则是国内证券界的行业翘楚，2011 年承办 92 个 IPO 项目，居全国第二。

由此看来，身为 G 集团总裁、F 公司董事长、法人代表的赵 × ×，不仅通过挂靠具备证券资质的立信会计师事务所执行审计业务，同时还对自己担任高管的公司的参股企业执行审计业务。赵 × × 涉嫌同时在 F 公司、立信两家会计师事务所执业，明显违反《中华人民共和国注册会计师法》第二十二条第（五）项的明确规定——注册会计师不得同时在两个或者两个以上的会计师事务所执行业务。同时，赵 × × 在会计师执业过程中，同时担任 G 集团总裁，因此有充分理由质疑 G 集团持有被审计单位 A 公司股票的合法性。

《中华人民共和国注册会计师法》第二十二条第（一）项明确规定，注册会计师不得在执行审计业务期间，在法律、行政法规规定不得买卖被审计单位的股票、债券或者不得购买被审计单位或者个人的其他财产。

因此，在大昂集团持有 A 公司股票的情况下，作为总裁的赵 × × 却以注册会计师身份审计 A 公司，严重违反“依法独立、公正执行业务”原则，涉嫌利用执行业务之便，牟取不正当利益。

除了赵 × ×，还有另外一个注册会计师王 × × 也存在审计合谋的嫌疑。根据 A 公司的招股说明书可以看到 A 公司的验资机构是立信会计师事务所，审计机构是大华会计师事务所，但是负责签字的注册会计师却是同一个人王 × ×。《中华人民共和国注册会计师法》第二十二条第五项明确规定，注册会计师不得同时在两个或者两个以上的会计师事务所执行业务。

注册会计师独立性的缺失。A 公司的签字注册会计师为赵 × ×，根据调查得知他还是第九届海淀区的政协委员，不仅如此，他还是 F 公司的董事长和 G 集团有限公司的总裁，作为一个在政界和商界有一定影响力的代表人物，他与 A 公司有着极为密切的联系。根据 A 公司的招股书显示，A 公司的第三大股东便是持有 633.46 万股的 G 集团有限公司，如此高的持股比例也是仅仅落后于 A 公司的实质操控人，即黄 × × 和凌 × × 夫妻二人。虽然 G 集团有限公司的股东只有两人，并且这两人分别持股49%和51%，股东名单里并没有赵××。但是G集团的总裁却实为赵××，不得不说他与G集团有限公司的利益绑定在了一起，关系非常密切。而作为A公司的第三大股东，如果A公司成功上市，最大的受益者除了黄××和凌××两夫妻外，G集团有限公司就是最实质的受益者，这样密切的经济利益联系，怎么能保证签字注册会计师赵××在对A公司的审计过程中保持应有的独立性和公正性呢，并且在A公司的招股说明书中，竟然还刻意隐藏了赵××作为其第三大股东G集团有限公司的总裁这一关键性的关联关系。

实际上，早在2008年1月，对A公司第四次增资的验资进行复核签字的注册会计师及同年7月为A公司整体改制进行验资签字的注册会计师都是赵××（其中2008年1月第四次增资恰恰就是G集团的入股过程），A公司在其招股说明书中隐瞒了赵××的身份。

五、结论及建议

A公司上市财务造假事件说明了我国上市制度的不完善性，也进一步暴露了我国IPO制度的缺陷和问题。面对热点话题IPO制度，注册制势在必行。自IPO重启以来，问题一再出现。包括证监会以及企业在内的业内人士应该着眼于IPO制度改革，从根本上解决IPO问题，建立适应中国国情的IPO制度。

（一）结论

通过以上对A公司上市财务造假案例的分析，我们不难发现A公司是采用多元化、综合性的造假手段对其财务数据进行造假的，其造假手法显得更加隐蔽，更加不易被察觉，是一个精心策划的故意行为。从A公司造假上市的案例分析中，我们可以得出以下结论：

第一，我国证券市场准入机制还存在着对IPO上市企业监督审查不严的问题，在审查制度上还存在着漏洞，某些不法企业还存在侥幸心理造假上市谋求不正当利益。

第二，我国法律法规对于企业IPO造假上市行为的处罚力度不够，处罚结果没有对造假上市企业形成有效的震慑。在低廉的造假成本驱使下，使得不法企业在IPO上市过程中敢于财务造假。

第三，在我国注册会计师审计中还存在“关联方”审计现象，注册会计师自身职业道德修养还有待提高。

第四，注册会计师的社会职务信息披露体制存在漏洞，为“关联方”审计创造条件，不利于我国证券市场的良性发展。

第五，我国非上市公司的内部监督机制不健全，没有对企业大股东及高管人员手中的权力形成有效的监督和制约，容易发生集体舞弊现象。

第六，非上市公司治理亟待加强。

（二）建议

1. 政府监管方面的建议

第一，加大对企业 IPO 上市过程的审查力度。从 A 公司造假上市的案例中，我们可以发现我国在企业 IPO 上市过程中的审查制度还存在着监管漏洞。A 公司造假案是在知情人举报和新闻媒体报道后，证监会才开始对 A 公司进行立案调查的。而且，在 A 公司案发前，证监会已经通过了 A 公司的首发申请。因此，证券监管部门只有制定一整套完备的制度去规范上市企业与会计师事务所的行为，堵住审查制度上的漏洞，才能有效防止 A 公司造假现象的再次发生。

一方面，政府监管部门在制度建设中要加大公司上市资格的审查力度。对申请上市的企业进行严格的审查，必要时，对申请上市公司提供的申报材料可以采用“二次审计”“双重审计”。采用政府审计或指定社会其他会计师事务所审计的方式对申报企业实行二次审计或双重审计，以遏制企业造假行为的发生。

另一方面，要对为申请上市公司出具审计报告的会计师事务所及具体签字的注册会计师资格进行审核。对于为企业出具审计报告的注册会计师的身份进行重点排查，审查其是否与被审计单位存在“关联方”利益。对会计师事务所的内部管理制度进行评估，将那些不符合条件的会计师事务所淘汰出审计市场，以规范审计市场秩序，保证审计工作的正常进行。只有这样，才能堵住审查制度上的漏洞，防止企业造假上市行为的发生。

第二，加大对造假企业的处罚力度。

对于敢造假上市的企业或个人必须采取“零容忍”的态度，可以通过对造假企业实行市场禁入制度，加大追究具体造假者的事后责任，增加对违法企业及其责任人的处罚力度。

第三，建立企业“诚信”档案信息化公共平台，对企业“诚信”评级。对于企业征信，建立企业“诚信”档案信息化公共平台，实行数据共享，可以给政府大多部门提供更多的企业资料，为有关部门审批决策提供帮助。同时，对于企业的“诚信”评级，对于那些诚信等级低的企业实行重点监管及政策限制。对于那些诚信等级高的企业给予政策的倾斜，简化审批程序，提高政府的审批效率，减少政府公共资源的浪费。有些企业的违法行为只在一个部门有记录，其他部门查不到，缺少一个有效的公共化信息平台，使其他政府部门能够对目标企业的过去了解清楚，以至于有些时候政府的某些监管审批部门不能够对企业的行为做出正确的判断。

对于A公司而言，如果有了诚信档案信息化公共平台，相信新大地在造假之初一定会考量造假上市一旦败露将会给企业的未来发展带来的不利影响，同时，建立诚信档案信息化公共平台，在注册会计师审计时对企业信用判断方面也有着十分重要的作用，它可以减少决策的成本，提高审计决策效率，使注册会计师作出的决策更加准确、更加有针对性。

2. 外部审计方面的建议

第一，注册会计师事务所应加大对执业注册会计师的职业道德教育，杜绝“关联方”审计，维护外部审计的“独立性”。在新大地财务造假上市案例中，为A公司验资报告签字的注册会计师赵××本身的职业道德素养不高，在关联方巨大利益的驱使下，使得赵××放弃了作为一名注册会计师的职业操守，为A公司出具了虚假的验资报告。因此，会计师事务所需要加大对执业注册会计师的职业道德教育，对于预防“关联方”审计的发生，维护注册会计师审计的“独立性”和“权威性”有着重要的意义。

美国的安然公司因财务造假丑闻，不仅安然公司宣告破产，与其联合造假的安达信会计师事务所也瞬间倒闭。针对安然公司财务欺诈导致投资者受损的情况，美国于2002年颁布了“萨班斯案”，其中规定：对编制违法违规财务报告的刑事责任，最高可处500万美元罚款或者20年监禁；篡改文件的刑事责任，最高可处20年监禁；证券欺诈的刑事责任，最高可处25年监禁；对举报者进行打击报复的刑事责任，最高可处10年监禁，从而在法律层面大大提高了财务欺诈的违法成本。美国还设立了对上市公司欺诈行为的举报奖：举报者可以获得罚款金额10%～30%的奖金，2013年有举报者因此而获得了1 400万美元的巨奖。

严刑峻法才能遏制造假行为，相比较而言，中国的造假者处罚仅几十万元，违法成本低，但违法收益很高，这种情况下，将会导致越来越多的负向激励。

第二，在注册会计师事务所实行注册会计师“社会职务”公开申报制度，加大对执业的注册会计师的监管力度。注册会计师能否出具真实公允的审计报告的一个重要原因就是注册会计师的“独立性”是否受到影响。实行注册会计师社会职务公开申报制度是一个有效减少审计“独立性”受到影响的好方法。

注册会计师“社会职务”公开申报制度可以有效减少注册会计师的多重社会职务影响审计“独立性”的问题。将注册会计师所有社会职务对会计师事务所和政府监管部门申报并对社会公布，让与注册会计师有利益关联的机构无处藏身，暴露在社会公众面前。公众和政府有关监管部门可以有效地对注册会计师的审计行为进行监督，让“关联方”审计没有滋生的土壤。同时，政府及会计师事务所还要加大对敢于隐瞒不报注册会计师的处罚力度，用严格的处罚措施保障“社会职务公开申报制度”的实施。

此外，注册会计师“社会职务”公开申报制度还可以促进注册会计师和会计师事务所的行业“自律”，使注册会计师审计工作更加透明，增加注册会计师行业整体的“公信力”。

第三，加大对 IPO 上市公司利润方面的审计力度。在企业 IPO 过程中，不法企业往往采用“少计成本，虚增利润”“虚构收入，虚增利润”等造假方法去实现企业高额的盈利，粉饰财务报表。在对企业 IPO 项目进行审计时，注册会计师应重点关注 IPO 企业利润的来源。新大地财务造假就是以虚增利润为主线，分别在原料采购环节，产品生产成本环节，销售收入实现环节采用了大量“花样繁多”的综合造假手法进行虚增利润的。因此，在对 IPO 上市企业进行审计时，我们只要紧紧抓住利润这条主线开展审计工作，通过函证，重新计算，分析程序等多种审计取证程序就会找到不法企业财务造假的线索，从而避免财务造假事件。

3. 内部审计方面的建议

第一，完善非上市企业内部控制架构体系建设。科学的内部控制架构体系可以有效约束企业行为，防止企业集体造假行为的发生。在内部控制架构上如果能科学规划，通过合理的人事安排与部门设置，制定严格的规章制度，企业各部门按章办事，部门之间互不干涉、各司其职、相互牵制、互相监督，就能够有效地防止企业内部集体造假行为的发生。

在 A 公司的财务造假案中，我们可以发现其内部控制制度是极为不健全的。在其公司人员架构上存在严重的问题，这也为 A 公司集体造假虚增收入创造了条件。因此，对于非上市企业，只有合理建立内部控制架构体系，才能有效防止集体造假现象的发生。此外，一个良好的内部控制架构体系，可以使企业会计部门提供的会计信息更加真实可靠，为企业高层的重大决策提供帮助，使企业的决策者在瞬息万变的市场竞争中能够有效地管控企业。同时，一个良好的内部控制架构体系，还可以为企业的内部审计工作及外部审计工作打下一个良好的基础，有利于提高企业的运行效率。

第二，建立由“独立董事”参与的内部审计制度，把高层的权力关进监督的“笼子”里。在我国企业中，内部审计的作用往往没有被给予足够的重视。很多非上市企业往往不设内部审计部门，即使建立内部审计制度的企业，内部审计部门的权力也往往受到企业高管及大股东的控制，使其在企业内部的监督作用受到限制，不能够发挥其真正的作用。A 公司造假上市的案例中，我们可以发现集体财务造假行为之所以能够在其内部多个环节发生，就是因为 A 公司内部没有完善内部审计制度对 A 公司大股东及其高管手中的权力进行监督。因此，为了防止内部审计的监督作用成为“附属品”，我们有必要在我国非上市企业建立一个能够保证内部审计“独立性”的审计制度，以防止造假现象的再次发生。

美国的“安然事件”和我国的 A 公司财务造假案例在某些造假手法上存在很多相似之处，因此，我们也可以借鉴美国政府出台的《萨班斯—奥克斯利法案》（Sarbanes - Oxley）的相关条款，在中国非上市企业实行由“独立董事”参与的内部审计制度。

在企业内部审计制度中，建立一个至少由两名“独立董事”成员组成的内部审计机构，其中至少一名独立董事成员是财务审计方面的专家。“独立董事”内部审计人员由独立于公司股东，且不在公司内部担任除内部审计职务以外的其他职务，不得与被审计公司及其子公司存在重要的业务联系，能够对公司内部审计事务作出自己独立判断的董事担任。“独立董事”内部审计人员不得接受公司任何形式的报酬。其具体职权如下：

（1）开展日常企业内部审计工作，检查企业的财务状况及经营业绩。

（2）对企业董事、高管人员执行公司职务的行为进行监督，对于在内部审计发现违反国家法律法规、公司章程及股东大会决议的董事、高管人员提出罢免的建议。

（3）依照国家相关法律法规，对于在内部审计过程中发现企业董事、高管人员存在严重的舞弊行为依法提起诉讼。

由于独立董事履行内部审计职责时，不受公司法人、大股东以及其他与公司存在利害关系的单位或个人影响，且独立董事人员不是由大股东推荐或任命，也不是由企业雇佣的内部审计人员，其作为全体股东合法代表实施的内部审计的“独立性”能够得到保证，能够充分发挥内部审计的监督作用及有效地对企业管理层及大股东形成制约。因此，有独立董事参与的内部审计制度可以把大股东及企业高层的权力关进制度监督的“笼子”里，有效防止企业高层权力滥用，对于预防企业集体造假行为的发生起到积极的作用。

思考题

1. IPO 制度在我国有哪些缺陷？如何改进？
2. A 公司上市财务造假的根本原因探索。
3. 对比国内外对中介机构违法的处罚，思考所带来的影响。
4. 面对国内上市造假案的层出不穷，您对目前国内监管有何建议？

附录

附录 1　IPO 制度

一、概念

首次公开募股（IPO）是指一家企业或公司第一次将它的股份向公众出售。对于一级市场，大部分公开发行股票由投资银行集团承销而进入市场，银行按照一定的折扣从发行方购买到自己的账户，然后以约定的价格出售，公开发行的准备费用较高。

二、审核流程

（一）材料受理、分发

中国证监会受理部门按照《中国证券监督管理委员会行政许可实施程序规定》（证监会令第 66 号）和《首次公开发行股票并上市管理办法》（证监会令第 32 号）等规则的要求，依法受理首发申请文件，并按程序转发行监管部。发行监管部综合处收到申请文件后将其分发审核一处、审核二处，同时送国家发改委征求意见。审核一处、审核二处根据发行人的行业、公务回避的有关要求以及审核人员的工作量等确定审核人员。

（二）见面会

见面会旨在建立发行人与发行监管部的初步沟通机制。会上由发行人简要介绍企业基本情况，发行监管部部门负责人介绍发行审核的程序、标准、理念及纪律要求等。见面会参会人员包括发行人代表、发行监管部部门负责人、综合处、审核一处和审核二处负责人等。

（三）审核

审核机制旨在督促、提醒保荐机构及其保荐代表人做好尽职调查工作，安排在反馈会前后进行，参加人员包括审核项目的审核一处和审核二处的审核人员、两名签字保荐代表人和保荐机构的相关负责人。

（四）反馈会

审核一处、审核二处审核人员审阅发行人申请文件后，从非财务和财务两个角度撰写审核报告，提交反馈会讨论。反馈会主要讨论初步审核中关注的主要问题，确定需要发行人补充披露、解释说明以及中介机构进一步核查落实的问题。审核过程中如发生或发现应予披露的事项，发行人及其中介机构应及时报告发行监管部并补充、修改相关材料。初审工作结束后，将形成初审报告（初稿）提交初审会讨论。

（五）预先披露

发行监管部收到相关材料后安排预先披露，并按受理顺序安排初审会。

（六）初审会

初审会由审核人员汇报发行人的基本情况、初步审核中发现的主要问题及其落实情况。初审会讨论决定提交发审会审核的，发行监管部在初审会结束后出具初审报告，并书面告知保荐机构需要进一步说明的事项以及做好提交发审会的准备工作。初审会讨论后认为发行人尚有需要进一步落实的重大问题、暂不提交发审会审核的，将再次发出书面反馈意见。

（七）发审会

发审委制度是发行审核中的专家决策机制。发审会以投票方式对首发申请进行表决，提出审核意见。发审会认为发行人有需要进一步落实的问题的，将形成书面审核意见，履行内部程序后发给保荐机构。

（八）封卷

发行人的首发申请通过发审会审核后，需要进行封卷工作，即将申请文件原件重新归类后存档备查。封卷工作在落实发审委意见后进行。如没有发审委意见需要落实，则在通过发审会审核后即进行封卷。

（九）会后事项

会后事项是指发行人首发申请通过发审会审核后，招股说明书刊登前发生的可能影响本次发行及对投资者作出投资决策有重大影响的应予披露的事项。存在会后事项的，发行人及其中介机构应按规定向综合处提交相关说明。

（十）核准发行

封卷并履行内部程序后，将进行核准批文的下发工作。

三、发行要求

（一）股票经国务院证券管理部门核准已公开发行。

（二）公司股本总额不少于人民币 3 000 万元。

（三）公开发行的股份占公司股份总数的 25% 以上。

（四）股本总额超过 4 亿元的，公开发行的比例为 10% 以上。

（五）公司在 3 年内无重大违法行为，财务会计报告无虚假记载。

四、IPO 注册制

中国证监会 2013 年 11 月 30 日发布《关于进一步推进新股发行体制改革的意见》，这是逐步推进股票发行从核准制向注册制过渡的重要步骤。股票发行注册制最主要是指发行人发行股票时，必须依法将公开的各种资料完全准确地向证券监管机构申报。证券监管机构的职责是对申报文件的全面性、准确性、真实性和及时性做形式审查，不对发行人的资质进行实质性审核和价值判断而将发行公司股票的良莠留给市场来决定。注册制的核心是只要证券发行人提供的材料不存在虚假、误导或者遗漏，即使该证券没有任何投资价值，证券主管机关也无权干涉，因为自愿上当被认为是投资者不可剥夺的权利。

（一）加强监管，修改《证券法》。肖刚："要想实行注册制，必须要修改现行的《证券法》。现行《证券法》规定：公开发行证券，必须符合法律、行政法规规定的调价，并依法报经国务院证券监督管理机构或者国务院授权的部门核准；未经依法核准，任何单位和个人不得公开发行证券。"

（二）加大惩罚力度，完善退市制度。银河证券首席总裁顾问左小蕾："第一，加大违法违规行为的惩罚力度，重罚在上市过程中参与业绩造假，做假账，隐瞒风险的会计师事务所，律师事务所，保荐承销人。第二，完善退市制度加大退市的力度。第三，加快完善证券民事诉讼赔偿制度。"海通证券副总裁、首席经济学家李迅雷："股票发行注册制改革方向是正确的，是未来发展的长远目标。在股票发行注册制改革下，市场将更加重视价值投资，配套退市制度将会起作用，这将改变当前股市中无推出机制现象。"

附录 2　IPO 大事记

2013 年 12 月	IPO 开闸，停滞一年多的新股发行正式重启，以证监会发布《新股发行体制改革意见》为起点、5 家已过会企业率先获得 IPO 发行批文为标志。
2014 年 1 月	1 月 9 日，奥赛康公布网下申购结构，发行市盈率 67 倍，老股转让募集资金近 32 亿元，远高于新股募集金额 7.84 亿元。1 月 10 日凌晨，奥赛康突发公告，决定暂缓发行。
1 月 12 日	中国证监会启动 IPO 大调查，中国证监会连夜发布《关于加强新股发行监管的措施》，对发行人的询价、路演过程进行抽查的同时，证监会还将与证券会对网下报价投资者的报价过程进行抽查。 IPO 核准暂告段落。中国证监会表示，已过发审会且办理完会后事项的首发企业，都已经取得了核准文件，其余过会企业中除了个别企业外，均拟补报 2013 年年报，预计要到 3 月才能发行。
1 月 21 日	股票发行注册制改革时间表曝光，当日召开的 2014 年全国证券期货监管工作会议传出消息，最快 2014 年 6 月出台注册制办法草案，2015 年实施；现存的发审委 2014 年内取消。
1 月 28 日	IPO 重启后首迎“巨无霸”。本次 IPO 重启以来，发行股份数高达 10 亿股的陕煤股份 28 日在上交所上市交易。
1 月 30 日	IPO 重启满月，创业板指大涨。首次公开发行重启一个月来，共有 45 家公司实现募集资金，总额达 321 亿元。创业板指一路飙升，大涨了 14.73%。
2 月 12 日	基金公司超买海天味业遭警告。上交所官方微博称，部分基金公司账户在尾盘买入海天数量超过流通量的千分之一，已对祥光基金公司予以警告。这是 IPO 重启以来已公布的机构炒新股遭警示第一单。
2 月 14 日	IPO 现场检查工作基本完成。针对新股定价抽查的情况，中国证监会新闻发言人张晓军表示，目前现场工作已经基本完成，新股上市初期未出现明显操纵行为。
2 月 19 日	首轮 IPO 盛宴收官，最牛股涨 242%。随着 3 只中小板股上市，首轮 48 只新股发行后上市收官。数据显示，众信旅游涨幅最高，较发行价涨 242.51%，山西煤业最低，仅较发行价涨 19.5%。
2 月 21 日	中国证监会未接到新 IPO 申报材料受理申请。
3 月 5 日	国务院总理李克强首次在全国人大会议上作政府工作报告。对于资本市场，他在报告中提出，要加快发展多层次资本市场，推进股票发行注册制改革，规范发展债券市场。
3 月 6 日	肖钢表示，中国证监会 2014 年任务是研究新股发行注册制改革方案，年内可以完成，但正式实施要待证券法修改之后，2014 年肯定不会实施。

续表

3 月 21 日	中国证监会发布了完善新股改革相关措施，更突出发挥事前约束机制和事中事后监管，为下一步向注册制改革过渡打基础。
3 月 27 日	中国证监会发布消息称，首发企业可以根据自身意愿，在沪深市场之间自主选择上市地，不与企业公开发行股数多少挂钩。
4 月 2 日	有媒体从市场人士处获悉，部分券商已接到沪深交易所通知进行 IPO 系统测试，根据以往经验，这是新股发行前必不可少的测试环节。预计这波 IPO 最快于 4 月重启。
4 月 4 日	中国证监会对首次公开发行股票中止审查情形进行了详细说明。
4 月 11 日	中国证监会新闻发言人表示，证监会建议发行人合理把握申报时间的问题，是证监会针对市场关心的问题所作的建议性答复，不是强制性，不意味着 IPO 申报窗口关闭。
4 月 16 日	中国证监会发布消息称，因在审企业需要补充最新的年度财务审计报告等，目前还没有召开首发企业的发审会，相关工作进展略晚于前期预计的动作进程。
4 月 18 日	中国证监会对企业首发申请流程进行了修订，主要包括发行部正式受理首发申请后即按程序安排预先披露等三方面。中国证监会发布了首批企业预披露名单，共计 28 家。
4 月 21 日	中国证监会再次发布 18 家拟上市公司预披露名单。
5 月 8 日	《中国证券监督管理委员会发行审核委员会办法》审议通过。①

数据来源：凤凰网财经。

附录 3　IPO 暂停期间新股大事件

2012 年 11 月 3 日	2012 年 11 月 2 日浙江世宝上市，之后 IPO 一直处于暂停状态。这也是 A 股市场上，新股发行暂停时间最长的一次。在暂停的这一年多里，有 280 家公司梦碎 IPO，79 家券商的 IPO 承销业务陷入停滞。
2013 年 3 月 17 日	肖钢接任中国证监会主席。现任证监会主席郭树清离任。自 2011 年 10 月调任中国证监会主席，郭树清在任的 18 个月时间里，对中国资本市场连续开出各种“猛药”，革故鼎新。
2013 年 5 月 18 日	中国证监会称正对民生证券和南京证券近期有关保荐项目进行立案稽查，暂不受理其推荐项目和材料。此外，中国证监会在了解光大证券和国信证券是否有未尽责的情况。

① http：//business. sohu. com/20060510/n243170446. shtml，证监会颁布发行审核委员会办法。

续表

2013 年 10 月 18 日	中国证监会新闻发言人表示，IPO 财务检查的现场核查部分已经宣告结束。除了此前通报的河南天丰节能外，广东秋盛资源股份有限公司也因为涉嫌财务造假而被移交稽查部门。
2013 年 11 月 15 日	中国共产党十八届三中全会勾绘了经济改革的总蓝图，通过了《中共中央关于全面深化改革若干重大问题的决定》，提出，健全多层次资本市场体系，推进股票发行注册制改革。
2013 年 11 月 19 日	肖钢表示，IPO 注册制改革在资本市场中牵一发而动全身。核心是信息披露，证监会整合发行人信息披露的准确性、全面性、及时性，但不对其投资价值和持续盈利能力作出判断。真正还权于市场和投资者，但不等于监管放松，垃圾股更多。
2013 年 11 月 30 日	中国证监会发布《关于进一步推进新股发行体制改革意见》，明确需一个月左右时间进行相关准备工作，才会有公司完成相关程序。预计到 2014 年 1 月，约有 50 家企业能完成程序并陆续上市。
2013 年 12 月 13 日	深交所网站 13 日发布了《深圳市场首次公开发行股票网下发行实施细则》，同时发布《深圳市场首次公开发行股票网上按市值申购实施办法》，并发布《首次公开发行股票上市首日盘中临时停牌制度等事项的通知》，要求持有一定数量非限售股份的投资者，才能用资金参与网上申购，并且每位投资者的申购数量不能超过申购上限。
12 月 27 日	上交所发布配套规则《股票上市公告书内容与格式指引》《上交所证券上市审核实施细则》和《证券发行上市业务指引（2013 年修订）》，按照新规定，造假上市的企业将需要回购全部新股。上交所还设立上市委员会和上市咨询委员会，为上市审核事宜提供咨询建议。
12 月 30 日	中国证监会制定并发布了《关于进一步加强保荐机构内部控制有关问题的通知》（以下简称《通知》）。要求保荐机构进一步健全覆盖立项、尽职调查、内核、质量控制、持续督导等环节的内控制度安排、组织体系和控制措施，不断增强自我约束和风险控制能力。
12 月 31 日	5 家 IPO 排队企业获得发审批文。今日还有一些公司将陆续获批。这也意味着，中断一年多的新股发行正式重启。

数据来源：凤凰网财经。

参考文献

[1] 左放．“新大地科技”造假上市案例分析 [D]．辽宁大学，2014.

［2］董中超．从“新大地”事件看注册会计师的职业道德［J］．中国市场，2013（33）：180－181.

［3］宋云桥．公司 IPO 财务造假问题防范研究［D］．中国财政科学研究院，2016.

［4］王鹏程．农业类上市公司 IPO 审计风险探究［D］．安徽财经大学，2016.

［5］马聿赟．我国上市公司财务造假问题防范与对策研究［D］．浙江大学，2018.

［6］陈肯．浅析上市公司财务造假问题及其防范［J］．现代商业，2017（20）：134－135.

［7］吴冠忠．浅谈上市公司的财务造假问题及防范措施［J］．商业经济，2017（10）：163－165.

［8］应里孟，阳杰．基于财务舞弊 GONE 理论的新大地财务造假动机案例分析及审计启示［J］．商业会计，2016（9）：14－17.

［9］王弘敏．上市公司财务舞弊分析与审计对策［J］．商业经济，2016（12）：146－148.

［10］王瀚平．上市公司 IPO 财务舞弊手段分析——基于新大地财务舞弊案例［J］．中外企业家，2015（18）：138.

［11］周骞．上市公司财务舞弊与审计对策研究［D］．兰州商学院，2014.

［12］魏梦莹．新大地 IPO 何以被终止［J］．资本市场，2012（10）：121－123.

［13］Lance Davis，Larry Neal，Eugene N. White. How it all began：the rise of listing requirements on the London，Berlin，Paris，and New York stock exchanges［J］. International Journal of Accounting，2003，38（2）.

［14］Stavros Thomadakis，Dimitrios Gounopoulos，Christos Nounis，Michalis Riginos. Innovation and upheaval：early growth in Greek capital market listings and IPOs from 1880 to the Second World War in the Athens Stock Exchange［J］. The Economic History Review，2017，70（3）.

［15］Self－Regulatory Organizations；The Nasdaq Stock Market LLC；Notice of Filing of Proposed Rule Change To Amend the Continued Listing Requirements for Exchange－Traded Products［J］. The Federal Register / FIND，2016，81

(200).

[16] Violin Memory Reports Receipt of Notice from NYSE regarding Continued Listing Requirement [J]. Manufacturing Close - Up, 2016.

案例教学使用说明

一、教学目的与用途

1. 适用课程：投资银行学、金融市场学、投资学。

2. 适用对象：本案例主要为金融类专业、工商管理类专业等本科生开发。

3. 教学目的：本案例的教学主题是，A公司主营精炼茶油，业内籍籍无名，却一步步成为"茶油第一股"，我们通过行业数据的对比，A公司毫无优势可言，而且通过更进一步的调查，发现了与A公司招股数不符的事实，包括涉嫌虚增利润、隐瞒关联交易、财务数据造假等。A公司造假过程令人触目惊心，同时券商会计师事务所、律师事务所等中介也有未尽职之处，这个触目惊心的上市造假案例引发我们对如何规范中介机构监管的思考。在课堂上，重点讨论三部分内容：一是掌握A公司财务造假的过程；二是对如何规范对中介机构监管的思考；三是掌握国内外IPO制度的比较情况。

具体目标分为以下三方面：

(1) 掌握A公司财务造假的过程。

(2) 对如何规范中介机构监管的思考。

(3) 掌握国内外IPO制度的比较情况。

二、理论依据与分析

(一) 理论依据

财务分析相关理论。

IPO制度的法律法规。

(二) 具体分析

1. IPO制度在我国有哪些缺陷？如何改进？

(1) IPO制度的缺陷与不足

①没有对造假公司和中介机构做出具体的惩罚规定。

②没有突出对中小投资者利益的保护和倾向。

③没有对再融资重大机构持有股份的减持加以限制。参与增发的机构不计成本，将股价越压越低，中小投资者亏损累累。

④没有对扩容节奏进行量化的管理。

（2）如何改进

包括推进新股市场化发行机制，强化发行人及其控股股东等责任主体的诚信业务，进一步提高新股定价的市场化程度，并改革新股配售方式。参考做法：参考国外的 IPO 制度——注册制，加强 IPO 上市企业财务全面性、准确性、真实性和及时性的审查，加强信息披露。

2. A 公司上市财务造假的根本原因探索

（1）中介机构的违规操作。A 公司的签字注册会计师为赵××，是第九届海淀区的政协委员，还是 F 公司的董事长和 G 集团有限公司的总裁。根据 A 公司的招股书显示，A 公司的第三大股东便是持有 633.46 万股的 G 集团有限公司，如此高的持股比例也是仅仅落后于 A 公司的实质操控人，即黄××和凌××夫妻二人。虽然 G 集团股东名单里并没有赵××，但是 G 集团的总裁却实为赵××，不得不说他与 G 集团有限公司的利益绑定在了一起，关系非常密切。而作为 A 公司的第三大股东，如果 A 公司成功上市，最大的受益者除了黄××和凌××两夫妻外，G 集团有限公司就是最实质的受益者，这样密切的经济利益联系，怎么能保证签字注册会计师赵××在对 A 公司的审计过程中保持应有的独立性和公正性呢，并且在 A 公司的招股说明书中，竟然还刻意隐藏了赵××作为其第三大股东 G 集团有限公司的总裁这一关键性的关联关系。

（2）法律法规之上市审核制。审核制设立的初衷是在证券市场尚不发达的我国挑选优质的资产上市。此次 A 公司刚被证监会创业板发审委发审通过，就爆出这么大的造假，暴露出了公司上市审核制的弊端。首先，上市指标的紧缺和地方政府的政绩工程使得一些公司在不愿上市和达不到上市标准的时候被上市，这时公司不得不采取造假来满足上市的标准。其次，获准发行的股票会成为比较紧俏的“商品”，公司上市带来的利益引导着部分公司为了包装上市不择手段。这也是为什么我们推动“注册制”的原因。

（3）公司治理之内部控制。在 A 公司三年的财务造假中，公司高管随意挪用公司资金，公司资金随意转入个人账户，内外勾结，严重违反了货币资金的内部控制，设计良好的制度若不实施和执行，也只能是一纸空文，更谈不上防止或发现并纠正错误或舞弊带来的重大错报风险。

3. 对比国内外对中介机构违法的处罚，思考所带来的影响

美国的安然公司因财务造假丑闻，不仅安然公司宣告破产，与其联合造假的安达信会计师事务所也瞬间倒闭。针对安然公司财务欺诈导致投资者受

损的情况，美国于2002年颁布了“萨班斯案”，其中规定：对编制违法违规财务报告的刑事责任，最高可处500万美元罚款或者20年监禁；篡改文件的刑事责任，最高可处20年监禁；证券欺诈的刑事责任，最高可处25年监禁；对举报者进行打击报复的刑事责任，最高可处10年监禁，从而在法律层面大大提高了财务欺诈的违法成本。美国还设立了对上市公司欺诈行为的举报奖：举报者可以获得罚款金额10%~30%的奖金，2013年有举报者因此而获得了1 400万美元的巨奖。

严刑峻法才能遏制造假行为，相比较而言，中国的造假者违法成本低，但违法收益很高，这种体制下，将会导致越来越多的负向激励，不利于对IPO企业真实性的审查，不利于国内资本市场的健康发展。

4. 面对国内上市造假案的层出不穷，您对目前国内监管有何建议

（1）对政府监管的建议

①加大对企业IPO上市过程的审查力度。一方面，政府监管部门在制度建设中要加大公司上市资格的审查力度；另一方面，要对为申请上市公司出具审计报告的会计师事务所及具体签字的注册会计师资格进行审核。

②加大对造假企业的处罚力度。多向发达国家学习，加大处罚力度，加大处罚的震慑作用。

③建立企业“诚信”档案信息化公共平台，对企业“诚信”评级，实行数据共享，可以给政府等部门提供更多的企业资料，为有关部门审批决策提供帮助。

（2）对外部审计的建议

①注册会计师事务所应加大对执业注册会计师的职业道德教育，杜绝“关联方”审计，维护外部审计的“独立性”。

②在注册会计师事务所实行注册会计师“社会职务”公开申报制度，加大对执业的注册会计师的监管力度。

③加大对IPO上市公司利润方面的审计力度。

（3）对内部审计的建议

①完善非上市企业内部控制架构体系建设。

②建立由“独立董事”参与的内部审计制度，严格规范高层的权力。

三、关键要点

1. 关键点：对如何规范中介机构监管的思考。

2. 关键知识点：掌握A公司财务造假的过程；掌握国内外IPO制度的比

较情况；对如何规范中介机构监管的思考。

3. 能力点：分析与综合能力、批判性思维能力以及解决问题的实际能力。

四、案例的后续进展

2012 年 6 月 28 日，媒体曝光 A 公司涉嫌欺诈上市，7 月 3 日，A 公司提交终止发审申请，茶油第一股背后的巨大谎言震动资本市场。

后来，黄××、凌××被给予警告及 30 万元罚款，并被采取终身证券市场禁入措施；发行人其他责任人也被处以警告、罚款、市场禁入等处罚措施。

中介机构方面，南京证券被给予警告、公开谴责，并被责令 6 个月内整改，整改完成后向监管部门提交书面报告，监管部门将检查验收；保荐代表人胡×和廖××被给予警告，分别处以 15 万元罚款，并分别采取终身证券市场禁入措施；大华所罚没 330 万元，被责令改正；签字会计师王××和刘××被给予警告，分别处以 10 万元、5 万元罚款，被分别采取终身证券市场禁入措施；大成所被罚没 150 万元；签字律师丘××、申××、刘×、刘×被给予警告，丘××、刘×被分别处以 10 万元罚款，申××、刘×被分别处以 5 万元罚款，刘×被采取 5 年证券市场禁入措施。

2013 年 5 月 31 日，证监会公布的 A 公司案件处罚结果显示，经查，A 公司通过资金循环、虚构销售业务、虚构固定资产等手段，在 2009—2011 年年报中虚假记载，虚增 2011 年利润总额 2 042.36 万元，占当年利润总额的 48.52%；虚增 2010 年利润总额 305.82 万元，占当年利润总额的 11.52%；虚增 2009 年利润总额 280 万元，占当年利润总额的 16.53%。2012 年 4 月 12 日预披露的招股说明书申报稿及上会稿，有重大遗漏。由此，A 公司被给予警告，并处以 60 万元罚款。

2013 年 5 月 31 日，在对 A 公司造假上市事件调查完成后，中国证监会宣布了调查结果及相关处罚决定。A 公司是首个通过创业板发审委审核后因为媒体质疑其造假上市而终止 IPO 的公司。

2012 年 8 月 28 日，中国证监会对 A 公司立案调查，发现 A 公司在 2009—2011 年采用资金循环、虚构销售业务、虚构固定资产等手法，在财务年报中发布虚假的财务数据信息。2011 年、2010 年、2009 年三年分别虚增利润 1 521.07 万元、289.15 万元、251.9 万元，分别占当年利润总额比例为 36.13%、10.89%、14.87%。由此断定，A 公司于 2012 年 4 月预先披露的招股说明书申报稿和上会稿存在虚假记载。

A 公司和它的保荐机构某证券有限责任公司于 2012 年 7 月 3 日向中国证

监会提交终止发行上市的申请。中国证监会2013年10月15日出具对A公司的行政处罚决定书，内容如下：给予A公司警告处分，并罚款60万元；给予A公司的实际控制人黄××、凌××警告处分，终身市场禁入，并罚款30万元；给予凌××（A公司财务总监、曾担任监事）警告处分，十年市场禁入，并罚款20万元；给予该公司董事黄××、董事会秘书赵×警告处分，并罚款20万元；给予其他的相关责任人警告处分，并罚款15万元。

某证券公司作为A公司的IPO中介机构，调查工作的过程中，未能尽职尽责，工作程序不够充分、适当，出具的发行保荐书等文件存在失实的部分，给予该证券警告处分，责令其在6个月内整改，整改完后提交报告，并公开谴责，由于在A公司的IPO项目中，某证券未取得收入，所以未对其采取罚款措施；给予保荐代表人胡×、廖××警告处分，终身市场禁入，并罚款15万元。

负责审计A公司财务报告的某会计师事务所，未按准则执行业务，出具的审计意见不当，中国证监会没收其该项业务的收入110万元，罚款22万元，并责令其限期整改；给予签字注册会计师警告处分，终身市场禁入，罚款15万元。为A公司出具法律意见书的某律师事务所，证监会没收其该项业务收入50万元，罚款100万元。给予签字的四位律师警告处分，并对其中两位罚款10万元，另两位罚款5万元。

五、课堂计划

本案例可以作为专门的案例讨论课来进行，如下是按照时间进度提供的课题计划建议，仅供参考。

本案例安排2个课时。

课前计划：

1. 学员准备：充分了解本案例涉及的企业及其事件；确定小组成员组成；提出1~2个论点。

2. 教师准备：完成相应的理论知识介绍；为学生提供学习此案例的材料；为学生提供讨论平台；收集学生的想法论点。

3. 教学辅助人员准备：准备好多媒体教学课件，课后收集学生的书面讨论资料。

课中计划：

案例讨论将分小组进行，每个小组拥有10~15分钟讨论及阐述时间，要求每个学生都要阐述自己的论点和观点。另外，每个小组都应该形成自己有别于其他小组的独特见解，并以文字描述。教师在主持此案例讨论中，应该鼓励及启发学生发表见解。此外，针对此案例相关的理论知识，教师应当向学生详细解释。

课后计划：

请学生上网搜索该企业的相关信息资料，尤其最新信息，采用报告形式给出更加具体的解决方案，或写出案例分析报告（1 000～1 500 字）；如果对此案例有兴趣跟踪，建议联系案例作者或企业负责人，进行深入研究。明确具体的职责分工，为后续章节内容做好铺垫。

"佣金宝"导火索激发证券公司经纪业务创新[①]

华　维

一、引言

这距离2013年11月23日国金证券首次发布和腾讯合作的公告过去仅3个月。2014年2月20日，国金证券与腾讯战略合作后，推出了首只互联网金融产品"佣金宝"，并且成功上市。半个月后，佣金宝手机开户上线，名为"全能行"的客户端（佣金宝客户端）在腾讯应用宝、360手机助手等软件市场上线，客户下载安装后就能实现开户和交易。投资者通过腾讯股票频道进行网络在线开户，也可获得万分之二的交易佣金。

国金证券相关人士介绍，"佣金宝"是首个"1+1+1"互联网证券金融产品，具有万分之二的低佣金、保证金增值、高品质咨询三大特点。第一，"万二开户"则将券商经纪业务倒逼进入"零"佣金时代，目前交给交易所或证监会的规费一般是万分之一点五至万分之一点八，再加上营业部需要缴纳的营业税，券商的成本基本上是万分之二，如今国金证券佣金为万二，实质上也就是正式宣告经纪业务进入"零佣金"时代。"万二开户"将极大地冲击券商，尤其对小券商。第二，"保证金增值"则是指为账户保证金余额提供理财服务，预期收益率超过活期储蓄收益10倍以上。据国金证券内部人士介绍，该种理财服务从本质上和"余额宝"等互联网理财产品类似，预计收益率也相当。市场上现有的保证金理财产品，券商都是参与收益分成的，分成提取10%~50%，此外还要提取管理费。而"佣金宝"却是完全不参与分成，所有收益都归用户所有，管理费率也极低，使用户的收益率能够大幅提

① 1. 本案例由南京审计大学金融学院华维博士根据公开资料开发完成。本案例仅作为课堂讨论的材料，不表示企业成败及其管理措施的有效性。

高。市场上的收益情况已经比较透明。第三，"高品质咨询"指的是"佣金宝"将为投资者提供增值服务。"佣金宝"的出现激发了各大券商的佣金价格战，各大券商纷纷推出互联网平台或者与互联网公司开展合作，同时也引发了券商业务的创新与转型。

二、佣金宝

国金证券和腾讯战略合作，推出了证券行业"1+1+1"互联网证券服务产品，定名为佣金宝。通过电脑或者手机移动终端，投资者可以在7×24小时内网上开户。当然，客户也可在全国营业网点开户。开户成功后，证券交易的佣金率就是"万分之二"，这一佣金率随后升至"万分之二点五"。佣金宝所提供的服务可以为投资者的股票账户保证金提供理财服务，为客户打造高价值咨询服务和提供股票的投资建议。佣金宝面世后仅仅在2014年首季度其经纪业务收入就达到了惊人的1.6亿元，同比增长了18.5%。

（一）产品特点

佣金宝是一款特点鲜明、竞争力较强的"互联网+证券"产品，其具有"1+1+1"的特点，具体来说就是为投资者提供超低佣金、闲置保证金理财以及免费的高端咨询服务。我们认为，佣金宝的思路是通过"低佣金"吸引尽可能多的客户，进而为融资融券、理财产品销售等其他创新业务的拓展提前积蓄潜在投资群体。

1. 超低的佣金。佣金宝一推出就受到各方关注，它没有对不同地域的客户收取不同的佣金率，也没有对不同的客户制定不同的佣金政策，无论什么区域，无论客户的财富水平和交易量如何它都一视同仁，将佣金推至成本线。给同行业其他竞争者造成了强大的竞争压力，也给自己施加了强大的创新动力。

2. 保证金余额理财。佣金宝平台将证券账户与货币基金联姻，当普通交易日股市停止交易之后，账户内的闲置保证金将会被平台自动进行金腾通货币基金的购买，购买后的份额显示为账户可用资金部分，客户要进行证券的买卖时，直接使用账户可用资金即可。佣金宝平台还吸引了很多不炒股的客户，他们通过银证转账将资金放入佣金宝账户，系统会在特定的时间段自动用账户内闲置资本金购买平台对接的理财产品，其优点很明显，一方面是收益率与其他"宝宝类"相比毫不逊色；另一方面是安全性，客户的资本金在取出时只能在交易日的交易时间，同时资金退出唯一途径就是与平台绑定的银行卡。

金腾通货币基金主要投资于法律法规及监管机构允许投资的金融工具，包括现金，短期融资券，一年以内（含一年）的银行定期存款和大额存单，剩余期限（或回收期限）在 397 天以内（含 397 天）的债券、剩余期限在 397 天以内（含 397 天）的中期票据、剩余期限在 397 天以内（含 397 天）的资产支持证券，期限在一年以内（含一年）的债券回购，期限在一年以内（含一年）的中央银行票据，以及法律法规或中国证监会允许投资的其他固定收益类金融工具。而国金通用金腾通货币基金，只收取 0.2% 的管理费、0.05% 的托管费，这就是我们所说的“零佣金”。表 1 为金腾通货币基金 2016 年 3 月 11 日至 3 月 17 日七日年化收益率。

表 1　　金腾通货币基金七日年化收益率（2016 年）

日期（2016 年）	3 月 11 日	3 月 12 日	3 月 13 日	3 月 14 日	3 月 15 日	3 月 16 日	3 月 17 日
七日年化收益率（%）	4.19	4.18	4.17	3.64	3.19	3.75	3.61

数据来源：天天基金网。

3. 高价值咨询服务。佣金宝提供的高品质咨询服务涵盖了以下几个方面：为客户进行每日大盘的解析，以及每日热点、板块热点概念等的复盘回顾；通过国金证券专家的研究，建议性地提供一些可以进行短线操作、中线操作及长线操作的股票投资建议；建立由专业人士进行管理操作的模拟盘，将研究策略应用于模拟股票买卖，为用户提供一个现实操作的参考；在宏观方面对当前市场进行解读和分析，让客户易于将这些宏观经济与实际操作结合起来；另外还包括一些深度的新闻资讯等内容。

除此之外，因为佣金宝于 2014 年 3 月底上线了创业板转签，符合条件的客户可登录官网非常方便地转签创业板，免除了去实体营业厅办理的麻烦。另外，能够脱媒办理的业务佣金宝完全在法律框架之内通过互联网办理，必须到营业网点办理的业务，国金证券提供了全国范围内的物理网点无差别办理。

4. 佣金宝微信服务。佣金宝官方微信端提供了一些强大的服务功能，最重要的是可以不用通过电脑客户端或者手机客户端，仅仅通过微信官方服务账号就能实现购买金腾通货币基金，且保证金提取便捷，同时可以在微信公众号详细查阅自己的资产构成，便于客户随时随地了解自己的资产状况，另外其提供的成交回报提醒与银证转账提醒功能极大地提升了客户账户的安全性，让客户对自己账户的每一笔操作、每一步动态都能及时了解。

（二）互联网金融背景下“佣金宝”SWOT 分析

1. 优势分析

（1）依托腾讯的流量和渠道进行营销

虽然证券行业经历了不断的改革和发展，创新业务正快速成长，但就目前而言，经纪业务仍然是当前各证券公司尤其是中小证券公司最主要的收入和利润来源，而经纪业务由于同质化高、差异性小的特点，决定了渠道是经纪业务中非常重要的一个环节。腾讯公司作为国内最大的互联网综合服务企业之一，拥有众多的网站访问用户和即时通信服务月活跃账户，占据国内智能终端的巨大流量。国金证券与腾讯展开战略合作期间，腾讯将为国金证券佣金宝开放核心广告资源，并协助其用户流量导入，进行证券在线开户和交易，腾讯通过流量平台为国金证券及佣金宝提供持续的用户关注度，以开发更多的目标客户和潜在客户、挖掘更多利润点。

（2）核心产品竞争力突出

佣金宝作为国金证券核心产品，具有鲜明的竞争优势。佣金宝通过电脑和手机提供 7×24 小时的非现场开户服务，开户成功后享受万分之二点五的佣金率；佣金宝开户后，客户保证金与国金通用货币基金对接，保证金余额可自动申购货币基金，在不影响股票交易的情况下实现闲置资金增值；佣金宝客户还将享受国金证券总部和各营业部提供的投资咨询服务。佣金宝的这三大特性使国金证券在互联网金融背景下对客户群进行了有效的细分，通过明确的产品定位抢占了目标客户群，尤其是吸引了对佣金率敏感同时对咨询服务有要求的投资者。同时，创业板在线转签功能的推出，给投资者带来的便利性大大增强。

表 2 佣金宝产品 7 日年化收益率与投资成本（数据截至 2014 年 4 月 22 日）

	佣金宝	零钱宝	理财通华夏财富宝	余额宝
投资成本（%）	0.25	0.57	0.57	0.63
收益率（%）	4.96	5.697	5.339	5.200
额度	不受限制	受限	受限	受限

数据来源：天天基金网。

（3）人才素质较高、机制灵活

佣金宝的母公司为民营券商，机制灵活。其在多年的资本市场发展中积累了丰富的经验，吸引和集聚了大批优秀人才，2014 年底国金证券共有员工 2 265人，本科及本科以上学历人员1 767人，占比 78%，并具有非常灵活的机制和敏锐的市场嗅觉，同时能在法律框架内根据市场环境及时调整其发展战略，积极拥抱新趋势。这些特点是腾讯公司能够与其合作的基础，同时也是佣金宝具备的优势。

2. 劣势分析

（1）营业部网点较少、业务办理受限

截至2015年底，国金证券目前共有47家营业部，相对于其他大型券商，数量并不算多，其中20家集中在四川省内，很多省份只有一家营业部，网点分布非常不平衡。佣金宝的客户都被落户到了上海西藏中路营业部，且仅开通了账户基本功能。依据当前的业务政策和规则，佣金宝用户如果要变更三方存管、进行密码挂失、开通股指期货和期权等业务则需要客户到国金证券营业部临柜办理。但是由于营业部网点过少的缺点，客户体验的满意度和用户增加受影响。

表3　　国金证券公司营业部分布表

省份	营业部家数	省份	营业部家数	省份	营业部家数
四川（成都）	20（4）	北京	2	天津	1
重庆	1	上海	3	浙江	2
湖南	2	云南	2	福建	2
广东	2	江苏	1	陕西	1
辽宁	1	河南	1	湖北	1
安徽	1	山东	1	黑龙江	1
江西	1	广西	1		

数据来源：国金证券股份有限公司2015年年度报告。

（2）客户保证金财富管理水平不高

为国金证券客户保证金理财的国金通用是一家2011年底成立的规模较小的基金公司，根据好买基金网数据显示，截至2014年底拥有基金经理4人、基金数量13只、基金总规模91亿元。相比于华夏、嘉实、易方达等老牌基金和后来居上的天弘基金，国金通用不仅在管理规模、组织结构、投资经验、抵御风险等能力上有着明显的不足，而且国金通用在基金收益率表现上也处于落后位置，这也将限制着国金证券为客户保证金进行财富管理的服务，其投研能力的竞争力不够强大，不利于公司向差异化财富管理的转型。

(3) 佣金率下降趋势明显

国金证券依靠佣金宝的特色抢占了不少客户，但这也是一把“双刃剑”，佣金宝万分之二点五的低佣金率会拉低公司的平均佣金水平。国金证券老客户的佣金率普遍高于万分之二点五，这种不对称的佣金让老客户感到不公和不满，降低佣金的需求强烈。而“一人一户”的政策放开，使得已经有证券账户的投资者在各证券公司之间的转户、再开户几乎没有门槛，在当前残酷的客户资源争夺战中，国金证券平均佣金率下降趋势不可避免。虽然经过合理的定价，其万分之二的低佣金率仍能让其有正收益，但是摊薄的利润对其公司治理、成本控制等都是相当大的考验。

3. 机遇分析

(1) 国家和管理层支持资本市场发展

党的十八届三中全会明确提出“发展普惠金融，鼓励金融创新。健全多层次资本市场体系”。2014 年 1 月，由中国人民银行等六部门联合发布的《关于大力推进体制机制创新，扎实做好科技金融服务的意见》提出加强科技与金融行业的融合。“一带一路”倡议作为国家新一轮开放和走出去的战略重点，为以直接融资为代表的资本市场提供新的发展动力，2018 年《政府工作报告》提出要提高直接融资特别是股权融资比重、设立国家融资担保基金，支持优质创新型企业上市融资。近些年来，在国民经济持续稳定增长的同时，我国证券市场规模也不断扩大，创新十分活跃。随着资产证券化、沪股通、新三板、CDR 等创新业务的细则和操作办法逐步明确，证券行业将迎来全面发展的新阶段。

(2) 居民投资意识增强、投资需求提高

互联网金融以其低门槛、高效率、品种多、覆盖广的特性受到广大居民的喜爱，互联网金融改变着居民传统的偏爱银行储蓄存款的思维方式，并且培养着居民通过投资、理财进行财富管理的意识。2014 年，由于受经济下行压力以及基准利率下降影响，银行理财产品、互联网货币基金、P2P 网络借贷等各大产品收益率都有所降低。而投资者寻求财富增值的动机驱动、货币政策有所宽松以及在股市行情回暖的推动下，投资者对证券市场的投资热情逐渐高涨，证券投资需求明显增加。在居民投资意识增强、投资需求提高的背景下，佣金宝为广大中小投资者提供了方便购买理财产品的渠道，给闲置保证金带来了一定的增值。

(3) 中小散户的长尾效应

“长尾客户”是指在该行业内欠缺专业知识并对风险认识不深刻的一般投资者。长尾效应是指那些原来不受到重视的销量小但种类多的产品或服务由于总量巨大，累积起来的总收益超过主流产品的现象。在互联网领域，长尾效应尤为显著。根据中登公司的数据显示，截至 2014 年底，沪深两市有效证券账户近 1.4 亿户，持仓 A 股账户数达 5 412 万户。2014 年，有 5 853.7 万户参与了二级市场交易。面对一个存储和流通如此海量的目标客户群体，长尾效应的影响不可忽视。而一人一户政策的放开，更会使佣金宝的竞争力凸显，国金证券会挖掘一批原本在其他券商开过户但却得不到优质待遇的中小散户，这部分客户不但会是国金证券重要的利润增长源泉，更会为其带来宝贵的人气和口碑。

4. 威胁分析

(1) 证券行业竞争激烈

佣金宝的一战成名，刺激着行业众多竞争对手的神经，各券商纷纷采取相应的行动进行反击。华泰证券宣布牵手网易，共同布局互联网金融，东方证券与阿里巴巴频繁接触，东海证券和新浪谋求合作。值得一提的是，中山证券与腾讯战略合作，联手推出的移动金融平台“零佣通”，喊出了“炒股零佣金”的口号，虽然其因为违反相应规定在推出后短短 24 小时就被叫停，但这无疑对佣金宝的低佣金优势提出了强劲的挑战。随着互联网金融的不断渗透，各券商的经营策略也在不断地调整且更加注重服务和互联网技术和营销策略，未来将会有更多的竞争对手给国金证券带来挑战。

(2) 金融行业混业经营

金融行业混业经营是全球性趋势，也是中国金融市场发展的现实需要。一方面混业经营能更好地覆盖用户的需求，为客户提供更全面的服务；另一方面混业经营会让不同的行业融合，形成取长补短的态势，促进金融的发展。2015 年 3 月，证监会表示正研究向银行机构发放证券经营牌照，未来中国金融行业也可能走上混业经营的道路。而当前国内金融行业格局是商业银行尤其是四大国有银行的规模巨大，一旦银行涉足证券行业，那么会对现有的证券行业，尤其是对中小证券公司造成巨大的冲击，而佣金宝母公司国金证券公司由于规模较小，面临巨大的威胁。

(3) 各券商并购重组导致资源集中

跨行业整合引起“马太效应”的波及，让强者的优势更加突出、地位更加牢固。近年来，证券行业发生了一系列并购重组活动，巨无霸中信证券收购昆仑国际金融集团有限公司60%股权，同花顺与东吴证券达成战略合作协议，东方财富花费40亿元收购同信证券，金融服务强者大智慧90亿元收购湘财证券，方正证券合并民族证券，国泰君安收购上海证券，申银万国和宏源证券合并重组等，表明着我国证券行业的激烈竞争导致了行业资源整合的加剧，而通过并购重组而来的证券公司将在资产规模、业务范围、运营成本、信息技术等多方面形成优势，使得更多的资源向大型证券公司集中。所以，规模较小的国金证券面临着巨大的竞争压力。

例如东方财富，其为中国亿万名投资者提供了投资信息，是中国投资者最常用的获取投资信息的网站之一，其收购了同信证券，这就拥有了券商牌照，通过其原有流量优势将其转化为同信证券的客户流，这大大增强了东方财富网的客户黏性，为其带来了更多的利润点。这样的跨行业强强联合，无疑会对佣金宝的现有优势提出挑战，对其造成威胁。

三、国内外佣金制度发展情况比较

1975年以前，世界各国的证券交易基本上都采用固定佣金制度。但随着美国国会在当年5月通过“有价证券修正法案”，并率先在全球范围内废除证券交易固定佣金制度和实行佣金协商制度，证券交易佣金自由化成了全球证券交易市场的基本发展方向，只不过目前自由化的程度存在一定差别。

据统计，在当今全球27个主要证券交易所中，绝大部分对佣金采用自由协商制，其中大部分实行完全自由协商制（如纽约证券交易所、NASDAQ、东京证券交易所、伦敦证券交易所、大阪证券交易所、巴黎证券交易所、阿姆斯特丹证券交易所、瑞士证券交易所等），少数证券交易所实行规定最低费率、最高费率或在一定区间内协商议价的方式（如雅加达证券交易所、澳大利亚证券交易所、新西兰证券交易所、我国台湾地区证券交易所等）。

我国现行证券交易佣金制度，所依据的是2002年5月起执行的由中国证券监督管理委员会、国家计委、国家税务总局共同发布的《关于调整证券交易佣金收取标准的通知》，该通知第一条明确规定“A股、B股、证券投资基金的交易佣金实行最高上限向下浮动制度，证券公司向客户收取的佣金（包括代收的证券交易监管费和证券交易所手续费等）不得高于证券交易金额的3‰，也不得低于代收的证券交易监管费和证券交易所手续费等。”依据该规定，我国目前所实行的是最高限额内向下浮动的佣金制度，而非完全的佣金自由化。

由于“通道租金”在世界主要资本市场上已实现了自由化，投资者不仅可根据不同证券公司的佣金收取标准来选择委托的证券公司，而且可以在证券公司公布的佣金标准中，选择适合自身投资方式的佣金策略，进而最大限度降低交易成本、提高收益，这也有利于行业竞争，能使优秀的公司脱颖而出。

我国香港联交所董事局为提高香港交易所在国际证券市场的竞争力，在2000年通过了“自2002年4月1日起正式取消证券及期货交易最低佣金制，引入佣金协商制”的决定，同时宣布降低股票交易印花税，这些举措对于市场的优胜劣汰与公平竞争提供了较好的规则支持，也是香港市场活力的具体表现。

在互联网金融的发展已成重要趋势的今天，证券市场交易更多体现出网络化的特征，如何引导券商创新？哪些需要监管？哪些需要放开？都在考验管理层。英国在1986年10月对证券业实施了一场空前的重大变革（BIG BANG），取消了固定佣金制，实现了佣金自由化。客户可与证券经纪商根据各自的实际情况、市场供求情况、交易额度等，决定按何种标准收取佣金或是否收取佣金。

证券交易佣金是证券交易的主要成本之一，降低证券交易成本，明显有助于提高投资者的投资信心、提高资本市场运行效率、提高资产配置的效率、营造证券市场的繁荣、提高一国证券市场的综合竞争力。因此，此次国金证券上线的“佣金宝”是券商为适应市场发展而推出的一种定价策略，符合优胜劣汰、创新发展的市场大趋势。“佣金宝”这样的佣金交易模式，是市场经济竞争的必然，是利于证券公司优胜劣汰竞争的必然，更是证券市场发展演进的必然。

四、佣金宝引爆券商业务改革与创新

（一）超低佣金对券商经纪业务的影响

目前，我国不同城市之间的券商佣金水平存在巨大差异。众所周知，佣金是证券公司业务收入来源非常重要的部分，在股票买卖过程中个人或者机构投资者需要向券商支付交易佣金，除此之外还要支付印花税以及过户费等交易规费。我国证监会等相关部门对证券交易的佣金有相应的规定，其应介于券商服务成本和3‰之间，然而由于竞争程度的不同，从总体上看，佣金呈现北上广等一线城市较低，而落后地区相对较高的态势，不过随着一线城市的市场容量有限，证券公司佣金的竞争之火烧向了一、二线城市。另外，证券公司还会根据客户的交易量和资产状况进行适当的佣金率调整。根据公开资料可知，证券交易按规定上缴的费用一般介于0.15‰~0.18‰，加上券商的营业税，其成本已经达到了万分之二。由此可知，佣金宝一经推出就在佣金方面扮演了价格屠夫的角色，它不分地域、对客户一视同仁，将佣金推至成本线。

国金证券在佣金宝推出之前的2013年，经纪业务的佣金收入占了大头，占比高达50%以上，而其他的业务利润点在40%多（见图1）。佣金宝的超低佣金策略，首先是对自身利润点造成了一定影响，在目前的利润主要来源仍然为佣金收入的情况下，虽然此举能吸引庞大的客户群，但随着竞争的白热化，仅仅依靠低佣金战略，是会阻碍其进一步发展壮大的，因为证券交易都是有一定成本的，而随着竞争的加剧佣金会趋于一个较低水平，不利于证券公司创造利润，在这种情况下，佣金宝需要更多的利润来源，以便公司的发展壮大，从某种程度上说，佣金宝的超低佣金策略倒逼国金证券加快创新，努力寻找更多的增值产品和服务，以利于其发展。

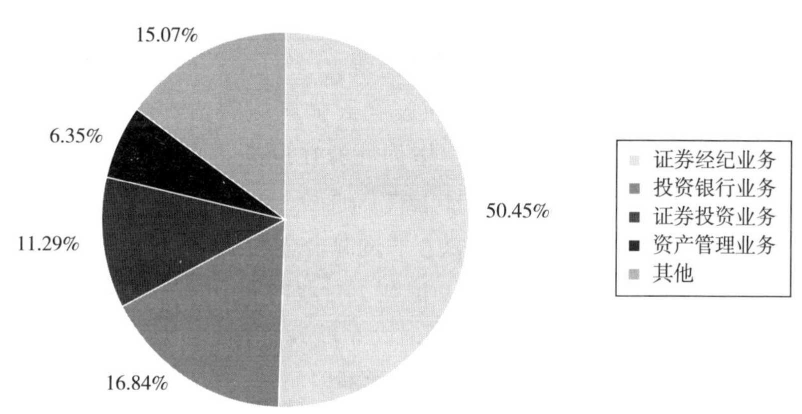

图1　2013年国金证券营业收入组成

（数据来源：国金证券2013年年报）

一时间，行业内硝烟四起，佣金大战一触即发掀起经纪业务“革命”。在国金证券联手腾讯打出“万二”佣金旗帜后，华泰证券也推出“万三”优惠，德邦证券此前预备在2月底实现网上、手机开户的“零佣金”策略也与此类似。此外，一些大型券商也暗暗降价，目前“万三”是大部分券商的最低水平。由于目前的交易所规费一般是万分之一点五至万分之一点八，再加上营业部需要缴纳的营业税，券商的成本基本上是万分之二。如今国金证券宣布“万二”佣金，实质上就是正式宣告经纪业务进入“零佣金”时代，这种拥有强烈互联网金融思维的操作方式，可能带来券商经纪业务佣金模式的新一轮革命。

互联网金融战火蔓延至券商业，不少人担心，作为立身之本的佣金大战无异于搬起石头砸自己的脚，连成本都无法覆盖的价格是否具有可持续性?

打响头炮的国金证券显然不那么认为，国金证券相关负责人表示，互联网金融与传统经纪业务有很大的差别，海量的目标客户群体，较低的客户开发成本，注定了互联网金融将采用薄利多销的零售运营模式，在达到一定客户规模后将迅速实现盈利。深交所一项统计数据显示，深市个人投资者资金周转率为6.35倍，高于机构投资者4倍。其中，资金较少的投资者交易更加频繁，资金周转率约为资金量较大投资者的2倍。可见，“佣金宝”注重长尾客户的挖掘是明智的且会带来巨大的市场空间。

国泰君安研究员赵湘怀预计，依托腾讯逾10亿人的QQ用户和微信用户，从2013年到2015年，国金证券经纪份额有望从0.72%增长至2.2%，集合理财份额有望从0.4%增长到2.5%。可供类比的是，2013年底天弘基金凭借跟支付宝的合作，实现了令人瞠目结舌的逆袭。

此外，2013年3月，方正证券泉友会天猫旗舰店正式在天猫商城开业，这也是券商在天猫商城的第一店；华创证券在同期推出“华创证券网上商城”；国泰君安在2013年3月20日正式开通网上开户通道，8个月后，又推出“君弘金融商城”，为投资者提供互联网综合金融服务。而在天猫经营旗舰店的还有长江证券、齐鲁证券等。一时间，行业内佣金大战硝烟四起。

在国金证券推出“佣金宝”的同时，东航期货推出“零佣金”策略。尽管东航期货的“零佣金”做法很快被监管部门叫停，但其引发的相关争议却不绝于耳，“低佣金”似乎成了券商绕不开的棘手现实问题。

这两件与券商佣金相关的事件也旋即引起了证监会的关注。在证监会2014年2月21日召开的新闻发布会上，证监会新闻发言人对国金证券与腾讯合作推出“万二”佣金产品问题作了回应，证监会新闻发言人邓舸表示，已关注到国金证券公告了其与腾讯公司签署《战略合作协议》事宜。他表示，市场主体之间的合作与竞争，都属于市场行为，由相关公司自行决定，“我会关注的是公司在此过程中的合法合规性，如相关公司在信息披露或其他方面存在违法违规行为，我将会依法进行查处”。对于2月17日东航期货推出手机开户和真正的“零佣金”，邓舸表示期货公司创新应当坚持依法合规和保护投资者利益，充分考虑期货市场风险高和专业性强等特点。

我们认为，如果交易所再把交易手续费降下来对于投资者而言更好，不过，在券商、期货公司的激烈竞争下，投资者可能会更难选择证券、期货公司；另外，投资者对于证券、期货公司会有额外的一些服务要求，比如投资咨询、VIP软件、定期的高端培训等，投资者会有更多的服务选择权。

券商经纪业务收入占比近年来呈下降趋势。中国证券业协会的数据显示，2013年，我国115家证券公司全年实现营业收入1 592.41亿元，其中代理买卖证券业务净收入759.21亿元，在总收入中占比高达47.67%。这意味着如果降低佣金费率，整个证券业依靠经纪业务“铁饭碗”为生的物质基础有可能被打破。

据中国证券业协会统计数据显示，2014年，全行业证券公司代理买卖证券业务净收入占证券行业总体营业收入由2013年的47.68%下降至40.32%，下降幅度高达7.36个百分点。而到了2015年，由于上半年大牛市出现，成交量井喷，代理买卖证券业务净收入占比反而大幅上升至46.79%。

而到了2016年，二级市场低迷、成交量下降致使券商经纪业务出现大幅萎缩。当年129家证券公司全年实现营业收入3 279.94亿元，实现净利润1 234.45亿元，5家券商未实现盈利。其中证券行业代理买卖证券业务净收入（含席位租赁）1 052.95亿元，较2015年的2 690.96亿元减少61%。占比也大幅下降至34%。

而到了2017年，情况又发生了变化。同样是中国证券业协会的数据显示，131家证券公司当期实现营业收入3 113.28亿元，与2016年相比仅仅下降5.08%。但是其中代理买卖证券业务净收入（含席位租赁）仅为820.92亿元，降幅达到22.04%，占比也大幅下降至26.32%。

如此巨幅的占比下降，一方面是因为佣金率下滑。据中国证券业协会和沪深交易所统计数据，2014年证券公司平均净佣金率为万分之六点六；2015年为万分之五；2016年为万分之三点八；2017年上半年为万分之三点四。

另一方面是成交量持续萎缩，2017年整个市场除了部分蓝筹股表现突出外，绝大部分个股，特别是中小创个股连创新低。量价齐跌，当然经纪业务收入占比就显著下降了。

可以说，“佣金宝”此次推出的“万二”开户，颠覆了所有投资者对于券商经纪业务模式的认知。对于看重低佣金所带来的利润转移，以及闲置保证金增值的投资者来说，无疑具有巨大的吸引力。

（二）保证金交易与理财无缝对接的影响

佣金宝另一个特色的地方就在于其闲置保证金的理财功能，佣金宝平台将证券账户与货币基金联姻，当普通交易日股市停止交易之后，账户内的闲置保证金将会被平台自动进行金腾通货币基金的购买，购买后的份额显示为账户可用资金部分，客户要进行证券的买卖时，直接使用账户可用资金即可。其优点很明显，一方面是收益率与其他“宝宝类”相比毫不逊色；另一方面它安全，客户的资本金在取出时只能在交易日的交易时间，同时资金退出唯一途径就是与平台绑定的银行卡。

券商开始借助互联网平台吸引高端理财客户。因为“佣金宝”对理财产品的销售造成了一定的冲击，这会对基金公司客户源造成分流，同时其他券商也积极在这方面进行创新。到 2015 年，有 55 家证券公司被批准开始互联网证券业务试点，范围不断扩大。今后发展过程中，互联网与证券公司联姻的结果是将持续促进证券行业向进一步重视用户感受、围绕用户为中心变化，同时减少了物理网点作用，使网上网下服务均等，并加快减少中介的过程，慢慢改造证券行业，解放其业务的局限性，充分释放其竞争活力。

国泰君安之前推出的“君弘金融商城”就是证券行业主动拥抱互联网，并依托自身专业能力积极出击的一次实质性探索。国泰君安首席信息官陈煜涛表示，在传统服务模式下，由于证券交易、资产管理、融资融券、期货交易等技术系统相互隔离，业务运作相对独立，造成了行业内客户服务内容单一化、交易委托分散化、资金支付封闭性的特征。综合理财服务创新的目的，就是让客户在获得基本业务服务的基础上，享受到更加体系化、专业化、便捷化的投融资交易服务、理财产品服务、资产配置服务以及支付汇划等综合化集成服务。

如今在许多上市券商年报中都出现了“向财富管理转型”的口号。中信证券在经纪业务部下设财富管理中心，以多层次的金融或非金融产品为支撑。非金融产品如免费赠阅的低端资讯产品《每日投资参考》等，金融产品如企业融资业务相关产品、集合理财产品。除此之外，中信证券将营业部个人大户及机构客户与增发等投行业务对接，通过联动投行部门，建立高净值客户服务体系，加强高端渠道开发多元化，逐步推进实现家族信托业务的落地。

华泰证券也建立了多层次的客户分析评价系统，通过借助 CRM 系统等技术平台，将各项服务措施整合起来，构建起全方位财富管理服务体系，提供投资、融资、财务顾问及研究服务等方面的一揽子解决方案。

券商在探索投顾业务线上服务收费，这也是券商经纪业务新盈利模式的重要组成部分，其基础同样和向财富管理转型一样，就是足够多和足够优质的客户群体。如中泰证券2017年9月上线“牛人领航”收费投顾服务引起了市场热议，广发证券、方正证券同样有类似服务。中国银河的“优顾达人”，则是由投顾达人提供模拟组合，订阅费用有些达到每月600元。

（三）券商更加重视服务，拓展创新业务

据介绍，虽然佣金低至“万二”，但佣金宝并非仅仅提供通道服务，而是将持续为投资者提供增值服务，包括价值6 888元/年的高端咨询产品，打破了以往券商不为散户提供增值服务的“惯例”。实际上，这种增值服务或许是投资者所需的。中信证券表示，目前来说不会跟风降低佣金，而是着重提升服务水平。

佣金宝的超低佣金策略，还会倒逼行业的革新。跟随时代潮流才有生机，这同样适用于证券行业，佣金宝低佣金了，其他的证券公司如果不采用低佣金策略，就必然要打造自己的拳头产品和服务，以便与佣金宝抗衡，从长远看，佣金宝的低佣金激活了证券市场的创新，为“互联网+证券”的创新进步贡献了巨大力量。

事实上，监管层多年以来一直在力促券商摆脱经纪业务依赖症，改变“靠天吃饭”的背景。多数券商已经开始调整经营思路，力求通过拓展创新业务，扭转过于依赖经纪业务的现状。据了解，目前广发证券正将经营的重点逐渐转向投资者的财富管理；安信证券则在辅导新三板企业、发行公司债等领域频频发力；银河证券日前宣布获得开展客户证券资金消费支付服务试点，这意味着银河证券的客户证券账户功能中增加了余额理财、消费支付等多项功能。

专家表示，证券业创新的大趋势不会改变，证券资金账户消费支付功能试点正在扩容、信贷资产证券化试点正在扩大、国债期货已经上市、注册制等各类重大创新工作均在稳步推进，这意味着未来券商的主营收入构成将逐渐为创新业务所占据。随着客户分层的不断推进，创新业务将成为券商未来主要的盈利点，同时还将强化证券行业的差异化竞争。

在市场相对低谷期扩大市场份额，那么在牛市时期就可能获得更多的收益。如2015年上半年，券商业务条线较10年前已大幅丰富，虽然佣金率出现大幅下降，但天量成交仍然为券商经纪业务带来巨额收入，因此当年才会出现经纪业务收入占比大幅提高。此外，越多客户基础，就可能有越多的融资融券等业务需求，而融资融券无论是更高的佣金率，还是挂钩于央行贷款的利率，都可以为券商带来可观的业务收入。

因此，不能小看了仅仅万分之二佣金率的经纪业务，这是一个支点，撬起了券商整个业务链条的杠杆。正如平安证券发布的《2018 年证券行业十大猜想》中表示，进入 2018 年，佣金率下滑空间有限，券商在线上将集中解决用户活跃度低的问题，在线下营业部将继续成为获客窗口，拓展财富管理、资管、直投等业务。

思考题

1. 你知道“佣金宝”有哪些特点吗？这些特点和传统的券商经纪业务相比有哪些异同点？
2. “佣金宝”的出现促进券商进行了怎样的改革和创新？
3. 你认为与传统银行相比，互联网金融的优势和局限性是什么？
4. 互联网产品与传统银行理财产品的区别？
5. 互联网金融模式的分析探索，列举一下模式的特性。

附录

附录 1　办理流程

国金证券用户可以方便使用“佣金宝”这个便捷的互联网平台进行证券投资、理财、高价值咨询服务等业务，服务完全脱媒，仅仅通过互联网对接，主要包括客户进行佣金宝开户、客户保证金余额进入、股票买卖、闲置资金买入货币基金和客户资金的转出六个重要环节。

1. 开户流程

佣金宝平台提供了电脑端网上账号注册或者使用手机端进行账号注册。电脑端账户注册时用户需准备本人二代居民身份证、银行卡等，然后百度搜索“佣金宝官网”点击进入或通过电脑浏览器登录 http：//www. yongjinbao. com. cn，在开户界面根据提示，选择相应的业务，工作人员对账户注册者进行在线视频验证身份是最重要的环节，完成此项流程后，客户根据提示进行三方存管签约，然后设置交易密码，开户成功。

手机开户时客户需准备本人二代居民身份证、银行卡和带有前置摄像头的智能手机，通过佣金宝官网（http：//www. yongjinbao. com. cn）或者下载并安装佣金宝 APP，在手机客户端选择“马上开户”，首先输入手机号，获取验证码，登录进去；其次进行身份验证，包括上传身份证、填写资料、视频认证、下载数字证书；再次签署相关协议；最后进行三方存管签约，开户成功。

如果是在正常交易日的 9：30 至 15：00 完成开户申请流程，那么开户账号等信息将在交易时间内通过手机短信形式反馈给客户，但是假如在交易日以外的日子或者交易时间以外提交的注册申请，那么开户结果会在下一个正常交易日通过短信形式告知佣金宝用户。

2. 保证金余额自动理财

佣金宝客户需要将资金转入到账户才能进行证券交易或者进行理财，三方存管完成后，佣金宝客户保证金余额增加的唯一途径就是银证转账，该保证金可用作股票的买卖或者进行自动理财，购买后的份额显示为账户可用资金部分，客户要进行证券的买卖时，直接使用账户可用资金即可。保证金余额的进入没有额度限制。

3. 客户资金的转出

佣金宝平台由于具有保证金理财功能，所以其保证金的取出有别于一般的证券公司。当客户开通佣金宝并签订保证金理财协议之后，可以设置理财的触发阈值，在阈值之下的资金跟普通证券资金取出一样，超过阈值进行金腾通货币基金理财的部分，佣金宝平台提供了多样化的取款服务，可以通过佣金宝官方微信服务号、手机端、电脑端等取出。

4. 后续业务

（1）创业板可以在线转签：2014 年 3 月 24 日，创业板在线转签登录佣金宝官网，转户成为佣金宝客户后，可以在交易日交易时间内登录佣金宝官网，按照页面提示完成创业板在线转签。

（2）业务办理全国落地：佣金宝实现了在全国营业部落地，开启了线上线下同时办理业务的新模式。在符合监管的前提下，佣金宝可以在网上办理的业务逐渐实现在线办理。国金证券为客户实现了业务办理网络化。

（3）佣金宝微信服务：2014 年 7 月 7 日，国金证券联合腾讯推出的佣金宝，正式开通了微信服务。微信服务的一大亮点就是实现了货币基金微信的一键快速取现。其他主要功能包括闲置资金理财份额快速取现、理财收益查询、账户持仓信息查看、成交回报提醒与银证转账提醒功能等。

附录2　互联网金融概况[①]

互联网金融是指以依托于支付、云计算、社交网络以及搜索引擎等互联网工具，实现资金融通、支付和信息中介等业务的一种新兴金融。互联网金融不是互联网和金融业的简单结合，而是在实现安全、移动等网络技术水平上，被用户熟悉接受后，自然而然为适应新的需求而产生的新模式及新业务。互联网金融与传统金融的区别不仅仅在于金融业务所采用的媒介不同，更重要的在于金融参与者通过互联网、移动互联网等工具，使传统金融业务具备透明度更强、参与度更高、协作性更好、中间成本更低、操作上更便捷等一系列特征。理论上任何涉及广义金融的互联网应用，都应该是互联网金融，包括但不限于为第三方支付、在线理财产品的销售、信用评价审核、金融中介、金融电子商务等模式。互联网金融的发展已经经历了网上银行、第三方支付、个人贷款、企业融资等多阶段，并且越来越在融通资金、资金供需双方的匹配等方面深入传统金融业务的核心。[②]

1. 互联网金融概念[③]

互联网金融指借助于互联网技术、移动通信技术实现资金融通、支付和信息中介等业务的新兴金融模式，既不同于传统的商业银行间接融资，也不同于资本市场里的直接融资。互联网金融包括三种基本企业组织形式，网络小贷公司、第三方支付公司以及金融中介公司。我们现在比较流行的电子银行、手机银行、网上银行等都属于这个领域。

2. 互联网金融格局

（1）整体格局：当前的互联网金融格局，由传统金融机构和非金融机构组成。传统的金融机构主要为传统金融的互联网创新以及电商化创新等；非金融机构则主要指利用互联网技术进行金融操作的电商企业、P2P 模式的网络借贷平台，众筹模式的网络投资平台，手机理财 APP，以及第三方支付平台等。[④]

（2）中国现状：互联网金融的兴起正伴随着中国一系列新的金融改革，

① 资料来源：http：//baike. baidu. com/subview/5299900/12032418. htm？ fr = aladdin.

② http：//baike. baidu. com/subview/5299900/12032418. htm？ fr = aladdin.

③ http：//wiki. mbalib. com/wiki/% E4% BA% 92% E8% 81% 94% E7% BD% 91% E9% 87% 91% E8% 9E% 8D.

④ http：//www. treasurer. org. cn/webinfosmains/index/show/109366. html，中国资金管理网。

包括利率市场化、汇率市场化和金融管制的放松等。随着信息技术和互联网的发展，互联网信息对金融市场的影响已经不容忽视。网络上一个新事件或者探讨争论都会影响股市的变化。当然，传统的金融市场仍然发挥着巨大的作用。虽然中国的互联网金融发展很迅速，但是仍然要考虑合规和风险管理的问题。目前中国尚未出台有关互联网金融的正式法律法规，因此如何监管互联网金融是个迫切需要探讨的问题。另外，相比传统金融，中小微企业更能获得更为便捷的资源。随着各类移动产品的推出，这种便捷的支付方式也将惠及广大中小微企业。互联网金融的发展将有可能进一步推动中国经济的可持续发展。

3. 互联网金融模式①

（1）传统的金融借助互联网渠道提供服务。比如网银。

（2）拥有电商平台，为他人提供信贷服务。互联网负责收集大数据和分析大数据从而得到支持。比如阿里金融。

（3）P2P 模式，又称点对点网络借款，是一种将小额资金聚集起来的一种民间小额借贷模式。2019 年 9 月 4 日，互联网金融风险专项整治工作领导小组、网贷风险专项整治工作领导小组联合发布《关于加强 P2P 网贷领域征信体系建设的通知》，支持在营 P2P 网贷机构接入征信系统。2020 年 11 月，全国实际运营的 P2P 网贷机构完全归零。

（4）通过交互式营销，借用互联网手段，把传统营销和网络营销紧密结合，共建开放共享的互联网金融平台。主要包括以下平台：①专业 P2P。在专业的金融服务人员之间建立信息交换和资源共享的平台，扮演中介角色，从事信息匹配。与市场上泛滥的 P2P 贷款模式相比，更符合金融监管的规则，也更符合互联网精神与特质。②金融混业经营模式。通过互联网平台对所有金融机构开放资源，为金融产品销售人员发布各种金融理财产品、项目信息，为客户打造和定制金融理财产品。③金融交叉销售模式。通过各类理财产品的展卖吸引投资理财人，促进金融产品销售。金融产品销售人员可以在平台上进行内部的交流沟通和资源置换，在不同产品领域寻找并组建自己的合作团队，达成利益分享规则后，团队内共享投资人资源，为投资人推介团队内部产品进行资产配置，从而实现金融产品销售人员间的交叉销售合作，取得

① http：//www.sinotf.com/GB/SupplyChain/1081/2014－05－23/1NMDAwMDE3NDg1Ng.html，根据《互联网金融十大模式》整理。

共赢。

4. 互联网金融模式的运行方式①

（1）支付方式：以移动支付为基础，个人和机构都可以开通超级网银；证券、现金等金融资产的支付和转移都可以通过互联网进行；支付清算电子化，替代现钞流通。

（2）信息处理：互联网最大的特点就是信息处理能力较之传统的信息处理能力要强。各类搜索引擎对信息进行整理、归纳和检索，缓解了传统信息处理能力不足的问题。在云计算的保障下，资金双方可以通过网络传播信息，而由此给出任何资金需求者的风险和违约概率，因此成本更低。

（3）资源配置：通过网络，供求双方在网络上提供供求关系。在供需信息几乎完全对称、交易成本极低的条件下，互联网金融提供更为有效的资源配置渠道。而双方或多方享受信息公开透明、定价完全竞争等优势。②

5. 互联网金融特点③

（1）成本低：在互联网模式下，资金供求双方可以在网络平台进行信息甄别、匹配和交易，无传统中介、无交易成本、无垄断利润。一方面，金融机构可以省了开设营业网点的费用；另一方面，消费者可以在开放透明的平台上寻找适合自己的产品和信息，省去了信息成本。

（2）效率高：传统的金融业务需要客户跑网点、排队，才能完成业务处理。遇到资料不全的情况，还需要多次往返各金融网点，浪费很多时间和精力。但是互联网金融可以让客户做到在家中就可以完成业务处理，而且操作标准化，业务处理速度更快。商户的贷款申请到发放可以提高效率。

（3）覆盖广：与传统金融业务不一样，如果当地没有营业网点，客户就无法完成业务处理。而在互联网模式下，客户能够突破时间和地域的约束，在互联网上寻找金融资源，金融客户扩大。此外，由于互联网主要以小微企业为主，覆盖了传统金融业无法覆盖到的地区，有效地提升了资源配置率，促进实体发展。

（4）发展快。依托于大数据和电子商务的发展，互联网金融得到了快速

① http：//wiki. mbalib. com/wiki/%E4%BA%92%E8%81%94%E7%BD%91%E9%87%91%E8%9E%8D，互联网金融。

② http：//wiki. mbalib. com/wiki/%E4%BA%92%E8%81%94%E7%BD%91%E9%87%91%E8%9E%8D，互联网金融。

③ http：//baike. baidu. com/subview/5299900/12032418. htm？fr = aladdin.

发展。比如余额宝，当余额宝刚刚上线 18 天时，客户就累计到 250 多万，资金转入达到 66 亿元。

（5）管理弱。一方面是风险控制弱，P2P 网贷频繁破产正好说明了风险没有得到有效控制；另一方面是监管弱，整个行业面临着诸多政策和法律风险。

（6）风险大。一是信用风险大。因为现阶段中国整个信用体系不够完善，互联网相关的法律法规也没有出台，各种违约成本较低，所以就容易诱发骗贷、卷款跑路等风险问题。二是网络风险大。中国的互联网安全问题突出，网络金融犯罪层出不穷，从而影响消费者的资金安全和个人信息安全。

6. 互联网金融监管

面对互联网金融出现的问题，互联网金融监管成为近几年探讨的首要问题。如何对互联网进行定义，传统的金融行业的法律法规是否能够运用到互联网金融，以及互联网金融到底是以互联网为主体还是以金融为主体都是需要探索的。这也是目前互联网金融面对的首要问题。

7. 互联网理财产品市场

（1）互联网理财产品分类①

目前互联网上的金融理财产品本质都是货币性基金产品，主要有以下五类：

第一类：集支付、收益、资金周转于一身的理财产品。例如：阿里巴巴（余额宝）、苏宁（零钱宝）。该类理财产品最大的特点就是投资者在进行消费、支付和转出时，无须付任何手续费。此外，该类产品拥有很大的流动性。

第二类：与知名互联网公司合作的理财产品。例如：腾讯（微信理财通）、百度（百度理财计划 B）。

第三类：P2P 平台的理财产品。例如：人人贷、陆金所。该类产品的特点是资金通过互联网由供应方向需求方流通。不少 P2P 平台与担保公司合作以保障投资人的本息安全。

第四类：基金公司在自己的直销平台上推广的产品。如：现金宝。

第五类：银行自己发行银行端现金管理工具。例如平安银行（平安盈）、广发银行（智能金）。该类产品的最大特点是以银行信誉为保障。

---

① http：//wenku. baidu. com/link？ url = 02JkwldKWV7gEj _ jFnBeaoOlXXmwO9w7ZwsWBXzeioGSysqpmY78YW4C7RF - l9qrGb2Y7StL6097WNEsleBGMrXNS1QsOa6OXy - qXx1zb_ S，互联网上的金融理财产品如何发展与监管。

（2）互联网理财产品的发展规模和收益

2014年7月21日，中国互联网络信息中心（CNNIC）发布了《第34次中国互联网络发展状况统计报告》。报告显示，截至2014年6月，互联网理财产品在推出仅一年时间内，用户规模达到6 383万人，网民使用率达10.1%。[①]

附录3：国金通用金腾通基金货币简介[②]

1. 投资目标：在综合考虑基金资产收益性、安全性和流动性的基础上，通过积极主动的投资管理，力争为投资者创造稳定的收益。

2. 投资范围：本基金投资于法律法规及监管机构允许投资的金融工具，包括现金、存款、短期融资券、一年以内（含一年）的银行定期存款和大额存单、剩余期限（或回售期限）在397天以内（含397天）的债券、剩余期限在397天以内（含397天）的中期票据、剩余期限在397天以内（含397天）的资产支持证券、期限在一年以内（含一年）的债券回购、期限在一年以内（含一年）的中央银行票据，以及法律法规或中国证监会允许本基金投资的其他固定收益类金融工具。如法律法规或监管机构以后允许基金投资其他品种，基金管理人在履行适当程序后，可以将其纳入投资范围。

3. 投资策略：本基金在确保资产安全性和流动性的基础上，对短期货币市场利率的走势进行预测和判断，采取积极主动的投资策略，综合利用定性分析和定量分析方法，力争获取超越比较基准的投资回报。

（1）资产配置策略：本基金通过对宏观经济形势、财政与货币政策、市场结构变化和短期资金供给等因素的综合分析，优先考虑安全性和流动性因素，根据各类资产的信用风险、流动性风险及其经风险调整后的收益率水平或盈利能力的基础上，通过比较或合理预期不同的各类资产的风险与收益率变化，确定并动态地调整优先配置的资产类别和配置比例。

（2）信用债投资策略：信用债的表现受到基础利率及信用利差两方面影响。本基金对于信用债仓位、评级及期限的选择均是建立在对经济基本面、政策面、资金面以及收益水平和流动性风险的分析的基础上。此外，信用债发行主体差异较大，需要自下而上研究债券发行主体的基本面以确定发债主

① 见附件2。

② 资料来源：http：//fund. eastmoney. com/f10/jbgk_ 000540. html，天天基金网国金通用金腾通货币介绍。

体企业的实际信用风险，通过比较市场信用利差和个券信用利差以发现被错误定价的个券。本基金将通过在行业和个券方面进行分散化投资，同时规避高信用风险行业和主体的前提下，适度提高组合收益并控制投资风险。

（3）久期管理策略：本基金根据对未来短期利率走势的研判，结合货币市场基金资产的高流动性要求及其相关的投资比例规定，动态调整组合的久期。当预期市场短期利率上升时，本基金将通过增加持有剩余期限较短债券并减持剩余期限较长债券等方式降低组合久期，以降低组合跌价风险；当预期市场短期利率下降时，则通过增持剩余期限较长的债券等方式提高组合久期，以分享债券价格上升的收益。

（4）债券回购策略：首先，基于对运作期内资金面走势的判断，确定回购期限的选择。在组合进行杠杆操作时，若判断资金面趋于宽松，则在运作初期进行短期限正回购操作；反之，则进行长期限正回购操作，锁定融资成本。若期初资产配置有逆回购比例，则在判断资金面趋于宽松的情况下，优先进行长期限逆回购配置；反之，则进行短期限逆回购操作。其次，本基金在运作期内，根据资金头寸，安排相应期限的回购操作。

（5）流动性管理策略：本基金作为现金管理类工具，必须保证资产的安全性和流动性，根据对持有人申购赎回情况的动态预测，主动调整组合中高流动性资产的比重，通过债券品种的期限结构搭配，合理分配基金的未来现金流，在保持充分流动性的基础上争取超额收益。

4. 投资分红：本基金收益分配应遵循下列原则：

（1）本基金每份基金份额享有同等分配权；

（2）本基金收益分配方式为红利再投资，免收再投资的费用；

（3）“每日分配、按日结转份额”。本基金根据每日基金收益情况，以每万份基金已实现收益为基准，为投资人每日计算当日收益并分配，并每日进行支付。投资人当日收益分配的计算保留到小数点后 2 位，小数点后第 3 位按去尾原则处理（因去尾形成的余额自动合并入下一日收益中进行分配）；

（4）本基金根据每日收益情况，将当日收益全部分配，若当日已实现收益大于零时，为投资人记正收益；若当日已实现收益小于零时，为投资人记负收益；若当日已实现收益等于零时，当日投资人不记收益；

（5）本基金每日进行收益计算并分配时，每日收益支付方式只采用红利再投资（即红利转基金份额）方式，投资人可通过赎回基金份额获得现金收益；若投资人在每日收益支付时，当日净收益为正值，则为投资人增加相应的基金份额，基金管理人将采取必要措施尽量避免基金净收益小于零，若当日净收益为负值，不缩减投资人基金份额，直至累计基金收益为正的工作日，方为投资者增加基金份额；

（6）当日申购的基金份额自下一个工作日起，享有基金的收益分配权益；当日赎回的基金份额自下一个工作日起，不享有基金的收益分配权益；

（7）法律法规或监管机构另有规定的从其规定。

参考文献

[1] 桑彤．互联网金融战火烧至券商业，“零佣金”来临［N］．新华每日电讯，2014－02－24（006）．

[2] 李文．“佣金宝”后续服务能力面临考验　大中型券商面对“降佣”很淡定［N］．证券日报，2014－03－05（B01）．

[3] 郭玉志．佣金宝引爆价格战　券商启动互联网思维模式［N］．上海证券报，2014－03－03（003）．

[4] 崔文官．券商联手施压　监管部门“发难”国金证券佣金宝［N］．中国经营报，2014－03－17（B04）．

[5] 荀艳栋．佣金宝存在的风险及对策研究［D］．山西大学，2016.

[6] 李扬帆．佣金宝“万二”抢羹　券商创新求活路［N］．重庆商报，2014－02－22（B10）．

[7] 肖玉航．“佣金宝”是证券交易市场化的必然［N］．上海证券报，2014－03－05（A02）．

[8] 姜彬．佣金宝：闲资理财　省繁从简［J］．大众理财顾问，2014（5）：42－43.

[9] Li Jiang. A Review of the Research on Internet Banking for 20 years［A］. Wuhan Zhicheng Times Cultural Development Co.，Ltd. Proceedings of the 3rd International Conference on Management Science and Innovative Education (MSIE 2017)［C］. Wuhan Zhicheng Times Cultural Development Co.，Ltd，2017：6.

[10] Zhang Yun 1，Wang Chu－ming 2 1，2 Department of Finance，Shanghai Lixin University of Commerce，Shanghai，P. R. China，201620. Research on Theory and Practice of Commercial Banks' Internet Banking－Based Business Innovation［A］. 武汉大学，美国 James Madison 大学，美国科研出版社. Proceed-

ings of International Conference on Engineering and Business Management (EBM2010) [C]. 武汉大学，美国 James Madison 大学，美国科研出版社，2010：6.

[11] Ma Zhengwei School of Business Administration, China University of Petroleum (Beijing), Beijing, China. Adoption of internet banking: An empirical study in China [A]. 中国管理现代化研究会. 第六届（2011）中国管理学年会——市场营销分会场论文集 [C]. 中国管理现代化研究会，2011：7.

案例教学使用说明

一、教学目的与用途

1. 适用课程：投资银行学、金融市场学、投资学。

2. 适用对象：本案例主要为金融类专业、工商管理类专业等本科生开发。

3. 教学目的：本案例的教学主题是，通过对国金证券的“佣金宝”产品的特点进行描述，并进行 SWOT 分析，对该产品进行全面阐析，再讲述国外取消最低佣金和降低佣金的趋势，最后讨论“佣金宝”对其他券商的冲击，促进了其经纪业务、财富管理、服务水平等方面的改革。

难点是对券商业务的改革与创新的思考。在课堂上，重点讨论三部分内容：一是“佣金宝”的特点和 SWOT 分析；二是“佣金宝”促进了券商业务的创新和转型；三是对互联网金融的运行方式、其对传统的金融机构的影响的思考。

具体目标分为以下 3 个方面：

（1）“佣金宝”的特点和 SWOT 分析，包括优势、劣势、威胁和机遇。

（2）让学生去理解“佣金宝”如何促进了券商业务的创新和转型。

（3）启发学生对互联网金融的运行方式、其对传统的金融机构的影响的思考。

二、理论依据及分析

（一）理论依据

长尾效应相关理论。

SWOT 分析相关理论。

（二）具体分析

1. 你认为与传统银行相比，互联网金融的优势和局限性？

互联网金融	优势	劣势
	便捷。只要一部手机或者电脑，无须去券商营业厅办理业务。	风险高。除了客户信息有泄露的风险，资金的违约风险也很高。
	成本低。互联网金融主要在互联网上进行，无论是寻找客户还是完成支付均在网上进行，省去传统银行的庞大营业网点费用。	监管漏洞。目前中国尚无完善的法律法规，使得互联网成为监管的盲区。
	信息优势。互联网拥有海量数据，能精准地发现和接触客户，再借助信息数据处理能力，准确地掌握客户的特征，从而完成一系列的金融活动。	缺乏创新。大多数产品依然是照搬国外。
	门槛低。传统的理财产品投资起点高，但是新兴的理财产品，比如“支付宝”等将门槛放低；而在投资周期上，也降到一个月、一周，甚至一天为周期的理财，大大降低了投资门槛。	消费群体结构不合理。主要集中在年轻人，老年人受制于对信息技术的掌握、守旧、排斥新事物。

2. 互联网产品与传统银行理财产品比较？

银行理财产品	互联网理财产品
具有一定的投资期限，流动性不高	流动性极强，可以做T+0交易
年收益率处于4%～5%水平，比分挂钩结构性理财产品的收益更高，但风险也相对较大	收益波动性较大，在市场极短的情况下，基金净值可能出现较大的偏离
大部分货币债券类产品的风险较低，部分产品本金有暴涨，属于稳健型产品	额外的网络安全风险
投资门槛较高，起投金额5万元	投资门槛低，最多1元起投
适合风险承受力相对较低的中老年投资者	适合风险偏好较高，熟练运用互联网工具，且对资金流动性要求高的偏年轻投资者群体
投资属性	账户内资产重置、网购支付、信用卡还款、转账等多种功能

3. 互联网金融模式的分析探索，列举一下模式的特性

模式名称	模式概述	核心逻辑	主要机遇	面临挑战	代表企业
第三方支付平台	在收款人之间作为中介机构提供网络支付等服务的非金融机构	拥有金融、信息等特征	支付功能、信用分析、营销分析	必须与运营商、设备供应商紧密相连	支付宝，快钱
P2P 网络小额信贷	借款人发布借款信息，出借人了解对方信息，双方直接签订借贷合同	通过互联网连接需求和供应方	小微企业	无行业标准，无信用评级机制	人人贷
众筹融资	网站提供发起筹资创意，整理出资人信息	在互联网上通过大众来筹集新项目	资金少，成本低	法律障碍	众筹网
虚拟电子货币	计算机运算产生或者网络社区发行管理的网络虚拟货币，可以用来购买虚拟物品	高度便利性	第三方公司推出的预付费卡、Q币可以刺激消费	发行量大，流通膨胀	Q币
基于大数据的金融服务平台	将有借款需求的个人和有放贷需要的中小银行和小贷机构在平台上对接	垂直搜索	政策风险少	没有对金融领域有深入思考	好贷网

三、关键要点

1. 关键点：本案例需要同学们了解"佣金宝"的优缺点、威胁和机遇。了解国外佣金的发展情况。理解"佣金宝"对国内券商的业务冲击。

2. 关键知识点："佣金宝"的 SWOT 分析、国外佣金的发展情况、"佣金宝"对国内券商的业务冲击、互联网金融的运行机制和与传统金融机构相比的优劣势。

3. 能力点：分析与综合能力、批判性思维能力以及解决问题的实际能力。

四、案例的后续进展

券商经纪业务收入占比近年来呈下降趋势。中国证券业协会的数据显示，2013 年，我国 115 家证券公司全年实现营业收入 1 592.41 亿元，其中代理买

卖证券业务净收入759.21亿元，在总收入中占比高达47.67%。

而到了2017年，情况又发生了变化。131家证券公司当期实现营业收入3 113.28亿元，与2016年相比仅仅下降5.08%。但是其中代理买卖证券业务净收入（含席位租赁）仅为820.92亿元，降幅达到22.04%，占比也大幅下降至26.32%。

如此巨幅的占比下降，一方面是因为佣金率下滑。据中国证券业协会和沪深交易所统计数据，2014年证券公司平均净佣金率为万分之六点六；2015年为万分之五；2016年为万分之三点八；2017年上半年为万分之三点四。

另一方面是成交量持续萎缩，2017年整个市场除了部分蓝筹股表现突出外，绝大部分个股，特别是中小创个股连创新低。量价齐跌，当然经纪业务收入占比就显著下降了。

可以说，“佣金宝”此次推出的“万二”开户，颠覆了所有投资者对于券商经纪业务模式的认知。对于看重低佣金所带来的利润转移，以及闲置保证金增值的投资者来说，无疑具有巨大的吸引力。

同时，各券商在理财业务、投行业务、客户服务等方面进行了大力改革。多数券商已经开始调整经营思路，力求通过拓展创新业务，扭转过于依赖经纪业务的现状。据了解，目前广发证券正将经营的重点逐渐转向投资者的财富管理；安信证券则在辅导新三板企业、发行公司债等领域频频发力；银河证券日前宣布获得开展客户证券资金消费支付服务试点，这意味着银河证券的客户证券账户功能中增加了余额理财、消费支付等多项功能。

五、课堂计划

本案例可以作为专门的案例讨论课来进行，以下是按照时间进度提供的课题计划建议，仅供参考。

本案例安排2个课时。

课前计划：

1. 学员准备：充分了解本案例涉及的企业及其事件；确定小组成员组成；提出1~2个论点。

2. 教师准备：完成相应的理论知识介绍；为学生提供学习此案例的材料；为学生提供讨论平台；收集学生的想法论点。

3. 教学辅助人员准备：准备好多媒体教学课件，课后收集学生的书面讨论资料。

课中计划：

案例讨论将分小组进行，每个小组拥有10～15分钟讨论及阐述时间，要求每个学生都要阐述自己的论点和观点。另外，每个小组都应该形成自己有别于其他小组的独特见解，并以文字描述。教师在主持此案例讨论中，应该鼓励及启发学生发表见解。此外，针对此案例相关的理论知识，教师应当向学生详细解释。

课后安排：

请学生上网搜索该案例的相关信息资料，尤其最新信息，采用报告形式给出更加具体的解决方案，或写出案例分析报告（1 000～1 500字）；如果对此案例有兴趣跟踪，建议联系案例作者或企业负责人，进行深入研究。明确具体的职责分工，为后续章节内容做好铺垫。

谁之过

——B 证券乌龙指事件[①]

臧　展

一、引言

股票中的“乌龙指”是指股票交易员、操盘手、股民等在交易的时候，不小心敲错了价格、数量、买卖方向等事件的统称。

A 股市场于 2013 年 8 月 16 日上演离奇一幕。上午 11 点 05 分左右，包括中石油、中石化、工商银行和中国银行等在内的近五六十只权重股瞬间涨停，上证综指出现高达逾 5% 的涨幅，最高冲至 2 198. 85 点。在代表蓝筹的沪深 300 成分股中，总共 71 只股票瞬间触及涨停！上述 71 只股票主要集中在金融、交运设备、公用事业等大蓝筹概念。这就是震惊资本市场的“乌龙指”事件。

事后，该事件被查出是由于 B 证券自营部门的操作失误所致。证监会为此开出了 5 亿多元的“天价罚单”及其他处罚措施。这场“乌龙指”，无论对券商、监管部门还是投资者来说，这都是一场缺乏准备的冒险，而各自为此付出了沉痛的代价。尤其是始作俑者 B 证券，其公司的内控难辞其责。

二、事件背景

2013 年 8 月 16 日，股市一如盛夏酷暑，让人昏昏欲睡，没有人能想到，一场轩然大波即将上演。11 点 05 分 31 秒，股价延续盘整的中国石化突现大幅异动，股价猛蹿 7. 78%，接下来的 11 点 05 分 54 秒，工商银行也开始了疯狂的上涨。短短 26 秒，中国石化和工商银行两大权重龙头先后涨停，上证综指随后暴涨逾 5%。之后，在代表蓝筹的沪深 300 成分股中，总共 71 只股票

---

① 1. 本案例由南京审计大学金融学院臧展副教授根据公开资料开发完成。本案例仅作为课堂讨论的材料，不表示企业成败及其管理措施的有效性。

瞬间触及涨停!

即便是牛市到来，想要一天内让大蓝筹齐齐涨停，其难度也不亚于驱动一群大象进行百米冲刺。

两个多小时后，该事件才被证实是B证券自营部门72.7亿元“乌龙”买盘涌进A股市场，由于软件一个小小的程序错误，交易员下出了一个234亿元的买单，实际买入72.7亿元，随后，B证券开始通过股指期货做对冲挽回损失。

该事件在市场上引起轩然大波。各种议论与猜测层出不穷。为此，B证券股份有限公司发布重大事项公告（见附录2），中国证监会也发布关于B证券自营交易异常情况的通报。

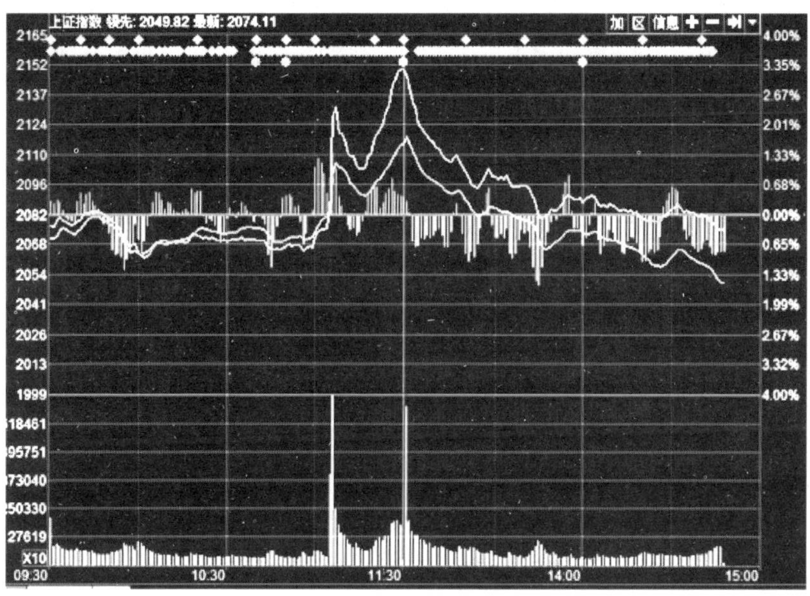

图1　2013年8月16日上证指数情况

盘口异动　　　　[设] ×

时间	股票	异动	价格
11 05	宝钢股份	封涨停板	4 57元
11 05	浦发银行	封涨停板	9 04元
11 05	农业银行	封涨停板	2 73元
11 05	交通银行	封涨停板	4 31元
11 05	兴业银行	封涨停板	11 07元
11 05	工商银行	封涨停板	4 35元
11 06	光大银行	封涨停板	3 03元
11 06	金地集团	封涨停板	7 85元
11 06	中国联通	封涨停板	3 62元
11 06	东方航空	封涨停板	2 70元
11 06	海通证券	封涨停板	12 30元
11 06	招商银行	封涨停板	12 14元

图2　2013年8月16日部分异动股票

三、事件经过

（一）市场变动情况

2013 年 8 月 15 日，上证指数收于 2 081 点。

2013 年 8 月 16 日，上证指数以 2 075 点低开，到上午 11 点为止，上证指数一直在低位徘徊。

2013 年 8 月 16 日 11 点 05 分，多只权重股瞬间出现巨额买单。大批权重股瞬间被中石化和工商银行两只权重股出现巨额买单所带动，又跟着涌现出大批巨额买单，带动了整个股指和其他股票的上涨，以致多达 59 只权重股瞬间封涨停。指数的第一波拉升主要发生在 11 点 05 分到 11 点 08 分之间，然后出现阶段性的回落。

11 点 15 分起，上证指数开始第二波拉升，这一次最高摸到 2 198 点，在 11 点 30 分收盘时收于 2 149 点。

11 点 29 分，上午的 A 股暴涨，有媒体称这是源于 B 证券自营盘 70 亿元的乌龙指。当天下午 13 点，B 证券公告称因重要事项未公告，临时停牌。

紧接着在 13 点 16 分，B 证券董秘梅键表示，自营盘 70 亿元乌龙纯属子虚乌有。

13 点 22 分左右，有媒体连续拨打 B 证券多名高管电话，均显示关机或未接通。

直到 14 点 23 分左右，B 证券发布公告，承认套利系统出现问题，公司正在进行相关核查和处置工作。有传闻称 B 证券方面，下单 230 亿元，成交 72 亿元，涉及 150 多只股票。就此，市场一度怀疑乌龙事件操作者为光大证券葛新元的量化投资团队。事发时葛新元在外，不久即辟谣称事件和 B 证券某团队没有任何关系。

14 点 55 分，B 证券官网一度不能登录，或因短时间内浏览量过大以致崩溃。15 点整，上交所官方微博称，今日交易系统运行正常，已达成交易将进入正常清算交收环节。

当天 16 点 27 分左右，中国证监会通气会上表示，“上证综指瞬间上涨 5.96%，主要原因是 B 证券自营账户大额买入。”“目前上交所和上海证监局正抓紧对 B 证券异常交易的原因展开调查。”证监会表示已对此次事件展开调查。

（二）B 证券内部处理情况

B 证券在异常交易事件发生后，根据公司《策略交易部管理制度》中关于“系统故障导致交易异常时应当进行对冲交易”的规则，开始卖空 IF1309 股指期货合约（截至中午休市卖空 235 张），并向部门总经理杨××汇报。同时，B 证券接到上交所问询，开始内部核查。

11 时 20 分左右，计划财务部总经理沈××向杨××询问情况后，向总裁徐××汇报大盘暴涨可能和策略投资部的操作有关。

11 时 59 分左右，B 证券董事会秘书梅×在对事件情况和原因并不了解的情况下，轻率地向记者否认市场上“B 证券自营盘 70 亿元乌龙指”的传闻，误导信息在 12 时 47 分发布并被各大门户网站转载。

13 时开始，B 证券因重要事项停牌。

14 时 22 分，经过法定的披露程序，B 证券公告“当天上午公司策略投资部门自营业务在使用其独立的套利系统时出现问题”。信息披露前，11 时 40 分至 12 时 40 分左右，徐××、杨××（助理总裁，分管策略投资部）、沈××、杨××等人紧急商定卖空股指期货合约、转换并卖出 ETF 对冲风险，责成杨××负责实施。13 时至 14 时 22 分，B 证券卖空 IF1309、IF1312 股指期货合约共 6 240 张，获利 7 414 万元。同时，转换并卖出 180ETF 基金 2.63 亿份、50ETF 基金 6.89 亿份，规避损失 1 307 万元。以上两项交易获利和避损合计 8 721 万元。14 时 22 分以后，B 证券继续卖空 IF1309 股指期货合约（截至收市新增卖开 750 张，买平 200 张）。

四、调查处理

（一）立案调查

B 证券在事发当日下午 1 时即停牌；上交所、中金所、证监会当天收盘后即有公告和表态；随后的周末，证监会进一步公布初步调查结果。

2013 年 8 月 18 日下午，证监会及时通报了初步调查结果。严义明律师称，证监会的表态将 B 证券当天的行为分成了两个部分。“在当天上午，B 证券生成的巨量市价委托订单，可以理解为误操作或技术性错误。但下午进行的 ETF 卖出和卖空股指期货合约，则涉及价格操纵和内幕交易。因此，证监会对 B 证券正式立案调查，并表示要严肃处理。这样的表态，说明投资者完全可以拿起法律武器进行维权。”

同日下午，中国证监会新闻发言人又一次通报了 8 月 16 日 B 证券交易异常的应急处置和初步核查情况。发言人称，经初步核查，B 证券自营的策略交易系统包含订单生成系统和订单执行系统两个部分，存在程序调用错误、额度控制失效等设计缺陷，并被连锁触发，导致生成巨量市价委托订单，直接发送至上交所，累计申报买入 234 亿元，实际成交 72.7 亿元。同日，B 证券将 18.5 亿元股票转化为 ETF 卖出，并卖空 7 130 手股指期货合约。发言人表示，在核查中尚未发现人为操作差错，但 B 证券该项业务内部控制存在明显缺陷，信息系统管理问题较多。上海证监局已决定先行采取行政监管措施，暂停相关业务，责成公司整改，进行内部责任追究。同时，中国证监会决定对 B 证券正式立案调查，根据调查结果依法作出严肃处理，及时向社会公布。

（二）调查结果

B 证券异常交易后未停市　因依据不足

发现交易异常后，上交所没有采取临时停市措施，对此，市场颇有疑问。2013 年 8 月 25 日，上交所发言人表示，未采取临时停市措施，主要出于以下考虑：一是现有法律依据不充分。二是市场必要性不突出。三是参考了境外市场在类似情况下也很少启用临时停市措施。

督促 B 证券如实公告　属常规可靠监管做法

事件发生后，上交所按照惯例没有采取主动发布提示性公告的方式进行处置，一些投资者心中难免产生疑问。对此，上交所发言人称，B 证券自营账户两分钟内申报订单的数量巨大，但其每笔申报无论价格还是数量，均在交易所《交易规则》所规定的申报价格和申报数量范围内，被系统接收并瞬间成交。同时，其巨量买入订单，均使用了“最优五档即时成交剩余撤销申报”的市价订单类型，未出现虚假申报撤单情形。

从主要市场的实践看，订单价格错误相对容易判断，因此对于错价型“乌龙指”交易，相关交易所通常会及时发布提示性公告。在此次事件中，B 证券不仅是异常交易行为的当事人和责任方，也是上交所上市公司和会员，是信息披露义务主体。因此，上交所采取了反复督促其如实公告的措施。这属于常规、可靠的监管做法。

（三）事件处理

中国银行间市场交易商协会通报

2013 年 8 月 20 日，B 证券收到中国银行间市场交易商协会《关于开展非金融企业债务融资工具主承销业务规范自查的通知》，称 B 证券近几日出现的交易异常事件反映出公司在内控合规、风险管理等方面存在重大问题，不符合交易商协会关于主承销类会员应建立健全风险管理和内部控制制度的自律管理相关要求，决定暂停其非金融企业债务融资工具主承销业务。

2013 年 8 月 22 日，B 证券第三届董事会第十四次会议审议通过议案，同意接受 B 证券总裁徐××提出的辞去公司董事、总裁职务的申请，B 证券董事长袁××将代行公司总裁职责。公司股票午后临时停牌，23 日复牌。

证监会 2013 年 8 月 30 日召开新闻发布会，证监会发言人表示，对 B 证券作出没收违法所得，罚款 5 倍是适当和依法的，法条规定，可没收所得，并处 1 到 5 倍罚款。依据证监会调查及邀请专家共同论证，共同结论是应对 B 证券依法追究行政责任，并对涉及的所有违法行为进行处罚，包括券商内控法律法规的责任等。该案并未移送司法机关。

2013 年 8 月 30 日，证监会对“乌龙指事件”的处罚决定如下：该事件被定性为内幕交易，对四位相关决策责任人徐××、杨××、沈××、杨××处以终身证券市场禁入，并没收 B 证券非法所得 8 721 万元，并处以 5 倍罚款，共计 52 328 万元。

证监会认为，B 证券的巨额交易虽然在客观上引起了市场大幅波动，但是，事件起因是系统技术缺陷，调查没有发现公司及相关人员组织、策划、促使这一事件发生的证据。根据《证券法》《期货交易管理条例》和中国证监会执法实践，因突发事故导致相关证券、期货价格和交易量异常波动的，不构成操纵市场。B 证券在 8 月 16 日公开披露错单前，转化卖出 ETF、卖空股指期货共获利 7 414 万元，披露后，继续卖空避险、获利 1 307 万元，获利共计 8 721 万元。

（四）正式立案

2014 年 2 月 18 日，北京市第一中级人民法院表示正式受理。

开庭审理

2014 年 4 月 3 日，“8·16 B 证券乌龙指案”主要当事人、原 B 证券策略投资部总经理杨××，诉证监会一案在北京第一中级人民法院开庭审理，审判结果预计最晚在 5 月上旬公布。

案件宣判

2014 年 12 月 26 日，北京市第一中级人民法院公开宣判。法院判决驳回杨××诉讼请求，杨××当庭表示上诉。

2015 年 5 月，北京市高级人民法院判决驳回上诉，维持原判。

2015 年 9 月 30 日，上海市二中院对首批 8 起同类型案件作出一审宣判，驳回两名投资者的诉讼请求，6 名投资者分获 2 220 元到 200 980 元不等的民事赔偿。

2015 年 10 月 23 日，上海市第二中级人民法院对 23 起投资者诉 B 证券股份有限公司内幕交易民事索赔案件作出一审裁判，5 起案件因投资者申请撤诉而经法院审查裁定予以准许，对其余 18 起案件分别作出了判决，支持了投资者共计 66 万余元的赔偿款。

2015 年 12 月 24 日，上海市第二中级人民法院就郭××等 57 人分别起诉 B 证券股份有限公司涉及“8·16 事件”民事赔偿纠纷案做出裁决，其中，17 起案件的一审判决驳回了原告的诉讼请求，40 起案件的一审判决共计判令公司赔偿原告损失 424.64 万元。根据《民事诉讼法》的相关规定，对于支持或部分支持原告诉讼请求的一审判决，B 证券将依法向上海市高级人民法院提起上诉。

2016 年 1 月 20 日，上海市高院认为，B 证券在内幕信息未披露的情况下仍进行交易，系利用内幕信息进行的违法交易，一审法院判决并无不当。二审判决驳回了公司的上诉请求，B 证券被判赔偿两位原告 5.9 万元。

五、证券公司内部控制

B 证券因为此次的“乌龙指事件”付出了沉重的代价。不但遭受了巨额罚款，整个策略交易部也陷入瘫痪，人才大量流失，其 2014 年评级更是连降 7 级，从之前的双 A 级变成 C 级。

不论“B 证券乌龙指”事件最后的案件处理决定如何，证券公司内部控制方面所暴露出的问题都值得人们去反思。

2013 年 8 月 30 日下午，证监会对 B 证券的董秘梅×开出了 20 万元的罚款，原因是 8 月 16 日当天，梅×对于乌龙指事件在未经查实的情况下，认为该事件与公司无关，认为公司的内部控制没有问题，涉嫌误导市场。之后不久，梅×辞职。

那么，B 证券的内部控制是否有问题呢？表面上来看，是交易员错误地下单，导致乌龙指事件的发生。也有调查认为，是 B 证券图个便宜，采购了廉价的交易软件才导致了问题的出现。

但是，最本质的问题是什么呢？对比 B 证券公布的 2012 年度和 2013 年度的两份《内部控制报告》，我们发现，尽管 B 证券声称已经制定了“完善的规章制度”，聘请的立信会计师事务所还对 2012 年的内部控制报告出具了无保留意见，但还是出现了“8·16 事件”，这一切都值得反思。

其实，中国证监会早在 2001 年就发布了《证券公司内部控制指引》（附录4），可以说是“有法可依”，但是金融风险从来都不会仅凭几部文件而被彻底消灭，证券公司的内控之路依旧任重道远！

六、解决办法

（一）积极研究完善相关风险的前端防控制度

在此次事件中，市场对于交易所为何没有对券商自营席位交易数量、金额进行前端控制也颇有疑问。对此，上交所表示，从境外经验看，几乎所有交易所都不对证券交易进行前端控制。而中国证券市场的情况有所不同，由于实行一级证券账户体系，交易所和登记结算公司掌握投资者的证券数据，故交易所和登记结算公司在卖出证券上增加了前端控制机制。同时，根据现行证券法的规定，投资者的资金实行第三方存管，因此证券买入的前端控制，由掌握投资者资金信息的证券公司和存管银行负责。此外，登记结算公司建立了最低结算备付金制度，要求证券公司缴存结算备付金，并在交易结束后的次日缴足结算资金，以完成交易的交收。因而，不能简单地认为证券公司的自营交易是“超额买入”或“信用交易”。

虽然交易所市场监察系统具有相关交易预警指标，能及时发现异常交易，但毕竟是在交易达成后，只能进入事后处置环节，无法进行有效预防。为此，上交所将在监管机构统筹组织下，积极研究完善相关风险的前端防控制度和措施。

（二）进一步研究论证熔断机制和“T+0”机制

此次事件发生后，证券交易的熔断机制和“T+0”制度再次成为市场呼吁的热点问题，对此，上交所发言人指出，证券交易的熔断机制，是指当股市大盘或个股波动超过预先设定的标准时，触发交易中断或暂停的机制。事件发生时，部分欧美市场采用了这一机制。中国证券交易没有建立熔断机制，但实行价格涨跌幅限制制度。

在谈及此次事件中的跨市场监管真空和人为设置的不平等套利机制问题如何解决时，上交所表示，跨市场监管并不处于“真空”状态，此次事件中，上交所在11时10分便与中金所联系，启动了跨市场监管。通过此次事件，交易所认为有必要进一步抓紧研究论证股票“T+0”交易制度。

对于市场比较关心的B证券是否借ETF卖股票的问题，上交所发言人表示，通过对B证券相关证券账户进行的重点监控，截至2013年8月23日收盘，相关账户未有减持行为。发言人进一步表示，通过该事件，上交所结合市场的意见和建议，对交易所的运营与监管也做了一些思考，加深了相关认识：第一，交易所的市场运营以法律、规则为导向。第二，交易所的市场秩序以市场各方归位尽责为基础。第三，交易所的市场监管以强化事后追责为保障。第四，交易所的市场发展以效率与安全的平衡为目标。上交所将进一步加强和改进一线监管，不断完善监管制度和规则，进一步强化风险控制措施，确保市场安全有效规范运行。

思考题

1. B 证券乌龙指事件的发生原因是什么？
2. 证券公司如何做好内部控制机制？
3. 针对 B 证券"816 事件"所暴露出的问题，提出相应的对策建议。

附录

附录 1　内幕交易是什么

内幕交易是指内幕人员根据内幕消息买卖证券或者帮助他人，违反了证券市场"公开、公平、公正"的原则，严重影响证券市场功能的发挥。同时，内幕交易使证券价格和指数的形成过程失去了时效性和客观性，它使证券价格和指数成为少数人利用内幕消息炒作的结果，而不是投资大众对公司业绩综合评价的结果，最终会使证券市场丧失优化资源配置及作为国民经济晴雨表的作用。内幕交易行为必然会损害证券市场的秩序，因此，《证券法》明文规定禁止这种行为。

内幕交易行为人为达到获利或避损的目的，利用其特殊地位或机会获取内幕信息进行证券交易，违反了证券市场"公开、公平、公正"的原则，侵犯了投资公众的平等知情权和财产权益。

内幕交易丑闻会打击投资者的信心，证券市场功能的发挥受到严重影响。同时，在内幕交易猖獗时，证券价格和指数的形成过程将没有时效性和客观性，使得证券价格和指数成为少数人利用内幕信息炒作的结果，而不是投资大众对公司业绩综合评价的结果，最终会使证券市场丧失优化资源配置及作为国民经济"晴雨表"的作用。

资本市场内幕知情人将被要求实名登记，且建立信息等级库。国务院转发证监会等五部门《关于依法打击和防控资本市场内幕交易的意见》（以下简称《意见》)，各地政府部门、相关机构对政策的落实，明年内幕交易案件仍将呈现减少趋势。根据国务院精神，近日证监会要会同公安部、监察部、国资委、预防腐败局等部门抓紧开展一次依法打击和防控内幕交易专项检查，查办一批典型案件并公开曝光，震慑犯罪分子。

《意见》提出5个方面要求：一是抓紧制定涉及上市公司内幕信息的保密制度，包括国家工作人员接触内幕信息管理办法，明确内幕信息范围、流转程序、保密措施和责任追究要求，并指定负责内幕信息管理的机构和人员。二是尽快建立内幕信息知情人登记制度，要求内幕信息知情人按规定实施登记，落实相关人员的保密责任和义务。三是完善上市公司信息披露和停复牌等相关制度，督促上市公司等信息披露义务人严格依照法律法规，真实、准确、完整、及时地披露信息。四是健全考核评价制度，将内幕交易防控工作纳入企业业绩考核评价体系，明确考核的原则、内容、标准、程序和方式。五是细化、充实依法打击和防控内幕交易的规定，完善内幕交易行为认定和举证规则，积极探索内幕交易举报奖励制度。

所有涉及上市公司重大事项的决策程序，都要符合保密制度要求，简化决策流程，缩短决策时限，尽可能地缩小内幕信息知情人范围。研究论证上市公司重大事项，原则上应在相关证券停牌后或非交易时间进行。

在此次《意见》中，还特别提到“随着股指期货的推出，内幕交易更具隐蔽性、复杂性”。业内人士指出，衍生工具的产生，对于资本市场并不是一件坏事，它是顺应金融市场发展规律的必然产物。作为一个规避风险和套期保值的工具，如果没有得到有效监管，也可能被内幕交易者利用。因此，这份《意见》正是给出了一个提醒及监管办法，对于完善金融衍生品市场是有帮助的。

资料来源：百度百科。

附录2　B证券股份有限公司重大事项的公告

本公司董事会及全体董事保证本公告内容不存在任何虚假记载、误导性陈述或者重大遗漏，并对其内容的真实性、准确性和完整性承担个别及连带责任。

2013年8月16日13点整，B证券股份有限公司（以下简称B公司）因重大事项紧急停牌，随后发布提示性公告，披露了公司策略投资部门自营业务在使用其独立的套利系统时出现问题的事项。经公司核查，现将相关情况公告如下：

一、事件过程

2013 年 8 月 16 日，公司策略投资部按计划开展 ETF 套利交易，部门核定的交易员当日现货交易额度为 8 000 万元，并在交易开始前由审核人员进行了 8 000万元的额度设定。

9 点 41 分，交易员分析判断 180ETF 出现套利机会，及时通过套利策略订单生成系统发出第一组买入 180ETF 成分股的订单（177 笔委托，委托金额合计不超过 200 万元）。

10 点 13 分，交易员发出第二组买入部分 180ETF 成分股的订单（102 笔委托，委托金额合计不超过 150 万元）。

11 点 02 分，交易员发出第三组买入 180ETF 成分股的订单（177 笔委托，委托金额合计不超过 200 万元）。

11 点 07 分，交易员通过系统监控模块发现成交金额异常，同时，接到上海证券交易所的问询电话，迅速批量撤单，并终止套利策略订单生成系统的运行，同时启动核查流程并报告部门领导。为了对冲股票持仓风险，开始卖出股指期货 IF1 309 空头合约。

截至 11 点 30 分收盘，股票成交金额约为 72.7 亿元，累计用于对冲而卖出的股指期货 IF1 309 空头合约共 253 张。

事件发生后，公司相关管理人员召开紧急会议。由于当天增加了 72.7 亿元股票持仓，为最大限度减少风险暴露和可能的损失，公司需要降低持仓量，但当天买入的股票只能在 T+1 日实现卖出。可行的做法是尽量将已买入的 ETF 成分股申购成 ETF 卖出，以实现当天减仓，也可以通过卖出股指期货来对冲新增持仓的风险。为此做了如下处置安排：

对上午发生的事件所形成的过大风险敞口，尽量申购成 ETF 直接卖出；对于因 ETF 市场流动性不足而不能通过申购 ETF 卖出的持仓部分，逐步使用股指期货卖出合约做全额对冲。

下午开盘后，策略投资部开始通过将已买入的股票申购成 50ETF 以及 180ETF 在二级市场上卖出，同时，逐步卖出股指期货 IF1 309、IF1 312 空头合约，以对冲上午买入股票的风险。据统计，下午交易时段，策略投资部总共卖出 50ETF、180ETF 金额约 18.9 亿元，累计用于对冲而卖出的股指期货合约共计 6 877 张，其中 IF1 309、IF1 312 空头合约分别为 6 727 张和 150 张，加上上午卖出的 253 张 IF1 309 空头合约，全天用于对冲而新增的股指期货空头合约总计为 7 130 张。

二、事件原因

经初步核查，本次事件产生的原因主要是策略投资部使用的套利策略系统出现了问题，该系统包含订单生成系统和订单执行系统两个部分。核查中发现，订单执行系统针对高频交易在市价委托时，对可用资金额度未能进行有效校验控制，而订单生成系统存在的缺陷，会导致特定情况下生成预期外的订单。由于订单生成系统存在的缺陷，导致在 11 时 05 分 08 秒之后的 2 秒内，瞬间生成 26 082 笔预期外的市价委托订单；由于订单执行系统存在的缺陷，上述预期外的巨量市价委托订单被直接发送至交易所。

三、紧急停牌及信息披露

中午休市期间，上交所要求公司查明事件原因并及时公告，经公司申请、上交所同意，13 点 00 分，公司股票实施了紧急停牌。随即，公司启动了临时公告披露流程，由于事发突然、事关重大，涉及的业务及系统较为复杂，为确保信息披露内容的准确性，公司要求相关部门紧急自查，在对该事件发生的原因进行了初步认定，并确认了出现问题的套利系统独立于公司其他业务系统、风险不会通过信息系统进行传递以影响公司客户交易之后，14 点左右，公司通过上交所信息披露电子化系统递交了编号为临 2013－032 号提示性公告，向投资者披露了相关情况。

四、直接影响

按照 8 月 16 日的收盘价，上述交易的当日盯市损失约为 1.94 亿元，其对公司造成的最终损失以及对公司财务状况的影响程度还可能随着市场情况发生变化。

本次事件导致 8 月 16 日公司“权益类证券及证券衍生品/净资本”指标超过了 100% 的监管红线，公司可能因此事件面临监管部门的警示或处罚，从而可能影响公司业务拓展和经营业绩，本次事件也给公司品牌声誉及市场形象带来负面影响。

目前，公司其他各项经营活动保持正常。公司已通过自有资金、变现部分证券类资产等措施，保证交易正常清算交收。

五、改进措施

公司已启动针对包括全资子公司在内的所有交易系统全面排查的工作，重点排查包括量化交易在内的新业务 IT 系统，重点关注资金校验、指令校验等前端风险控制节点，对于存在风险隐患的系统，责成相关部门及时整改。

在此基础上，公司将全面检讨交易系统管理现状，严格完善并落实系统管理的制度和规范，切实消除系统操作风险隐患。

六、风险提示

上海证券交易所和上海证监局正在对相关事项进行全面调查，此次事件可能对公司经营及业绩造成一定影响。

因本次事件对投资者可能产生的损失，本公司将依法履行应尽的职责和义务。

此次事件引发了当天股市的波动，市场反响较大，我们深感不安，心情十分沉重，在此，公司向广大投资者表示最诚恳的道歉。

公司将以此为戒、深刻反省、积极整改，不辜负广大投资者对光大证券的关注与期待。

资料来源：http：//www. cninfo. com. cn/finalpage/2013 –08 –19/62957953. PDF，2014 年 8 月 14 日访问。

附录 3　中国证监会关于 B 证券自营交易异常情况的通报

2013 年 8 月 18 日，中国证监会新闻发言人通报了同年 8 月 16 日 B 证券交易异常的应急处置和初步核查情况。

发言人介绍，2013 年 8 月 16 日 11 时 05 分左右，上证综指突然上涨 5.96%，中石油、中石化、工商银行和中国银行等权重股均触及涨停。中国证监会对此迅速作出反应，组织上海证监局、上海证券交易所、中国证券登记结算公司、中国金融期货交易所等单位立即进行应急处置和核查。

经核查，上交所各交易和技术系统均运行正常。核查发现主要买入方为 B 证券自营账户后，上交所立即向 B 证券电话问询，并与上海证监局共同派人赶赴 B 证券进行核查。根据 B 证券申请，午后暂停其股票的交易。核查发现事故原因为 B 证券策略交易投资系统的问题后，上交所和上海证监局立即督促其采取对外公告说明情况、答复投资者询问、在故障排除前停用策略交易投资系统等措施。

依据有关法规，8 月 16 日全天股市交易成交有效，能够顺利交收，整个结算体系运行正常。

经初步核查，B 证券自营的策略交易系统包含订单生成系统和订单执行系统两个部分，存在程序调用错误、额度控制失效等设计缺陷，并被连锁触发，导致生成巨量市价委托订单，直接发送至上交所，累计申报买入 234 亿元，实际成交额为72.7亿元。同日，B证券将18.5亿元股票转化为ETF卖出，并卖空7 130手股指期货合约。

发言人表示，在核查中尚未发现人为操作差错，但B证券该项业务内部控制存在明显缺陷，信息系统管理问题较多。上海证监局已决定先行采取行政监管措施，暂停相关业务，责成公司整改，进行内部责任追究。同时，中国证监会决定对B证券正式立案调查，根据调查结果依法作出严肃处理，及时向社会公布。

发言人指出，当前证券期货经营机构资本充足，流动性充沛，风控合规体系健全，业务运营规范稳健。此次事件是我国资本市场建立以来的首例，是一起极端个别事件，但暴露出的问题足以引起整个证券期货行业的高度警觉，必须以此为鉴，举一反三，吸取教训，堵塞漏洞，完善制度，坚决防止类似问题再次发生。证券监管部门和证券期货交易所要进一步加强和改进一线监管，完善监管制度和规则，确保市场安全有效规范运行，切实维护市场公开、公平、公正，维护投资者合法权益。

资料来源：http：//www. gov. cn/gzdt/2013－08/18/content_ 2469218. htm，2014年8月14日访问。

附录4 证券公司内部控制指引

……

第五条 公司完善内部控制机制必须遵循以下原则：

（一）健全性原则。内部控制机制必须覆盖公司的各项业务、各个部门和各级人员，并渗透到决策、执行、监督、反馈等各个经营环节。

（二）独立性原则。公司必须在精简的基础上设立能充分满足公司经营运作需要的机构、部门和岗位，各机构、部门和岗位职能上保持相对独立性。

（三）相互制约原则。内部部门和岗位的设置必须权责分明、相互牵制，并通过切实可行的相互制衡措施来消除内部控制中的盲点。

（四）防火墙原则。公司投资银行、自营、经纪、资产管理、研究咨询等相关部门，应当在管理上和制度上适当隔离。对因业务需要知悉内幕信息的人员，应制定严格的批准程序和监督处罚措施。

（五）成本效益原则。公司应当充分发挥各机构、各部门及广大职员的工作积极性，尽量降低经营运作成本，保证以合理的控制成本达到最佳的内部控制效果。

第六条 公司制定内部控制制度必须遵循以下原则：

（一）全面性原则。内部控制制度必须涵盖公司经营管理的各个环节，并普遍适用于公司每一位职员，不得留有制度上的空白或漏洞。

（二）审慎性原则。公司内部控制的核心是风险控制，内部控制制度的制定要以审慎经营、防范和化解风险为出发点。

（三）有效性原则。内部控制制度必须符合国家有关法律法规的规定，公司全体职员必须竭力维护内部控制制度的有效执行，任何职员不得拥有超越制度约束的权力。

（四）适时性原则。内部控制制度的制定应当具有前瞻性，并且必须随着公司经营战略、经营方针、经营理念等内部环境的变化和国家法律法规、政策制度等外部环境的改变及时进行相应的修改或完善。

第三章　内部控制的基本要求

第七条　公司必须按核定的业务经营范围和自身的经营管理特点，建立架构清晰、控制有效的内部控制机制，制定全面系统、切实可行的内部控制制度。

第八条　公司必须依据自身经营特点设立顺序递进、权责统一、严密有效的三道监控防线：

（一）建立一线岗位双人、双职、双责为基础的第一道监控防线。直接与客户、电脑、资金、有价证券、重要空白凭证、业务用章等接触的岗位，必须实行双人负责的制度。属于单人单岗处理的业务，必须有相应的后续监督机制。

（二）建立相关部门、相关岗位之间相互监督制衡的第二道监控防线。公司必须在相关部门和相关岗位之间建立重要业务处理凭据顺畅传递的渠道，各部门和岗位分别在自己的授权范围内承担各自职责。

（三）建立以内部稽核部门对各岗位、各部门、各机构、各项业务全面实施监督反馈的第三道监控防线。内部稽核部门独立于其他部门和业务活动，并对内部控制制度的执行情况实行严格的检查和反馈。

第九条　公司必须建立科学的授权批准制度和岗位分离制度。各业务部门和分支机构必须在适当的授权基础上实行恰当的责任分离制度，直接的操作部门或经办人员和直接的管理部门或控制人员必须相互独立、相互牵制。

第十条　公司必须建立完善的岗位责任制度和规范的岗位管理措施。在明确不同岗位的工作任务基础上，赋予各岗位相应的责任和职权，建立相互配合、相互制约、相互促进的工作关系。通过制定规范的岗位责任制度、严格的操作程序和合理的工作标准，大力推行各岗位、各部门、各机构的目标管理。

第十一条 公司必须在保证资产安全性的前提下追求利润的最大化，严格控制公司的财务风险。公司必须真实、全面地记载每一笔业务，充分发挥会计的核算和监督职能，健全会计、统计、业务等各种信息资料及时、准确报送制度，确保各种信息资料的真实与完整。

第十二条 公司必须建立严密有效的风险管理系统，包括主要业务的风险评估和监测办法、分支机构和重要部门的风险考核指标体系以及管理人员的道德风险防范系统等。通过严密的风险管理，及时发现内部控制的弱点，以便堵塞漏洞、消除隐患。

第十三条 公司必须制定切实有效的应急应变措施，设定具体的应急应变步骤。尤其是证券营业部等重要部门遇到断电、失火、水灾、抢劫等非常情况时，应急应变措施要及时到位，并按预定功能发挥作用，以确保公司的正常经营不会受到不必要的影响。

第二节 业务控制

第十九条 公司必须自觉遵守国家有关法律法规，严格制定各项业务（包括经纪业务、投资银行业务、自营业务、资产管理业务、金融创新业务等）的管理规章、操作流程和岗位手册，并针对各个风险点设置必要的控制程序。

……

资料来源：中国证监会网站。

案例教学使用说明

本案例描述了2013年8月16日，B证券由于其新开发使用的量化投资软件的错误操作，下出了234亿元天量买单、实际买入72.7亿元成分股票，直接导致中国石化和工商银行等71只股票瞬间触及涨停的乌龙事件！B证券和相关责任人受到了中国证监会的严厉查处，由此引发投资者状告B证券、B证券相关责任人状告证监会的系列诉讼案件，该事件促使市场各方都在认真思考内幕交易的边界、证券公司内部控制的有效性等问题。

一、教学目的与用途

1. 适用课程：投资银行学、金融市场学、投资学。

2. 适用对象：本案例主要为金融类专业、工商管理类专业等本科生开发。

3. 教学目标：本案例的教学主题是，通过对B证券乌龙指事件的剖析让学生了解证券公司的内部控制机制，以及其不足之处，尝试探索完善证券公司内控机制的措施。在课堂中，重点讨论三部分内容：第一部分是B证券乌龙指事件的发生原因，第二部分是证监会的处理决定和两场诉讼案件，第三部分是探讨证券公司的内部控制机制和更宏观层面的制度建设问题。

二、分析思路

1. 分析乌龙指爆发的原因并对其背后暴露的市场问题展开分析。

2. 证券公司内控角度分析。

3. 控制金融风险不仅仅是证券公司内部控制的问题，它是一个系统性问题，涉及投资者、金融机构、交易所、金融监管部门等各方面。

三、理论依据与分析

理论依据：结合证券交易理论、金融系统风险和金融监管理论等进行学习分析。

1. B证券乌龙指事件的发生原因是什么？

(1) 制衡机制缺失和社会责任淡薄

在B证券乌龙指事件发生当日的自营业务活动中，未经调试的套利系统在操作中发生错误，使得套利的资金总额高达234亿元，是B证券净资产的近2倍，如此巨额资金的调动仅由交易人员自行决定，完全不需要经过相关部门或人员的审批，这存在明显的两个问题，首先，交易人员在操作资金额度上没有进行有效的额度分级授权，导致交易人员可以自主把握资金额度，交易风险无法得到有效控制；其次，套利系统存在技术上的问题，当利用系统进行操作下单时，系统对巨额的交易量不能有效识别、阻止并反馈给操作人员，导致从技术上无法阻止后果的发生。

除了以上这两个问题之外，在内部重大事项决策方面，套利系统发生错误后，B证券内部高层从公司自身的利益出发，决议采取对冲操作来挽回公司的损失，却完全没有进一步考虑到会给市场造成的严重不良影响，同时无视证券公司的相关法律法规，公司内部的合规部门和风控部门对各项风险的控制也没有尽到职责，由此可以看出B证券内部的经营决策已成为一种“一言堂”的模式，相关部门的设置形同虚设，同时反映出公司内部控制意识的淡薄。

当B证券套利系统出错时导致股指的第一波拉升之后，B证券自营业务内部发现了套利系统出现问题却没有及时地向公众披露，而是选择股指在第二波拉升的时候于高位大量放空股指期货进行对冲自救，全然不顾投资者的利益，之后又发布虚假信息称媒体所说的乌龙指子虚乌有，进一步误导广大投资者。对于B证券这种自私自利的做法，表明了其在证券行业的经营过程中，以自身利益为首要的经营理念，完全不顾及职业操守和其他人的利益，社会责任感严重缺失，这是作为上市的公众公司所不应该有的形象，作为一家上市公司，应该担负起社会责任，B证券在此次事件中所采取的做法暴露其缺乏社会责任理念，否则也不会在明知犯错的情况下选择以错救错。

综上所述，由套利系统操作所反映的问题可以看出B证券自营业务这一块缺乏严格有效的制衡机制，无法有效防范操作风险，而内部决策的“一言堂”模式以及信息的披露做法反映出B证券内部控制意识淡薄，同时缺乏社会责任感。

(2) 自营业务风险管理缺失

在乌龙指事件发生后的证监会调查结果中发现，B证券自营部门并未纳入公司的风险控制体系内，主要体现在两个方面：一方面，所使用的交易系统从上线运行到这次事件的发生仅仅两个星期，交易系统的订单重下功能在正式投入运行之前没有被实盘测验过，直接导致了下单错误的发生。B证券自营业务部门的套利交易系统主要包含两个部分，即订单生成系统和订单执行系统，先由订单生成系统生成交易订单，再发往订单执行系统，之后订单执行系统再将订单发往交易所执行。由于订单生成系统存在设计上的缺陷，存在程序调用错误，因而产生预期外的大额订单，同时订单执行系统存在额度控制失效问题，并未有效控制资金额度，而是直接把生成的海量巨额订单直接发到上交所，累计申报买入234亿元，实际成交72. 7亿元，造成股市剧烈波动，从而演变成这次乌龙指事件。交易员动用如此之巨大数额的资金却不需要通过内部上级的审批，同时自营部门8 000万元的额度也形同虚设，由此可知，B证券的操作风险管理并未起到作用。

另一方面，从B证券的年报披露中可知，公司宣称通过采用投资额度分级授权、风险量化评估、不定期压力测试等措施来控制自营投资的风险。但综观这次乌龙指事件的发生，B证券所声称的自营业务风险控制机制却基本没有发挥任何作用，说明在B证券内部针对自营业务投资风险的控制制度还只是一纸文书，并未实际实施，也即并未真正把自营业务的投资风险实际地纳入公司的风险体系考量之中。

(3) 内部控制手段形同虚设

B证券针对其内部控制的实施制定一系列控制政策和程序，公司在自营业务上设置权责相对统一集中的管理构架和授权决策机制，主要分为三个层级：首先由董事会研究讨论制定投资决策，确定具体的投资规模和承受的风险程度，再由投资决策委员会制定出具体的资产配置策略，如投资品种以及各品种所占权重，最后再由投资部门根据以上两级制定的规则范围内，负责具体的投资执行活动。从各环节上对证券投资活动进行层层把控，从制度构架上来看，可以说对风险把控得相当好。同时在具体的控制活动上，也采取了授权管理、岗位职责分离、业绩考核评价等内部管理制度，通过这些制度的设计来保证管理层的指令被逐级有效执行。此外，公司还建立一套动态监控体系，以净资本为核心，并通过投资风险控制系统来实现风险的动态管理和预警。

B证券的证券投资业务三级决策机制以及为确保决策能被有效执行的相关的内部管理制度从理论上能够有效地控制投资业务中的相关风险，但与之形成鲜明对比的是，由乌龙指这一事件的发生过程可以看出，在B证券自营投资实务过程中，三级决策机制和内部管理制度并未发挥实际效用，百亿元级的投资规模和巨额风险承受程度由自营部门操作人员自由把控，不需要相关授权，也不需要严格执行上级的决策，投资活动完全不受约束，风险敞口被无限放大。一个交易员就能够决定公司的投资规模和投资风险。此外，公司所谓的建立以净资本为核心的动态监控体系也并未起到监控的作用，交易员的操作额度远超公司净资本。

B证券虽然为保证内部控制的实施制定一系列完善的政策和程序，包括授权与决策机制、投资风控系统等，可在具体的投资实务过程中形同虚设，并未有效实施，仅仅流于形式，内部控制的意识淡薄，并未认识到内部控制的有效实施是公司各类风险有效控制的保障。

(4) 缺乏信息披露与沟通机制

在乌龙指事件发生的当天，由于套利系统的缺陷和操作人员的失误，给市场造成巨大震荡，之后内部通过调查才大致了解与策略投资部门有关，仓促采取卖空期指的策略来对冲风险，加剧市场波动。从这种信息的获取和反馈过程中可以看出，B证券内部的信息沟通效率极其低下，巨额订单失误发生时，内部不能通过有效的沟通来及时、准确地了解到事件发生的原因等相关具体信息，使得内部高层在没有获得完整真实的信息的基础上采取了错误做法，致使事件严重程度进一步加剧，在事后B证券高层对公众发布误导信息的行为上可知，事件发生时，内部高层并未重视事情，轻视问题的严重程度，草率地对外发布了虚假信息。由以上的信息沟通、反馈以及披露的流程可知，B证券在内部的信息沟通方面缺乏有效的机制。

(5) 内部监督职能淡化

从这次乌龙指事件可以看出，B证券在内部控制建设的过程中，虽在内部控制某些方面制定一些措施来控制经营过程中各项风险的发生，设定投资额度分级授权、量化评估以及不定期压力测试等进行风险的识别与评估；在内部控制活动方面，设立三级授权与决策机制以及以净资本为核心的动态监控体系；在内部控制监督方面，制定较为完备的监督审查体系，从上级董事会到下级各监督部门，对公司内部控制的各环节进行监督审查。但以上这些内部控制的相关措施却流于形式，在公司实务中并未被有效实施，执行力差，从侧面反映公司的内部控制意识淡薄，内部控制只是在形式上敷衍了事。此外公司原先引以为傲的纸面上的内部控制制度并不完善，比如在内部控制环境方面，并未建立起一套健全的相互制衡的公司治理结构，而在内部控制的信息沟通与披露方面，也未建立起一套有效的信息沟通与披露机制，信息沟通与披露存在严重问题。因此，解决B证券自营业务内部控制存在的问题，重点把握内部控制的执行以及内部控制机制的完善，前提是改变公司对自营业务内部控制意识的淡薄。

2. 证券公司如何做好内部控制机制

(1) 内部控制环境的建设

首先，公司自营业务部门应建立一个合理的内部控制目标。根据内部控制的理论，内部控制的目标分为五个方面，即经营活动合法合规、公司资产安全、信息披露真实、经营效率良好以及符合企业发展战略。

其次，公司自营业务部门应树立起强烈的内部控制的意识和社会责任感。公司应将内部控制的理念和社会责任感融入企业的文化建设中，通过定期开展以内部控制为主题的学习会议，让公司全员深入了解何为内部控制、内部控制的作用、缺乏合理的内部控制对公司所产生的严重后果以及对社会公众所造成的不良影响，从而使公司各级人员树立起强烈的内控意识和社会责任感，为内部控制的实施奠定意识基础。

最后，自营业务部门乃至公司应建立起相互制衡的公司治理结构。当自营业务活动中突发可能会造成重大影响的事件时，经部门负责人认定后，应及时上报，由公司各级相关部门共同决策。同时，及时上报有关监管机构，在监管机构的指导下采取措施，防止事态的扩大以及损失的增加。

(2) 自营业务纳入风控体系不断改进交易系统

在内部控制风险管理与识别方面，主要包括将自营业务纳入风险控制系统、对公司开发投入使用的交易系统进行定期的测试和维护以及将自营业务活动纳入合规管理体系。

首先，公司应将自营业务部门纳入风险控制系统，即在自营业务部门建立起一套独立的风险实时监控系统，在自营业务操作过程中，系统能够实时地对证券持仓情况、交易额度以及盈亏状况进行有效监控，当交易过程中出现异常状况时能够及时发现警报并反馈给操作人员，同时系统应设计一个投资额度分级授权机制，针对不同档的额度操作，需要不同级的人员授权，额度越大，授权层级越高，缺乏授权时，无法动用相应档位的资金额度进行操作，避免越权操作，有效控制操作风险。

其次，对于自营业务部门所开发投入使用的交易系统，在正式投入使用之前，要针对各种可能风险点进行全面测试，及时发现问题并修正系统缺陷，在系统投入使用之后，定期对系统进行维护改进。

最后，自营业务的操作活动应纳入公司合规部门的管理职责范围内，合规部门要对自营业务的操作进行监督管理，当自营业务操作出现违法违规的情形时，合规部门应及时发现，并采取相应的制止措施。

此外，由于自营业务的风险评估对信息技术的要求较高，为了有效地做好风险识别与评估工作，应加大公司信息技术部门的研发能力，不断改进自营业务部门的风险识别与评估系统，以更好地监控自营业务过程中的风险。

(3) 建立授权决策机制确保实现业务隔离

在内部控制活动建设方面，主要包括交易授权与决策机制的设立和落实以及业务防火墙制度的建立。

首先，应在内部控制活动上针对其自营业务部门设置一系列政策和程序，其中，最重要的莫过于“董事会—投资决策委员会—自营部门”三级授权与决策机制，定期评估机制的履行情况，切实落实这些内部控制活动的政策与程序，通过分级授权、分级决策、分级负责的模式开展自营部门证券投资业务，真正地从各环节对证券投资活动进行层层有效的把控。

其次，建立公司内部的业务防火墙制度，确保自营业务与公司其他业务在人员、资金以及会计核算方面严格分离，确保各业务部门在进行业务活动时不会交叉重叠，使得各业务部门在职能上保持相对的独立性。

（4）实现信息的高效沟通和披露

在信息沟通与披露方面，主要包括信息的沟通、信息的披露等相关制度的建立。有效的信息沟通与披露是相关利益方及时反馈制定决策的依据。

首先，公司应建立一套完整的信息沟通机制，主要体现在两个方面：一方面，在自营业务部门日常的经营活动中，准确识别与自营业务有关的信息，将这些信息在有关职能部门之间及时准确地传达，合规部门和风险管理部门依据获得的信息进行精确识别，发现其中潜在的风险因子，并及时报告给管理层，便于管理层制定出决策，改进业务中存在的问题，有效地将风险控制在合理的范围内；另一方面，公司应制定出一套完整的自营部门异常情况应急机制，当自营业务活动中发生异常情况时，管理层能够及时地掌握相关信息并采取应对措施。

其次，公司应建立起完善的信息披露机制，当进行自营业务投资活动时，出现可能会造成重大不良后果或损害公众投资者和利益相关方的情况时，公司应及时地向公众真实、准确、完整地披露重大事项，避免误导市场使不良影响进一步扩大，同时，向公众发布可能对市场造成重大影响的信息之前，应得到管理层授权，在没有充分了解事件的真实情况下，绝不轻率地发布虚假错误信息。信息的有效沟通是信息真实准确披露的重要前提，而信息的及时准确披露是社会责任感的重要体现，对维护市场稳定和投资者利益至关重要。

3. 针对B证券“8·16事件”所暴露出的问题，提出相应的对策建议

（1）加强资金监管，注意资金使用额度的控制，并在系统中加强资金监管的监控功能和限制条件。

此次“B证券乌龙指”事件中，B证券面临了资金监管漏洞、系统额度控制失败的问题。系统下单金额合计高达234亿元，已经远远超过了公司的自营资本要求。

（2）加强公司内部控制的管理，避免内部控制的可控缺陷，加强前中后台流程中的配合和整合。

B证券此次事件发生还有一个重要的原因就是订单执行前缺乏风控这一关的把控。前台操作和中台的风控未能有效地结合在一起。因此，一旦出现系统或者操作错误，中台无法实施有效的阻止措施。B证券16日的交易指令许多是由投资策略部直接发出后，跨过风险管理部，直接进入场内交易。因

此问题的发现和交易的停止时间均被延迟。B 证券因为自营席位报盘设置上存在风控问题，程序化交易直接对接交易所系统，没有验资就委托放入大单交易而导致了“乌龙指”事件的扩大。

由此可以看出，公司需要注意前中后台的配合和整合，为了有效地控制风险，操作流程中一些必要步骤是不可缺少的。

(3) 公司在新系统的开发和测试中需要加强不同风险点的测试，包括极端风险情况的测试，以保证在系统发生错误或者人为操作错误的情况下，也能有效地停止运行超出上下限条件的指令，并在系统正式运行的初期进行不定期的检查。

(4) 完善证券市场以及交易所的相关机制

证券市场上的乌龙事件并非我国资本市场独有的现象，美国、日本等发达资本市场也曾发生过类似事件。我们应该正视问题出现的根源，完善有关机制，防止类似事件的再次发生。针对以上问题分析中提到的我国证券市场存在的诸多问题，证监会和交易所可以从以下 3 个方面进行改进：一是加强高频交易的技术性管理和交易系统的前端控制，避免系统性错误和减少错误发生的可能性；二是进一步完善证券市场的风险预警机制和信息披露制度，以便及时提示风险、向投资者提供异常交易的信息和动态；三是明确证券期货交易中异常交易的标准和定义，以便及时发现异常情况。

(5) 加强后端法律保护机制建设

B 证券为了对冲风险而进行的 ETF 交易和卖出股指期货合约行为，明显违背了证券市场的三公原则，侵犯了其他投资者的利益。因此，证监会、交易所以及立法机关应该共同努力克服困难，出台具体的法律规定或相关司法解释，明确相关问题的界定，完善后端法律保护机制，并保护其具有实际可操作性。只有这样，类似的民事赔偿案件才能有法可依，对于完善我国证券市场的法律制度也有重要意义。

四、关键要点

1. 关键点：本案例以 B 证券乌龙指事件展开研究，深入探讨了公司内部控制的重要性。

2. 能力点：分析与综合能力、批判性思维能力以及解决问题的实际能力。

为何屡禁不止

——从基金经理马×“老鼠仓”事件谈起①

华　维　臧　展

一、引言

“我的梦想就是寻找能涨10倍的股票。”2011年，在广州一场投资策略会上，A基金投资经理马×给投资者做了一场演讲。这句颇有激情的宣言让台下的基金持有人印象深刻。然而，让这些基金投资人大失所望的是，马×在两年半任期内管理某基金的业绩为-14%，不仅给基金带来10亿元左右的亏损，还涉嫌操作高达10亿元的“老鼠仓”，其规模之大在中国基金业史上首见。

根据证监会2013年8月初通报，马×涉嫌利用职务便利获取某基金交易的非公开信息，操作他人名下账户，先于或同期于其管理的基金买入相同股票七十余只，交易金额和获利金额较大。该案是自2009年2月《刑法修正案(七)》实施以来交易时间最长、涉及股票数量最多、交易金额最大、盈利金额最多的一宗基金“老鼠仓”案件。

A基金是中国内地首批成立的五家基金公司之一，其管理规模达到2 000亿元，堪称业界翘楚。马×的巨额老鼠仓并非证券行业孤立个案，与此同时，深交所前员工李××也被举报通过手机微信传递上市公司内幕信息牟利。

最高人民检察院表示，2015年以来，全国检察机关办理证券期货犯罪案件呈逐年上升态势，共起诉内幕交易、泄露内幕信息罪71件111人，起诉操纵证券、期货市场罪21件41人，起诉利用未公开信息交易罪102件128人。根据证监会发布的《2016年度证监会稽查执法情况通报》，2015年“老鼠仓”

---

① 1. 本案例由南京审计大学金融学院华维博士、臧展副教授根据公开资料开发完成。本案例仅作为课堂讨论的材料，不表示企业成败及其管理措施的有效性。

案件立案查处32起，2016年新增立案案件28起达60起，同比增长87%。这些事件凸显中国资本市场内幕交易之猖獗，也让证券基金行业再次行走在危险的边缘。如果“老鼠仓”成为行业普遍现象，投资者将会对基金行业失去信心，基金行业就会走向衰落。

人们不禁要问，老鼠仓为何屡禁不止?

二、马×“老鼠仓”事件始末

1982年出生的马×，曾是我国首批成立的五家基金管理公司之一A基金最年轻的股票基金经理，被称为“80后”基金经理。28岁被提拔，本应有大好前途的他却成了一只“硕鼠”。

2013年8月2日，在证监会召开的新闻发布会上，新闻发言人通报了A基金马×“老鼠仓”一案的相关情况。据侦查机关初步查明，2011年2月9日至2013年5月30日，犯罪嫌疑人马×在担任某基金经理时，利用交易股票的非公开信息，操作自己控制的三个股票账户，通过临时购买的不记名神州行卡电话下单，先于或同期于其管理的某基金买入相同股票76只，成交金额达10.5亿元人民币，获利近1 800万元人民币。2013年7月11日、12日，证监会对涉案三个股票账户共冻结金额合计3 700万元人民币。2013年7月17日，马×到深圳市公安局主动投案。深圳市公安局于同日对其立案侦查并对其刑事拘留。

深圳证监局出具的有关函件和调查报告认定，交易标的股票、交易时点和数量，属于《刑法》第一百八十条第四款规定的内幕信息以外的其他非公开信息。马×作为基金经理，不但完全知悉股票、交易时点和数量，而且在投资期限内有完全的控制权。深圳侦查机关通过审查涉案账户资料及某基金交易指令明细、某基金交易记录发现，某基金与涉案账户交易股票确实存在趋同情况。深圳市人民检察院办案检察官也认定马×涉嫌“利用未公开信息交易罪”。同时，根据现有事实和证据的情况，马×有干扰证人作证的可能，具有社会危险性，有逮捕的必要，因此对其批准逮捕。A基金对管理人员管理存在缺失，缺乏对出境、通信等的监控，考勤出差存在漏洞等，对旗下基金异常交易情况掌握不足，于是证监会决定对A基金采取责令整改六个月等措施，暂停受理该公司所有新产品、新业务申请。

在接受讯问时，马×供称:“我利用控制的三个证券账户，先于基金账户买入，基金账户再买；先于基金账户卖出，基金账户再卖，使控制的账户获得稳定的较高收益。”据查，该三个证券账户开户人为马×妻子的亲戚或同学，但账户均由马×操作，密码也由他掌管。

2014 年 2 月 21 日，马×“老鼠仓案”在深圳市中级人民法院开庭审理。案发后，马×曾逃到国外，但最终选择回国自首。该案是 2009 年 2 月《刑法修正案（七）》实施以来交易时间最长、涉及股票数量最多、交易金额最大、盈利金额最多的一宗基金“老鼠仓”案件。

2014 年 3 月 28 日，深圳中院以利用未公开信息交易罪判处马×有期徒刑三年，缓刑五年，并处罚金 1 884 万元，追缴违法所得 1 883 万元。马×当庭表示服从判决，不上诉。

一周后，公诉方深圳市检察院认为该判决量刑明显不当，宣布提出抗诉。

2014 年 5 月 26 日，广东省高级人民法院对原 A 基金经理马×“老鼠仓”案二审立案审理。9 月 22 日马×案二审在广东省高级人民法院正式开庭，二审结果维持一审法院的判决。

10 月，广东省高级人民法院终审裁定驳回深圳市人民检察院的抗诉，维持原判。11 月，广东省检察院认为终审裁定确有错误，提请最高检抗诉。

2015 年 7 月 8 日上午，最高人民法院公开开庭审理马×利用未公开信息交易案。据查，马×在担任 A 基金管理有限公司基金经理期间，利用其掌控的未公开信息，操作 3 个股票账户，非法获利 1 883. 34 万元。庭审中，最高检派出两名检察官出庭履行抗诉职责。因马×再审期间没有委托辩护人，最高人民法院依法通知有关法律援助机构为其指派律师出庭进行辩护。检辩双方就本案的事实和法律适用、马×的行为是否属于情节特别严重、原审量刑是否适当等问题充分发表了意见。

历经多次抗诉，被称为“史上最大老鼠仓案”的深圳马×利用未公开信息交易罪案终于尘埃落定。2015 年 12 月 11 日，最高人民法院在位于深圳的最高人民法院第一巡回法庭里，对马×利用未公开信息交易一案进行再审公开宣判：改判马×有期徒刑三年，并处罚金人民币 1 913 万元，违法所得 1 912万余元予以追缴上缴国库。此前，马×一审、二审均被判处缓刑。

三、“老鼠仓”的危害

（一）“老鼠仓”介绍

“老鼠仓”，是证券市场中的一种俗称，英文全称叫 Rat Trading，是指某只股票的庄家在用公有资金拉升股价之前，先用自己个人的资金在低位建仓，待公有资金将股价拉高后，再先于公有资金卖出股票获利。

在我国相关法律中并没有“老鼠仓”这样的称谓，而是属于《刑法》第一百八十条规定的“内幕信息、泄露内幕信息罪”和“利用未公开信息交易罪”的范畴。证券、期货交易内幕信息的知情人员或者非法获取证券、期货交易内幕信息的人员，在涉及证券的发行，证券、期货交易或者其他对证券、期货交易价格有重大影响的信息尚未公开前，买入或者卖出该证券，或者从事与该内幕信息有关的期货交易，或者泄露该信息，或者明示、暗示他人从事上述交易活动，情节严重的，处五年以下有期徒刑或者拘役，并处或者单处违法所得一倍以上五倍以下罚金；情节特别严重的，处五年以上十年以下有期徒刑，并处违法所得一倍以上五倍以下罚金。单位犯前款罪的，对单位判处罚金，并对其直接负责的主管人员和其他直接责任人员，处五年以下有期徒刑或者拘役。内幕信息、知情人员的范围，依照法律、行政法规的规定确定。证券交易所、期货交易所、证券公司、期货经纪公司、基金管理公司、商业银行、保险公司等金融机构的从业人员以及有关监管部门或者行业协会的工作人员，利用因职务便利获取的内幕信息以外的其他未公开的信息，违反规定，从事与该信息相关的证券、期货交易活动，或者明示、暗示他人从事相关交易活动，情节严重的，依照第一款的规定处罚。

2019 年 6 月 28 日，最高人民法院、最高人民检察院发布《关于办理操纵证券、期货市场刑事案件适用法律若干问题的解释》和《关于办理利用未公开信息交易刑事案件适用法律若干问题的解释》，这两部司法解释对《刑法》第一百八十条第四款所规定的内幕信息以外的其他未公开的信息、“违反规定”“如何认定明示、暗示他人从事相关交易活动”“情节严重”和第一款所规定的“情节特别严重”做了相关解释。（详见附录 1）

（二）“老鼠仓”危害

“老鼠仓”是利用非公开信息交易获取收益的典型形式。从业者借由其职务之便获取到相关非公开信息，利用自有账户或操纵其他相关账户事先买进或卖出某种证券以谋取利益。

“老鼠仓”的危害主要表现在以下两个方面：

一方面，“老鼠仓”行为最大的危害是破坏了证券市场的竞争机制。证券市场存在的意义是投资者根据公司的公开信息（如经营状况、财务状况等）判断公司的投资价值，购买有关投资产品。通过投资者所代表的市场选择规律甄选出优质的公司，实现资源的优化配置。然而，“老鼠仓”行为赋予了信息异常高的价值，忽视了公司的实力。扭曲了市场的配置规律，也违背了市场的公平竞争原则，严重损害了投资者的合法权益。

另一方面，“老鼠仓”的存在也是导致券商自营盘和基金亏损的重要原因之一。为了能够顺利实现坐庄，市场中的一些主力庄家在拉升股票前夕，往往会将一些内幕消息透露给个人和机构，使他们在第二天早上集合竞价时，于极低的价格处买单，然后在竞价时把股价打下去，使预埋的买单得以成交。这个过程极短，为了避免被其他人低价成交，往往以散户来不及反应的速度迅速把股价恢复到正常的交易通道里。对于这类不属于机构本身的通过一定关系来实现低价位成交的仓位，俗称“老鼠仓”，投资者短线及时跟进往往会有一段快速的利润空间。坐庄本来是为了将股价拉升后出现盈利的，但券商和基金通过坐庄的形式投资证券市场却很少有真正盈利的，原因就在于券商和基金把股票拉升后，大量前期埋仓的“老鼠仓”蜂拥出货，券商和基金在高位接盘。这样的结果就是券商和基金亏损累累，导致大量投资者也对基金望而却步。

四、“老鼠仓”屡禁不止的原因

“老鼠仓”事件之所以屡禁不止，“硕鼠”之所以抓了一只又一只，原因来自多方面。

第一，基金经理独特的投资优势，决定了其对信息的独享性。由于基金经理掌握着较多的资源，诸如股票池、仓位调整、资金等，其在一定程度上影响着股票的变动。基金经理一时的疏忽大意，或降低对自己的要求，就有可能会造成信息流失。

第二，基金经理频繁变动，造成基金经理管理责任缺位。基金管理层人员不稳定，高管频繁变动，导致公司业绩滑坡。2010 年 1 月至 12 月基金管理公司高管变动次数分别为 7 次、3 次、6 次、12 次、6 次、10 次、1 次、8 次、4 次、3 次、4 次、12 次。

除了管理层变动频繁，基金行业投研人员也流动频繁。截至 2009 年 10 月，共有 150 只基金的基金经理人离职，这几只基金约占年初基金总数的 34%。国金证券的研究显示，基金业人才流动成为常态，2010 年基金经理合计变动 220 次。Wind 资讯统计，截至 2011 年 8 月，年内共有 98 只基金的基金经理变动，涉及 162 位基金经理，其中有 55 位离任，各基金公司平均变更率达到 20.68%。

第三，激励机制的局限性，制约着基金经理的管理动力，甚至造成众多明星基金经理频繁跳槽，从事私募基金管理。2005—2010年，基金公司总体人员薪酬都大幅增长，但是就整个行业来看，薪酬处于中等水平。与其他行业相比较，基金行业总体薪酬水平较高，加上各种津贴、奖金等，中层以上人员收入的中位数达到400万元，但是与激励机制更加灵活、更加市场化的私募基金相比明显缺乏竞争力。

第四，基金管理公司内控机制的缺失，也是造成基金经理出现此类事件的原因之一。

第五，处罚概念界定不清晰，力度不强，不能起到根本的震慑作用。

《刑法》第一百八十条虽然规定了“内幕信息、泄露内幕信息罪”和“利用未公开信息交易罪”情节严重的，处五年以下有期徒刑或者拘役，并处或者单处违法所得一倍以上五倍以下罚金；情节特别严重的，处五年以上十年以下有期徒刑，并处违法所得一倍以上五倍以下罚金，但是《刑法》中对于“违反规定”、“如何认定明示、暗示他人从事相关交易活动”、“情节严重”和“情节特别严重”等缺乏概念的准确界定，导致在司法实践中难以准确执行，不能起到根本的震慑作用。因此，2019年6月28日，最高人民法院、最高人民检察院发布《关于办理操纵证券、期货市场刑事案件适用法律若干问题的解释》和《关于办理利用未公开信息交易刑事案件适用法律若干问题的解释》，这两部司法解释针对以上问题做了相关解释和细化，比如，明确了违法所得50万元以上即可入刑，这将极大地震慑此类案件的高发。

中国人民大学商法研究所所长刘俊海则分析，频繁曝出的“老鼠仓”案件，至少暴露了基金公司存在用人失察、内部风险控制失灵、投资者风险警示机制失灵等三大问题。因此必须加大追究基金经理的法律责任，让基金公司就“老鼠仓”给投资者造成的损失进行主动问责。

凯石投资张剑辉表示，尽管近期老鼠仓频现是监管层运用大数据监察的结果，但也凸显监管层坚决执法的决心。只是这还远远不够，“老鼠仓”稽查一般采取事后监管的方式，缺乏过程监督和识别。虽然相关的法律已经相对完备，仍需加强事前、过程监控，这样才能将事后监控的风险降至最低。同时，道德风险难控，重点在于制度违约成本过低。“老鼠仓”凸显从业人员道德约束不高，但以道德标准去谴责和看待出事的基金经理和基金公司显然于事无补，且随着近几年投资总监、高管的老鼠仓频现，就足以说明道德谴责有多乏力。虽然此前对“老鼠仓”有处罚，甚至列入刑法，但是，相对于被抓的可能性和获得的预期年化收益，违规成本很小。

五、怎样防范和打击“老鼠仓”?

（一）借鉴成熟市场经验，阳光化和严惩结合治理

在海外市场，他们信奉“阳光，就是最好的杀虫剂”这一准则。对于基金经理投资证券市场，一般就是采用阳光化的手段，要求申报投资行为。简单来说，就是只要按规定申报就可以进行投资，从而规避各种形式的利益冲突。阳光化既能有效监管，也能考虑到人性因素，让基金经理也有平等的投资证券市场的机会。目前，国内市场关于基金经理投资申报的规定正在向海外学习及靠拢。

阳光化是必然的趋势，但仅仅阳光化是不够的，必须配合严格的法规，加强监管手段及提高违规成本。以美国为例，美国 1988 年制定的《内幕交易与证券欺诈制裁法》，其中规定，对于内幕交易者，最高可处 100 万美元罚金，10 年监禁。美国国会 2002 年 7 月颁布的《公众公司会计改革和投资者保护法》进一步规定，任何人通过信息欺诈或价格操纵、内幕交易在证券市场获取利益，最多可监禁 25 年或处以罚款，该法还延长了对证券欺诈的追诉期。

不过，即使是神通广大的监管机构和火眼金睛的大数据都会受到信息不充分的影响而损失一些效率。对此，美国的 PCAOB 监管制度值得我们借鉴。PCAOB 是美国介于政府与行业协会两者间的组织，其权威高于自律协会低于政府部门。由于它们处于行业内部，相比政府具有一定的信息优势，也对违法行为更为熟悉，同时由于其独立性，监管所受到的牵制也更少，该组织在美国证券市场监管中起到了至关重要的作用。通过设立一个独立型的行业内监管机构，融合政府监管和行业协会自律两方力量进行监管。

（二）借助大数据工具，监控交易行为

在大数据时代，我们应当充分利用大数据这一工具侦测老鼠仓行为。从业者布局老鼠仓的行为再隐蔽，与其他人员沟通的暗号再深奥，账户的交易行为都是透明的。大数据能够让老鼠仓的踪迹无处遁形。老鼠仓行为一定会伴随着频繁的异常交易，而通过大数据对所有异常的交易行为进行实时跟踪，将能够有效识别出老鼠仓行为。深圳证券交易所建立的交易检查中心就是利用大数据进行监管的有益尝试。它可以全天处理超过 1 亿笔交易数据，还可以溯源 20 年前的历史数据，证监会所破获老鼠仓案例中很多都得益于它。

总体来看，2019 年 6 月 28 日“两高”的司法解释重提老鼠仓，充分体现了有关部门对老鼠仓行为的重视。下调违法金额门槛也是严刑峻法的重要一步。但是，在完善惩罚制度的同时还需要加强监管与违法行为鉴别能力，通过结合大数据等科技工具，联合行业协会等各方力量，在提高老鼠仓违法成本的同时增加行为侦测概率，让居心叵测者望而却步。

六、结论

马×“老鼠仓”事件只是基金管理市场出现问题的一个缩影，“老鼠仓”事件层出不穷，可以说如今的基金市场对于经理人的治理仍然存在缺陷。我们在防范经理人道德风险的同时，也应当关注如何监管经理人，以及在出现问题后，基金公司应当如何处置基金经理人。我国目前的基金市场尚不完善，给了基金经理人很多盲目追求自己利益的空间。如何明确经理人职责及如何避免道德风险是我们需要探究的根本问题。

思考题

1. 证券基金行业公司治理中存在的问题。
2. 基金经理的道德风险该如何防范？
3. 老鼠仓对于证券市场的危害性。
4. 如何防范和打击老鼠仓行为？

附录

附录 1　最高人民法院　最高人民检察院
关于办理利用未公开信息交易刑事案件适用法律若干问题的解释

（2018 年 9 月 10 日最高人民法院审判委员会第 1748 次会议、2018 年 11 月 30 日最高人民检察院第十三届检察委员会第十次会议通过，自 2019 年 7 月 1 日起施行）

为依法惩治证券、期货犯罪，维护证券、期货市场管理秩序，促进证券、期货市场稳定健康发展，保护投资者合法权益，根据《中华人民共和国刑法》《中华人民共和国刑事诉讼法》的规定，现就办理利用未公开信息交易刑事案件适用法律的若干问题解释如下：

第一条　刑法第一百八十条第四款规定的“内幕信息以外的其他未公开

的信息”，包括下列信息：

（一）证券、期货的投资决策、交易执行信息；

（二）证券持仓数量及变化、资金数量及变化、交易动向信息；

（三）其他可能影响证券、期货交易活动的信息。

第二条 内幕信息以外的其他未公开的信息难以认定的，司法机关可以在有关行政主（监）管部门的认定意见的基础上，根据案件事实和法律规定作出认定。

第三条 刑法第一百八十条第四款规定的“违反规定”，是指违反法律、行政法规、部门规章、全国性行业规范有关证券、期货未公开信息保护的规定，以及行为人所在的金融机构有关信息保密、禁止交易、禁止利益输送等规定。

第四条 刑法第一百八十条第四款规定的行为人“明示、暗示他人从事相关交易活动”，应当综合以下方面进行认定：

（一）行为人具有获取未公开信息的职务便利；

（二）行为人获取未公开信息的初始时间与他人从事相关交易活动的初始时间具有关联性；

（三）行为人与他人之间具有亲友关系、利益关联、交易终端关联等关联关系；

（四）他人从事相关交易的证券、期货品种、交易时间与未公开信息所涉证券、期货品种、交易时间等方面基本一致；

（五）他人从事的相关交易活动明显不具有符合交易习惯、专业判断等正当理由；

（六）行为人对明示、暗示他人从事相关交易活动没有合理解释。

第五条 利用未公开信息交易，具有下列情形之一的，应当认定为刑法第一百八十条第四款规定的“情节严重”：

（一）违法所得数额在一百万元以上的；

（二）二年内三次以上利用未公开信息交易的；

（三）明示、暗示三人以上从事相关交易活动的。

第六条 利用未公开信息交易，违法所得数额在五十万元以上，或者证券交易成交额在五百万元以上，或者期货交易占用保证金数额在一百万元以上，具有下列情形之一的，应当认定为刑法第一百八十条第四款规定的“情节严重”：

（一）以出售或者变相出售未公开信息等方式，明示、暗示他人从事相关交易活动的；

（二）因证券、期货犯罪行为受过刑事追究的；

（三）二年内因证券、期货违法行为受过行政处罚的；

（四）造成恶劣社会影响或者其他严重后果的。

第七条 刑法第一百八十条第四款规定的“依照第一款的规定处罚”，包括该条第一款关于“情节特别严重”的规定。

利用未公开信息交易，违法所得数额在一千万元以上的，应当认定为“情节特别严重”。

违法所得数额在五百万元以上，或者证券交易成交额在五千万元以上，或者期货交易占用保证金数额在一千万元以上，具有本解释第六条规定的四种情形之一的，应当认定为“情节特别严重”。

第八条 二次以上利用未公开信息交易，依法应予行政处理或者刑事处理而未经处理的，相关交易数额或者违法所得数额累计计算。

第九条 本解释所称“违法所得”，是指行为人利用未公开信息从事与该信息相关的证券、期货交易活动所获利益或者避免的损失。

行为人明示、暗示他人利用未公开信息从事相关交易活动，被明示、暗示人员从事相关交易活动所获利益或者避免的损失，应当认定为“违法所得”。

第十条 行为人未实际从事与未公开信息相关的证券、期货交易活动的，其罚金数额按照被明示、暗示人员从事相关交易活动的违法所得计算。

第十一条 符合本解释第五条、第六条规定的标准，行为人如实供述犯罪事实，认罪悔罪，并积极配合调查，退缴违法所得的，可以从轻处罚；其中犯罪情节轻微的，可以依法不起诉或者免予刑事处罚。

符合刑事诉讼法规定的认罪认罚从宽适用范围和条件的，依照刑事诉讼法的规定处理。

第十二条 本解释自 2019 年 7 月 1 日起施行。

附录 2 基金经理

基金经理一般要求具有金融相关专业硕士以上教育背景，具备良好的数学基础和扎实的经济学理论功底，如有海外留学经历或获得 CFA 证书，则将更具竞争力，每种基金均由一个经理或一组经理去负责决定该基金的组合和投资策略，投资组合是按照基金说明书的投资目标去选择，以及由该基金经理之投资策略去决定。投资的实战能力即投资业绩决定其在行业中的影响力和薪酬回报。

1. 工作内容

（1）根据投资决策委员会的投资战略，在研究部门研究报告的支持下，结合对证券市场、上市公司、投资时机的分析，拟订所管理基金的具体投资计划，包括：资产配置、行业配置、重仓个股投资方案；

（2）根据基金契约规定向研究发展部提出研究需求；

（3）走访上市公司，进行进一步的调研，对股票基本面进行深入分析；

（4）构建投资组合，并在授权范围内可自主决策，不能自主决策的，要上报投资负责人和投资决策委员会批准后，再向中央交易室交易员下达交易指令。

2. 核心竞争力

（1）知识要求：基金经理一般要求具有金融相关专业硕士以上教育背景，具备良好的数学基础和扎实的经济学理论功底，更重要的是过往一定规模资金的投资业绩。

（2）技能要求：基金经理需要有很强的数量分析和投资预测能力，能够在各式各样的投资项目中做出最具有升值空间和潜力的投资组合；还要有极强的风险控制能力和压力承受力。

（3）经验要求：基金经理通常要求具有较长的证券从业经验，尤其具有投资方面的"实战经验"，即一定规模资金的过往投资业绩被视为能否出任基金经理的重要条件。

（4）职业素养：具有战略性思维，以及对市场变化的敏锐性、国际化的眼光、前瞻的投资眼光、具备良好的职业道德。

3. 风险与回报

在当前中国的资本市场竞争十分激烈的情况下，基金经理是处在风口浪尖上的职业，更换的频率非常高，就像角斗士，很难有常胜将军。在中国每年平均有三分之一的基金经理要被淘汰，这说明中国投资者和机构对投资回报的要求时效性较强，对短期波动的容忍度也不大，因而对基金经理的考核具有一些急功近利的因素，同时也暴露了一些基金经理的选拔并非基于实际投资能力因素。一些因素对于责任重大，甚至常常是危机四伏的基金经理来说是很残酷的。

据报告显示，中国基金经理的年度总薪酬集中在60万~250万元，其中很大一块是奖金，而奖金则是根据业绩排名来发放的。

附录3　马×在法庭上的最后陈述

尊敬的法官，尊敬的同事们，我首先犯了一个非常大的错误。17年的寒窗苦读，以及7年的辛苦工作和付出，汗水和心血毁于一旦，教训非常惨重。我相信这个错误，是我不经意间犯下的。我炒股是出于报恩的心里，但后面确实放松了警惕，没有加强自己的法律意识和道德修养，还有工作繁忙原因，这两点导致了我犯了一个不可挽回的错误。

但是虽然犯了错误，但我一直把基金的业绩视为我的生命。在接手这个基金时候，可以说是破格提拔，临危受命。我尽心尽力地管理这个基金，基本放弃了所有节假日，没日没夜地寻找投资机会，结果还是有回报的。整个基金业绩提升非常明显，业绩在前三分之一左右。但也就是在这段时间内，我身体状况迅速地透支，在我不到30岁的时候，高血压，腰间盘突出，整夜痛得无法入睡。在这种情况下，为了减轻对工作的影响，我选择了去美国就医。

我在美国接到电话，立刻赶回国内，主动向监管部门和司法机关，交待我的犯罪事实，主动全额退还违法所得。我是在想，我用自己的行动表明我悔过的诚意和决心，我想向所有人认错，希望得到他们的谅解。

我对不起我的家人，我本来是他们的骄傲。我也特别对不起我的妻子。我向法庭求个情，现在家里有四位老人，两个小孩，希望能给我一个悔过自新的机会。我也意识到自己的错误。经过这个惨痛的教训，我相信自己在未来能发挥自己的聪明才智，为社会作出应有的贡献。我请求法庭给我一个改过的机会。陈述完毕。

案例教学使用说明

一、教学目的与用途

1. 适用课程：投资银行学、金融市场学、投资学。

2. 适用对象：本案例主要为金融类专业、工商管理类专业等本科生开发。

3. 教学目标：通过此案例的学习，要求学生了解基金市场、基金经理人的基本职业道德，深入思考我国基金管理市场“老鼠仓”屡禁不止的原因，应该如何防范和打击老鼠仓行为。

二、分析思路

1. 了解基金经理风险防范机制，完善基金经理道德建设。

2. 针对“老鼠仓”事件屡禁不止的现象，应该从完善法律、加强公司治理、运用现代科技手段等方面进行标本兼治。

三、理论依据与分析

理论依据：结合公司治理理论、基金经理风险防范和公司内部治理问题理论等进行学习分析。

1. 证券基金行业公司治理中存在的问题

（1）利益目标不一致，主要包括基金份额持有人与基金管理人。基金从业人员利益不一致。基金份额持有人的目标就是长期获利，但是是否能够长期获利主要依赖于基金管理者能力。但是基金管理者由于短期利益驱使，并不愿意在长期利益方面多下功夫，从而导致两者目标不一致。（2）行业人员变动频繁导致业绩下滑。在上述案例介绍中，我们发现基金业人员流动相当频繁，而人员倾向于去薪酬体系更为完整的公司，这就直接导致基金公司无法建立和维持有效的管理风格和投资管理能力。（3）股东干预。虽然有法规明确指出股东不得对公司经营直接干预，但是这一现象仍然普遍存在。主要体现在对管理绩效考核以及人员任免上。

2. 基金经理的道德风险该如何防范

（1）基金经理承诺制度。基金经理人任职前必须提交书面的认知承诺书，承诺以基金份额持有人利益最大化为准则，遵循法律法规、基金契约、公司相关制度管理和运作基金资产。（2）投资限制制度。基金治理在制定基金投资案时必须限定在投资研究联席会议确定的股票备选范围内；除了法律法规禁止投资的以外，对于其他涉及关联业务、内幕交易等操作，必须报投资总监批准，并报监察部。（3）基金经理投资行为质询制度。当发现基金经理在投资出现有内幕交易、投资策略有所变动时，监察部有权对基金经理的投资行为进行质询。基金经理必须作出书面解释。（4）基金经理谈话提醒制度。如发现基金经理在投资活动中出现违规操作，检察人员应及时与基金经理谈话，并保存谈话记录。（5）基金经理强制休假制度。当发现基金经理的投资行为已经损害到公司利益，或其行为已经严重干扰投资决策时，可对基金经理实施强制休假。

3. “老鼠仓”对于证券市场的危害性

“老鼠仓”是利用非公开信息交易获取收益的典型形式。从业者借由其职务之便获取到相关非公开信息，利用自有账户或操纵其他相关账户事先买进或卖出某种证券以牟取利益。

“老鼠仓”行为最大的危害是破坏了证券市场的竞争机制。证券市场存在的意义是投资者根据公司的公开信息包括经营状况、财务状况等判断公司的投资价值，购买有关投资产品。通过投资者所代表的市场选择规律甄选出优质的公司，实现资源的优化配置。然而，老鼠仓行为的存在让信息被赋予了价值，而公司的实力被忽视，扭曲了市场的配置规律。同时，老鼠仓行为也违背了市场的公平竞争原则，严重损害了投资者的合法权益。

另外，“老鼠仓”的存在也是导致券商自营盘和基金亏损的重要原因，导致大量投资者一直对基金望而却步。

4. 如何防范和打击“老鼠仓”行为

“鼠患”猖獗，根治还需多管齐下。首先是严格监管，并且要长期化、常态化。其次是完善相关法律法规，通过立法形式，解决证券市场改革和监管执法面临的制度问题。另外，还应当建立起对基金公司的追责机制。

借鉴成熟市场经验，阳光化和严惩结合治理。在香港以及其他海外市场，他们信奉“阳光，就是最好的杀虫剂”这一准则。对于基金经理投资证券市场，一般就是采用阳光化的手段，要求申报投资行为。

阳光化是必然的趋势，但仅仅阳光化是不够的，必须配合严格的法规，加强监管手段及提高违规成本。

借助大数据工具，监控交易行为。在大数据时代，我们应当充分利用大数据这一工具侦测“老鼠仓”行为。

四、关键要点

1. 关键点：总体来看，我国的基金行业仍然处于发展阶段，“老鼠仓”屡禁不止也是发展阶段的正常现象，关键是我们应该怎样认识和分析背后的原因，包括基金公司所有制性质、资金来源、公司治理、违法成本和监管手段等许多方面，思考应该怎样着眼于短期和长期，打击和防范老鼠仓事件的频频发生。

2. 能力点：分析与综合能力、批判性思维能力以及解决问题的实际能力。

五、建议课堂计划

本案例可以作为专门的案例讨论课来进行，如下是按照时间进度提供的课题计划建议，仅供参考。特别建议：可将该案以课堂情景剧形式展示，将马×铤而走险、监管追踪、亲情友情的纠结、回国自首、法庭辩论等情景真实再现，以触动同学们的灵魂深处。

本案例的课时安排2个课时。

课前计划：

1. 学员准备：充分了解本案例涉及的个人情况及其事件；确定小组成员组成；提出1~2点论点。

2. 教师准备：完成相应的法规知识介绍；为学生提供学习此案例的材料；为学生提供讨论平台；收集学生的想法论点。

3. 教学辅助人员准备：准备好多媒体教学课件，课后收集学生的书面讨论资料。

课中计划：

案例讨论将分小组进行，每个小组拥有10~15分钟讨论及阐述时间，要求每个学生都要阐述自己的论点和观点。另外，每个小组都应该形成自己有别于其他小组的独特见解，并以文字描述。教师在主持此案例讨论中，应该鼓励及启发学生发表见解。

课后计划：

请学生上网搜索该企业的相关信息资料，尤其最新信息，采用报告形式给出更加具体的解决方案，或写出案例分析报告（1 000~1 500字）；如果对此案例有兴趣跟踪，建议联系案例作者，进行深入研究。

中小投资者保护路在何方

——从首家退市央企谈起[①]

臧　展

一、引言

它头顶央企光环、怀揣“国油国运”金牌，财大气粗，曾豪掷数10亿元押宝中东原油运输，这是一家曾被视为A股“不死鸟”的上市公司。但由于连续四年巨额亏损，它已被上海证券交易所终止上市，2014年4月21日进入退市整理期交易，它就是H油运。

因此，它有了新头衔：A股首家退市央企、首家央企“仙股”、A股近10年最便宜“仙股”（指价格跌至1元以下的股票）。对于它的“意外死亡”，中小股东非常不理解、不满意，甚至有部分股东要求维权，称它有“恶意退市”的嫌疑。到底是什么原因，让这只A股“不死鸟”陷入死局，沦落为央企“仙股”？面对上市公司退市，我们该如何保护中小投资者权益？

二、背景

（一）退市制度方面

1990年国内A股市场正式建立运营，这期间经历了许多的起起伏伏，最终中国的证券市场取得了巨大的成就。建立最初，国内仅有6家上市公司，到2014年末，上市公司的数量已达2 464家，在市值方面，境内上市公司总市值从1993年最初的1 507.21亿元增加到2014年年初的23.78万亿元。而在股票市场的成立之初，更多的重心是放在融资方面，如何使得企业更好的融资和发展，使其能够首先达到对资本的合理配置。但是随着国内经济的不断发展，股票市场变得日益完善起来，期间存在的问题也逐渐暴露，一家上

---

① 1. 本案例由南京审计大学金融学院臧展副教授编撰作者拥有著作权中的署名权、修改权、改编权。
2. 由于企业保密的要求，在本案例中对有关名称、数据等做了必要的掩饰性处理。
3. 本案例只供课堂讨论之用，并无意暗示或说明某种管理行为是否有效。

市公司出现了质量问题，如何用好淘汰机制将其淘汰出局，维护市场的良好运行成为急需解决的问题。而强制退市可以使存在质量问题的公司不再有机会继续在社会上募集资金，社会的资源才会更加有效地进行配置，投资者尤其是中小投资者的权益才会得到一定程度上的保证。

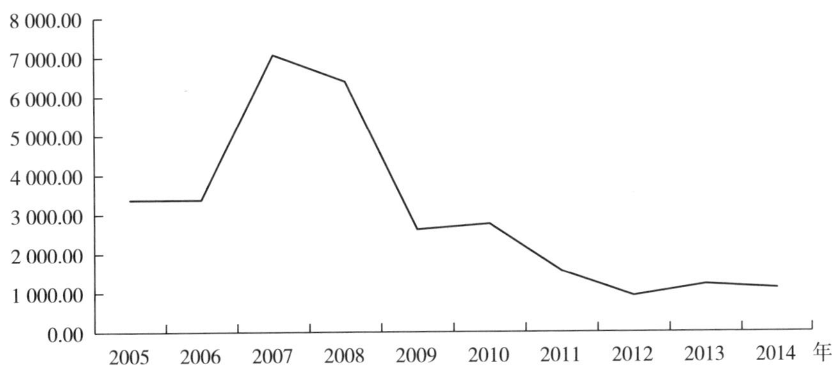

图 1　波罗的海指数（BDI）

（二）经济环境方面

经营环境对一个企业的影响是巨大的。世界经济和国际金融危机等周期性因素对航运业的影响也非常明显，可以说，航运业是一个典型的周期性行业。2008 年国际金融危机对各行各业都造成了一定的打击，而航运业在其中受到的打击更是非常突出，国内航运业受到国际金融危机影响呈现持续的低迷状态。波罗的海综合运价指数（Baltic Dry Index，BDI）是航运业内的一个指向标。在 2008 年国际金融危机之后，BDI 指数始终处于较低的水平，航运业的萧条可见一斑。在这期间，国际、国内均有大量的船运公司倒闭和破产，航运业整体低迷。

（三）战略方向方面

2009 年，在央企重组的大政策背景下，中外运和中国某航运集团合并，组建了国内水运巨无霸的大型央企。一时之间，新的巨无霸中外运长航被视为央企重组的明星标杆。H 油运积极响应国内政策号召，开始了战略转型，H 油运高层的重要决策是把海外的生意做大做强，置出了自己全部 179 艘内河小船，购进多艘大型油船，进行了大肆的扩张，自此将运营重点放在了海上运输。

三、退市制度

建立退市机制是为了净化证券市场的环境，完善上市公司退市制度是中国证券市场走向成熟的重要一步，健全的退市制度将敦促上市公司改善其经营管理，来提高上市公司的总体质量，并且有助于改变市场价格扭曲的情形，使一些绩优股、成长股的价值得到体现。从长远看，退市制度的完善，能够促使证券市场的体系更加完整，实现市场资源优化配置的功能，从而进一步优化上市公司的整体结构。

（一）退市制度的含义

对于成熟的证券市场来说，退市是很平常的。成熟证券市场的退市是指上市公司的股票已经不再符合持续上市的标准而被交易所依法取消上市资格，或者上市公司觉得自身经营不善自已主动提出退出证券市场。中国初期的上市公司退市只有单一的强制退市方式，通俗的是将上市公司退市定义为终止上市公司证券在交易所内挂牌交易的情况。之后，主动退市的标准被编入修订后的《股票上市规则》中，自此，退市制度在中国才有了明确的定义。一般来说上市公司退市是指：已经符合证券交易的股票，由于某种原因现在已不再符合上市条件，从而退出证券市场的行为。

（二）退市制度的发展

我国证券市场退市制度经历了20多年的发展，从无到有，逐步完善的过程。我国的退市制度经历最初的《公司法》中的简单提及，到随后逐渐形成的ST、*ST和代办转让系统，一直到2012年6月新的退市方案的发布，一系列的法律法规相继出台。我国退市制度大致可划为三个阶段。

1. 退市制度的探索

第一阶段是初步探索时期。1993年《公司法》的颁布，初步建立了上市公司退市标准，构建了退市制度的基本框架。但相关法规中并没有具体的实行细则，所以这一制度并没有真正施行。1998年《证券法》的颁布，ST制度的建立，1999年PT制度的建立，促进了上市公司退市缓冲机制的建立。ST制度是指当上市公司不再满足继续上市的条件时，将对其进行特别处理，ST股票每个交易日的涨跌幅均在5%以内，并且财务报告必须通过审计。PT制度是指对已被暂停上市的公司进行特别转让处理。这一制度建立的初衷是为了提醒投资者存在的风险，并且为那些已被暂停上市的公司提供合法交易场所，但在实际实行过程中，PT制度严重违背了初衷，所以在2002年正式退出了历史舞台。

2. 退市制度的建立

第二阶段是初步建立时期。2001 年 2 月 23 日，中国证监会发布《亏损公司暂停上市和终止上市实施办法》，该办法对上市公司退市作出了明确的实施规定。同年 4 月，PT 水仙被强制退市，成为中国证券市场上第一家退市公司。这也标志着我国退市制度的初步建立。但此时的退市制度没有提及关于市场操作、信息披露等方面的问题。2003 年，证券市场开始实施退市风险警示制度，是将触碰上市公司退市条件的公司股票加上 * ST 标志，意思是警示投资者这类股票存在被退市的可能。同年，证监会对《实施办法》进行了补充规定，强调并解决了公司股票退市后转至代办股份系统的问题。2004 年，证监会发布退市指导意见，新的《指导意见》对股票终止上市后的股东权益保护、股份转让和再次申请上市等问题进行了明确规定，进一步推动退市公司进入到三板市场。

3. 退市制度的完善

第三阶段是不断完善和发展的时期。从 2006 年开始，《证券法》和《公司法》分别被修订出台，修订后的法规中，赋予了交易所在退市中的决定权，但退市标准比较单一，只是对连续亏损的上市公司设立了退市程序。2012 年 4 月 20 日，深交所正式发布《创业板股票上市规则（2012 年修订版）》，意味着创业板退市闸门正式打开，同时规定创业板公司退市将不支持上市公司通过借壳恢复上市。2012 年 6 月 28 日，上交所、深交所公布新退市制度方案，连续三年净资产为负，或者连续三年营业收入低于 1 000 万元，或连续 20 个交易日收盘价低于股票面值的公司应终止上市。2014 年 10 月 17 日，中国证监会发布了《关于改革完善并严格实施上市公司退市制度的若干意见》，并于 2014 年 11 月 16 日正式施行。该退市新规对上市公司的强制退市作出了更为严格的规定，其中包括明确实施重大违法公司强制退市，严格执行市场交易类、财务类强制退市指标，并进一步明确了重大违法公司及有关责任人员的赔偿责任，H 油运就是在该退市新规下被强制退市的第一股。证监会将对存在重大信息披露违法、欺诈发行等市场反映强烈的违法行为的公司予以强制退市，并分别规定了暂停上市、终止上市的标准。

（三）退市制度的具体指标

1. 增加净资产指标

上市公司最近一个会计年度经审计的期末净资产为负数或者被追溯重述

后为负数的，对其股票实施退市风险警示。上市公司的股票因前述事项被实施退市风险警示后，公司最近一个会计年度经审计的期末净资产为负数的，其股票应暂停上市。上市公司的股票因前述事项被暂停上市后，公司最近一个会计年度经审计的期末净资产为负数的，其股票应终止上市。

2. 增加营业收入指标

上市公司最近一个会计年度经审计的营业收入低于 1 000 万元或者被追溯重述后低于 1 000 万元的，对其股票实施退市风险警示。上市公司的股票因前述事项被实施退市风险警示后，公司最近一个会计年度经审计的营业收入低于 1 000 万元的，其股票应暂停上市。上市公司的股票因前述事项被暂停上市后，公司最近一个会计年度经审计的营业收入低于 1 000 万元的，其股票应终止上市。

3. 增加审计意见类型指标

上市公司最近一个会计年度的财务会计报告被会计师事务所出具否定意见或者无法表示意见的，对其股票实施退市风险警示。上市公司的股票因前述事项被实施退市风险警示后，公司最近一个会计年度的财务会计报告被会计师事务所出具否定意见或者无法表示意见的，其股票应暂停上市。上市公司的股票因前述事项被暂停上市后，公司最近一个会计年度的财务会计报告被会计师事务所出具否定意见、无法表示意见或者保留意见的，其股票应终止上市。

4. 增加市场交易指标

在交易所仅发行 A 股的上市公司，连续 120 个交易日通过交易所交易系统实现的累计股票成交量低于 500 万股或者连续 20 个交易日的每日股票收盘价均低于股票面值的，其股票应终止上市。在交易所仅发行 B 股的上市公司，连续 120 个交易日通过交易所交易系统实现的累计股票成交量低于 100 万股或者连续 20 个交易日的每日股票收盘价均低于股票面值的，其股票应终止上市。既发行 A 股又发行 B 股的上市公司，如 A、B 股股票的成交量或者收盘价同时触及前述仅发行 A 股的上市公司和仅发行 B 股的上市公司的标准，公司股票应终止上市。

5. 扩大适用未在法定期限内披露年报的指标

上市公司的股票因净利润、净资产、营业收入或者审计意见类型触及规定的标准被暂停上市后，不能在法定期限内披露最近一个会计年度经审计的年度报告的，其股票应终止上市。

四、投资者保护制度

（一）投资者保护的含义

国际证监会组织（ISOCO）认为，投资者保护是指对投资者应免受因误导、操纵或欺诈（包括内幕交易、抢先交易和非正当挪用客户资产等）造成的损失而提供的各种保护。国内研究通常将投资者保护更多地定义为政府证券市场监管行为，通常泛指投资者免于受到公司控股股东和内部证券欺诈行为，以及政府监管失误所带来的损害，是基于法律框架下的降低投资者金融投资风险的政府公共产品供给行为。市场中一种投资者保护的含义是指由国家相关监管机构主导、市场中介组织参与、依照相关法律法规实施、以上市公司等各种市场参与主体为监管对象、以保护投资者合法权益为价值取向的制度性安排。可见以上三种描述均强调了对投资者正常权益的保护而不是赋予其特权，是为投资者行使权利创造更为宽松、便捷、有效的环境与条件。旨在克服投资者固有的群体性缺陷。

（二）投资者的基本权力

《证券法》明确规定了保护投资者合法权益原则，奠定了投资者保护的法律基础，成为投资者投资证券市场的前提。投资者作为证券市场最重要的参与者，投资者权益是指其从事证券投资行为所依法享有的一切权利的总和。

根据投资者在证券市场中扮演的角色不同，其享有的权益也存在差别。权益包括：作为上市公司股东享有知情权、监督权、参与权和分配权等；作为证券交易主体享有交易权、资产收益权、资产安全权和股票发行定价参与权等；作为普通民事主体享有投诉举报权、请求调解权、提起仲裁权和诉讼权等。根据权利的存在形态，投资者权利又分为应有权利、法定权利和现实权利，研究投资者权利的目的是为更多应有权利的转化为法定权利提供理论支撑，保护投资者的法定权利，努力实现其现实权利与法定权利的一致。

保护投资者的权利对证券市场至关重要。证券市场由众多投资者与其他市场主体共同参与，且具有利益多元化特征。上市公司是证券市场的基石，投资者为证券市场提供了持续稳定的资金来源，对证券市场的规模、结构、功能及发展均发挥着至关重要的作用。上市公司融资、并购、重组、股票交易以及由此引发的证券监管，最终也都是以投资者的广泛参与为归依。在证券市场上的投资者具有证券持有人和交易人的双重身份，享有市场参与者的各种权益。股东权益维护着投资者对上市公司的信赖，树立对交易市场的信心，夯实证券市场稳定运行的制度基础，投资者也成为证券市场制度健全和落实的基本推动者。

（三）投资者保护制度

健全的投资者保护制度是促进资本市场持续健康发展之基，投资者保护制度包括监管保护、市场保护、法律保护、自律保护和自我保护五个方面。

1. 监管保护。通过制定完善投资者分类标准，科学划分风险等级，进而健全投资者适当性制度；建立执业规范和内部问责机制，依法追究违反适当性管理规定、给投资者造成损失的相关机构的法律责任；通过建立限售股股东减持计划预披露制度、股东诚信记录数据库、守信激励和失信惩戒机制，严肃查处上市公司违规披信、内幕交易和操纵市场等各类违法行为，以证券监管制度创新实现对投资者合法权益的保护。

2. 市场保护。引导和支持上市公司增强持续回报能力，优化投资回报机制；对于上市公司的利润分配是否损害了投资者合法权益，相关中介机构应发表明确意见；通过完善股份回购、“以股代息”和除权除息制度，建立分红文化背景下的多元化投资回报体系；鼓励投资者通过机构投资者参与市场，探讨构建基金管理人与基金份额持有人利益一致的费用模式；制定简明化和自愿性规则，以信息披露充分揭示风险，并提高市场透明度，变“用脚投票”为“用手投票”，切实保障投资者知情权、投票权和收益权。

3. 法律保护。真正实现投资者保护工作常态化、规范化和制度化，必须建立多元化纠纷解决机制，上市公司及证券期货经营机构等要通过公开处理流程并完善投诉处理机制；证券监管部门要健全登记备案制度，支持相关主体协商解决争议或者达成和解协议；通过发挥第三方机构功能作用，逐步建立调解与仲裁、诉讼的对接机制；完善民事诉讼、赔偿机制和救济维权制度，优化维权程序，降低维权成本，督促违规或者涉案当事人主动赔偿投资者；严厉打击各类证券期货违法犯罪活动，建立侵害投资者合法权益事件的快速反应和处置机制。

4. 自律保护。通过建立偿债基金、退市保险和证券中介机构职业保险制度，完善上市公司退市风险应对机制；以自主救济、保荐质保金、违规风险准备金和行政和解制度为基础，进一步完善投资者风险救助机制；加大对证券监管部门、自律组织以及市场经营主体的资源投入，畅通沟通渠道，建立投资者合法权益保障检查制度与评估评价体系；政府各相关监管部门应加强信息共享，优化政策环境，强化协调沟通机制与国际监管交流合作，实现投资者合法权益的跨境监管与保护。

5. 自我保护。通过网络投票、投票表决、第三方见证、罢免议案、履职评价和单独计票和利益冲突回避等机制构建，保障投资者依法行使权利；强化投资者基础金融知识普及力度，充分发挥媒体的舆论引导和宣传教育功能；树立理性投资意识，提高投资者风险防范意识和自我保护能力。

（四）退市中的投资者保护

1. 退市风险警示

退市制度改革针对重大违法退市情形设置了退市风险警示环节，主要是考虑到重大违法上市公司暂停上市的触发时点具有偶发性和突发性的特征。如果公司股票直接被暂停或终止上市交易，对投资者特别是中小投资者而言，将缺乏必要的缓冲和准备。因此，在充分考虑给予投资者退出机会的基础上，交易所设置了退市风险警示交易阶段，在证监会作出行政处罚决定或移送决定之日起开始对公司实施退市风险警示。

2. 暂停上市交易

股票暂停上市交易是基于法律规定的特殊原因而暂时停止交易的情形。公司股票进入暂停上市交易阶段，均因出现法定不利情形。设立暂停上市交易期间，目的在于防止股价大幅下跌，保护投资者权益，且给予公司为扭亏为盈改革提供必要的时间和机会。

3. 恢复上市交易

被实施退市风险警示的上市公司股票在被证券交易所暂停上市交易期间，公司能够在法定期限内披露经审计的暂停上市交易后首个半年度报告，且经审计的半年度财务会计报告显示公司实现盈利，公司可向证券交易所申请恢复上市交易。股票恢复上市交易无疑是对中小投资者权益的最好保障。

4. 终止上市交易

为给中小投资者在公司退市前提供必要的交易机会，以利于中小投资者有更多的机会处理手中股票，按照规定，交易所给予公司三十个交易日的退市整理期，在退市整理板交易，三十个交易日期满后，公司股票将终止上市。退市整理期的设立，充分提示和释放了相关退市的风险。

5. 转板、破产重组

多层次的资本市场出发点是为了满足不同发展阶段的企业的融资需求，上市规则对于终止上市交易的股票进入新市场提供了制度上的衔接。股票转板依然可继续转让交易，但是交易规则会发生变化，特别是对于中小投资者有一定的限制。对于资不低债、经营难以为继的退市企业，一般体现为公司破产重整或清算，相关法律法规对于中小投资者权益予以保护，但是实际效果却差强人意，中小投资者很难参与其中。

五、案例介绍

（一）公司简介

H 油运，我国某集团旗下专业从事游轮运输业务的控股子公司，公司总部设立在南京。专业从事邮轮运输业务，经营全球航线的原油、成品油以及化工品、液化气、沥青等。公司是由南京某公司联合长江沿线八家国有大中型石油化工企业共同发起，于 1993 年 7 月 20 日批准设立的定向募集股份有限公司，企业性质为央企。1997 年 5 月，经中国证监会证监发字〔1997〕232 号和证监发字〔1997〕233 号文批准，公司公开发行 3 500 万股社会公众股，公司股票于 1997 年 6 月 12 日在上海证券交易所挂牌交易。

（二）H 油运退市过程及与中小投资者的质疑

2010 年之前，H 油运经营情况尚可，尤其是 2009 年之前，H 油运每年的净利润呈递增情况，但是自 2010 年开始，H 油运则陷入了经营困境。2010—2013 年，H 油运净利润连续 4 年为负值，亏损额由 2010 年的不足亿元，发展到 2011 年的 7.49 亿元，到 2012 年再创新高，亏损达 12.38 亿元，2013 年亏损额更是达到难以置信的程度，亏损为 59.19 亿元。根据 H 油运〔2014 - 001〕号公告，H 油运股票于 2013 年 5 月 14 日停牌。H 油运 2013 年的年报中显示，信永中和会计师事务所在 2013 年为其出具了非标准意见的审计报告。并且 H 油运 2013 年净利润为 -59.2 亿元。如此一来，H 油运已经连续 3 年净利润负值，这意味着，H 油运正式符合了上海证券交易所规定的终止上市的条件。2014 年 4 月 12 日，H 油运发布公告，称 4 月 11 日收到了上海证券交易所自律监管决定书〔2014〕161 号《关于终止中国 H 油运股份有限公司股票上市交易的决定》，H 油运股票上市交易被终止，公司将于 2014 年 4 月 21 日进入退市整理期。2014 年 6 月 5 日，H 油运被终止上市。H 油运也由此成为了历史上首家央企性质的退市公司。

表1　　H油运2004—2013年营业收入、成本及利润情况

年份	2004	2005	2006	2007	2008	2009	2010	2011	2012	2013
营业总收入	8.27	10.92	24.41	20.56	31.92	33.59	42.84	50.88	66.29	73.07
营业总成本	5.82	7.55	20.97	16.31	27.40	33.33	42.93	59.43	78.90	131.59
营业利润	2.53	3.49	3.44	4.36	4.58	0.12	-0.09	-8.55	-12.60	-58.50
净利润	1.74	2.38	2.40	3.47	5.86	0.05	-0.25	-7.49	-12.38	-59.19

2014年4月21日，H油运股票复牌进入退市整理期交易，这也是该公司在A股市场最后的30个交易日。此后，它即将退出市场到新三板挂牌。股价复牌跌停，报1.47元，跌幅为9.82%。盘中逾300万手抛单封住跌停，金额超4亿元。此后H油运股票迎来了连续跌停，中小投资者手中的资产在不断缩水。但是在5月29日，H油运股票逆市暴涨6.67%，盘中更一度涨幅达8%，当日总手达88.31万手，成交金额为6 988万手，此时距离H油运股票正式暂停上市仅有3个交易日。一方的亏损与一方的豪赌形成鲜明的对比。

在H油运退市的过程中，中小投资者更是经历了颇多维权的过程。H油运2014（H油运因亏损进入风险警告类股票）退市的消息传出后，因不堪H油运退市后的投资损失，多位投资者在上交所、证监会门前，打横幅维权，但均告无果。股民进行维权的原因是认为H油运恶意退市。第一，2010年业绩由盈变亏。2010年公司究竟是盈利还是亏损？这将直接决定公司是否满足连续四年亏损的退市条件。在2011年，H油运曾在2010年盈利的状况下通过定向增发募资15.2亿元。而2012年，H油运发布《前期会计差错更正公告》称，因会计准则调整及统计数据有误等原因，H油运对2010年的财务数据进行了追溯调整。调整后，2010年净利润由原来的盈利883万元变为亏损。有中小投资者代表指出，“若2010年H油运业绩亏损，则不符合完成定增的条件；若当年其业绩盈利，则现在达不到退市的条件。”而在问题没有搞清楚之前，H油运不应仓促退市。第二，H油运在连续亏损三年之后，发出公告称，由于经营亏损、部分船舶计提资产减值和长期租赁VLCC计提预计负债的原因，公司2013年净利润再度亏损59亿元。对此，中小投资者代表称，“大额计提常常是将未来可能的亏损提前，为以后盈利铺路的一种会计手法。”按照这个思路，H油运董事会如真想把公司搞好，避免退市风险，就应该在2012年进行大额减值计提，2013年就可以借助公司经营收入的正常增长实现盈利。而且在2013年年报中对9艘大型原油轮资产确认的高达约25亿元的减值损失，其中争议最大的是包括2艘已经下水、尚未交船的VLCC。中小投资者代

表人为“还没有交船怎么能算作公司的资产来计提损失？这难道不是为了做成亏损的烂账恶意退市吗?”同时，H 油运子公司 H 油运（新加坡）有限公司 2010—2013 年共亏损 42 亿元，而 H 油运（新加坡）有限公司 2013 年年末占用母公司资金余额高达 31. 24 亿元，严重拖累母公司，中小投资者代表认为“其子公司为独立法人，亏损不该由母公司来承担”。

（三）退市原因

1. 内部因素

（1）公司战略决策失误

2008 年的国际金融危机使业界都判断航运业处于萧条状态。一般而言，在萧条状态下，企业应当更加谨慎经营，投资决策应当更加慎重，仅有少数企业会在萧条的情况下还大力扩张，H 油运便是那少数之一。H 油运决策层虽然认识到当前的行业情况不景气，但却认为，尽管航运业目前处于低谷，但复苏之日为期不远。H 油运决策层认为这时应该把握时机，趁此时扩张以后便能抢占更多的市场份额，于是作出了在当时扩大船队规模的决定。从 2008 年开始，H 油运进入运力的快速增长时期。H 油运快速扩运力的程度通过下列数据可见一斑：2008 年 H 油运新增运力 126. 5 万吨；2009 年 H 油运新增 5 艘 VLCC 和 10 艘 MR 油轮，新增的运力同比达到 155%；2010 年 H 油运继续加大增加运力的步伐，增速同比增长 45. 8%。到 2010 年 H 油运在 2010 年年报中的董事会报告里提到，“运力快速扩张与管理资源相对不足的矛盾开始突出。公司的经营能力、管船水平和人力资源、特别是船员资源，与公司运力快速扩张的需求相比还有一定差距。”到了 2011 年，H 油运年报里的董事会报告里首次出现“运力严重过剩”字眼，并且指出“收入受市场极度低迷影响，与运力增长不同步。同时燃油成本持续走高，财务费用依然高企，导致经济效益大幅下滑。”正如 H 油运年报里所提到的那样，H 油运由于运力过剩而导致的亏损随着时间推移越来越突出。

（2）公司股权结构不合理

H 油运作为一家央企性质的企业，在公司股权结构上存在着不合理的部分。根据 H 油运 2013 年年报披露，H 油运的前两名无限售条件股东分别是南京某油运公司和中国某航运集团南京金陵船厂，它们的持股比例超过 90%，并且同属于中国外运某集团有限公司，而中国外运某集团有限公司是由国资委 100% 控股的，因此，H 油运一股独大的问题非常突出，容易造成公司决策层有头脑发热行为，造成决策偏差，容易导致公司的经营走偏航道。

（3）H 油运在集团公司中所处位置

2009 年，在央企重组的大政策背景下，中外运和中国某航运集团合并，组建了国内水运巨无霸的大型央企。因合并之故，新中外运某航运集团旗下一下子便有了 5 家内地和香港上市公司，但是从整合开始，一直都处于“整而不合”的状态，处于劣势的 H 油运难以获得有利资源。集团的融资平台不会因为子公司 H 油运的退市而遭到重创，相反，H 油运的退市或许还能为集团的资产整合留下更大的空间，因此，H 油运在集团公司中的不利地位也使得集团公司不会倾尽全力挽救 H 油运的上市资格，不但不助其解决财务困境，反而采取消极的财务对策，使 H 油运最终被强制退市。

（4）公司融资方式风险过高

造成 H 油运被强制退市的另外一个重要的内部原因是 H 油运大规模的表外负债。在 2005—2008 年，H 油运租赁了 20 艘新造油轮，其中包括 10 艘海外租期的特大型油轮（VLCC）。为支付这笔高额的租赁费用，H 油运向国内外 19 家银行组成的银团贷款 12.8 亿美元（约合人民币 80 亿元），正是这部分未纳入上市公司历年的资产负债表中的负债，使 H 油运步入了严重的财务困境。截至 2014 年 5 月 27 日，这笔表外负债产生了实际超过 100 亿元人民币的本息。然而直至 2014 年 2 月 22 日，H 油运才发表公告，表示开始计提这笔负债。

（5）H 油运消极的财务应对策略

H 油运的业绩由 2010 年开始下滑。而 H 油运想必也清楚，根据强制退市规定的相关条款，如果公司 2013 年的净利润仍然亏损，公司股票则有很大可能面临被退市的命运。但是，在这样的情况下，H 油运反而采取了消极的财务策略来应对。H 油运 2013 年计提资产减值损失达 45.6 亿元，这样巨额的资产减值损失令 H 油运的净利润亏损雪上加霜。

2. 外部因素

（1）政策因素

自 1993 年起，中国便成为石油净进口国，在 1993 年至 2014 年二十多年的时间里，中国的原油进口量一路飙升。根据海关总署的相关数据，2013 年中国的原油对外依存度已高达 57.39%，2014 年我国累计进口原油 3.08 亿吨。根据中国石油设备网 2015 年 1 月 30 日的报道，2014 年我国已经成为世界第一石油消耗国和第二原油进口国。然而，尽管原油进口量节节攀升，中国的油运企业却并未在其中获得多少好处。多年来，中国进口石油的海运总量中，只有 10% 的份额是由中国油运企业承运。中国长期以来都希望能够控制自己原油的运输渠道，“国油国运”政策便是基于上述原因而产生。具体是在2006年，在中国对外原油依赖不断加大的情况下，相关部门希望将“国油国运”的比例由当时的10%提升到未来的80%，H油运作为一家央企下属的子公司，自然在国家战略中与政府保持一致。在“国油国运”政策颁布不久，H油运急速开始转型。大肆购买海上运输船，并置出拥有的内河小船，在不到6年时间里，H油运的船队规模已经位居世界游轮公司第6位；在VLCC的保有量上，H油运位居世界第8位，中国第1位。

然而，H油运急速转型却是在不正确的时机里进行。H油运在2007年年末迅速扩张之时正好是国际油船新船价格即将不断走低的关键节点。据英国克拉克松研究公司的数据，在2008年第三季度，即国际金融危机爆发前夕，VLCC的造价一度高达每艘1.6亿美元，但到了2013年第三季度，已跌至最低谷每艘9 000万美元，直到2014年5月才重回亿美元大关。H油运的扩张类似于投资者在证券市场的加仓，但是却是“高买低卖”。也就是说，H油运以高的造价来造船，但很快造价暴跌，这对H油运扩张的速度和数量看，这是一笔巨额损失。由于造船价格剧降导致H油运的财务指标吃紧，这是导致H油运最终被强制退市的主要原因之一。

（2）经营环境因素

2008年的国际金融危机对各行各业都造成了一定的打击，而航运业在其中受到的打击更是非常突出，国内航运业受到国际金融危机影响呈现持续的低迷状态。国际金融危机爆发后，全球航运需求骤降，航运业的运力空前过剩。这意味着，由于供大于求，航运企业处于买方市场。在这种情况下，一些小型航运公司为了能够继续把持手中的航线，继续占领市场，不惜亏本经营。即使个别实力强的航运公司依然有较强的议价能力，也有亏损的航线。一方面，运力过剩而导致航运业复苏困难，另一方面，航运业低迷又使得航运市场持续供求不平衡。在这样的环境下H油运经营十分困难。根据H油运2012年及2013年年报，H油运的主要营业收入来源是运输业。因此，运输业的行业低迷是H油运亏损的主要原因。

六、从H油运退市谈如何保护中小投资者利益

（一）H油运在退市过程中存在的问题

1. 公司信息披露数量不足、质量不高，误导投资者

（1）公司的表外负债未对外披露。2005—2008年，H油运通过租赁的方

式新造了20艘油轮。为此，H油运向国外19家银行组成的银行贷款12.8亿美元。然而，公司的资产负债表却并未收录这部分负债。而这笔巨大的表外负债是导致长航油运财务吃紧，最后遭受退市命运的主要原因。

（2）2010年公司年报由盈利变为亏损，H油运2010年年报存在重大的信息误导。H油运在2010年年报中披露，公司2010年盈利883.46万元。然而到了2012年4月，新的负责H油运审计的安永华明会计师事务所为H油运出具前期会计差错更正。这次差错更正对H油运被强制退市起着关键作用，年报更正让H油运正式满足了强制退市的条件，直接造成了H油运的退市。

（3）2011年公司定向增发传递出误导信息。H油运2011年通过定向增发成功募资12.5亿元，但是在当时H油运已经处于运力过剩而导致亏损的状态，而公司却还要定向增发使亏损加剧。同时对投资者也是极大的误导。

（4）计提令人质疑的巨额资产减值损失。2014年2月，H油运突然宣布对两项资产进行减值损失计提：①对9艘超大型油轮计提资产减值损失25亿元；②对全资子公司H油运（新加坡）有限公司旗下的10艘长期期租超大型油轮计提减值损失约21亿元。这两笔减值损失几乎占了H油运2013年亏损59亿元的80%。

2. 各方法律责任不明确，投资者损失承担问题

高管、独立董事以及审计师作为内部人，对于H油运强制退市的情况对比投资者更加清楚，并且对造成H油运强制退市这一事实也有不可推卸的责任。对于审计师而言，安永华明会计师事务所在2012年对H油运进行了前期会计差错更正，那么，之前为H油运做2010年审计的会计师事务所以及会计师更是有明显的、不可推卸的责任。然而，H油运退市后，并未看到对高管、独立董事以及审计师的追责。

（二）从H油运的退市中如何更好地保护投资者

1. 监管机构相关措施

（1）完善上市公司退市制度

H油运的强制退市引发社会的强烈关注，投资者在H油运的南京总部以及证券交易所外拉横幅维权抗议，这些事件都反映出我国投资者在应对所投资的上市公司被强制退市时的无助，也反映出我国在上市公司被强制退市后对投资者权益保护措施不充足，退市制度不完善。

对于H油运退市而言，其强制退市对近15万名股东造成了巨大损失。然而，所有的损失都由投资者自己承担。但是在2010年年报由盈转亏在一定程

度上是对投资者的误导。而2011年在公司亏损的情况下的定向增发最后导致投资者损失，管理层也难辞其咎。但是对于这种明显卖者有责的情况，在H油运退市后却无人追究，仅仅留下买者自负。这样的退市制度是不完善的，应当建立追责制度，为投资者的利益提供保障。追责制度要注意强化责任的划分，要明确高管、独立董事以及审计师等各方的法律责任，还要平衡卖者有责和买者自负之间的关系。

（2）强化信息披露

H油运公司公告存在诸多信息披露不完全、报告差错或虚假陈述的情形。明确公司和控股股东应确保信息披露的及时性和易于接受性，加大不及时履行披露义务的处罚力度，完善信息披露制度违法行为的处罚机制，并加强行政责任与刑事责任的衔接，真正将信息披露义务落在实处，中小投资者通过及时准确地了解真实、完整的信息作出理性的投资选择。

加大对上市公司因披露信息不足而误导投资者的处罚力度。目前，中国对于上市公司信息披露违规的处罚力度比较轻，效果当然有限。对此，首先，要逐步加强建设证券市场流通股票公司信息不合法、不合规信息披露的惩戒体系，增强处罚的透明度和宣传力度，增加监管机构的威信和权威；其次，要明确现行阶段关于信息披露监督管理的各种法律行政法规条例等标准，并向证券市场公开其信息，要求上市公司严格执行相关条例；最后，要对上市公司的违法违规信息披露行为实施严惩，并实行一事再犯重罚原则，大力严惩上市公司会计信息披露的负责人和签字人，提高高管的信息披露违规成本和代价。

此外，目前信息披露违规程序监管的效率相对低下，处罚时间长，效果不明显。因此我们还需要增加对上市公司信息披露的监管方式和信息披露违规的处罚手段，完善监管处罚措施的相关程序，同时也可以借助一些新媒体加大对违规公司的曝光度。我国的微信、微博等新媒体快速发展，相关部门可以考虑采用这些新载体，研发一个专门公布上市公司黑名单的微信号或是微博号，让更多的社会大众能够更容易地了解到哪些公司存在问题，这样上市公司由于信息披露工作违规的名誉成本会更加大，在一定程度上会让上市公司更加严肃认真地对待信息披露工作，提高信息披露质量。

2. 上市公司相关措施

（1）依法依规，完善公司的治理结构

分散股权有利于构建科学合理的公司治理结构，提高投资者对大股东的监督。具体来说，假如上市公司的股权过于集中，则会出现“一股独大”的情况，这意味着公司的许多重要决定的决定权集中在大股东身上，很有可能因为大股东的决策失误而造成公司经营的危机。上市公司应当充分认识到被强制退市的风险性，完善公司的治理结构，实现股权分散，合理分配各个股东对公司的控制权，克服管理层中“一股独大”问题。股东之间的利益得到均衡，控股股东与中小投资者的利益冲突就能得到缓解。可以考虑实行混合所有制改革，引入民营资本，这样在决策时能多方权衡利弊。

（2）聚焦核心业务

关注公司核心业务，努力提升公司价值，增大营业利润。退市制度中着重强调公司的财务指标，主要包括净利润、净资产、营业收入和审计意见类型等。这些财务指标都跟公司的主营业务密不可分，因此，上市公司应当努力发展主营业务，适当经营关联产业，避免亏损，争取为公司本身以及投资者创造更多的利益。

（3）建立审计委员会

审计委员会的作用在于监督上市公司日常的经营管理，加强上市公司的内部控制。设立审计委员会的目的是保证信息披露的合法性以及保证内部控制的有效性，因此，审计委员会聘请的审计委员需要满足一定的专业技术要求，必须要拥有足够的专业技能和专业识别能力来对上市公司违法违规的信息披露行为进行识别并提出正确的纠错意见，而且还要有足够的独立性，使之较少或者不受管理层或者大股东的影响。因此，要注意对审计委员资格的核查。专业性强、独立性高的审计委员会将对上市公司信息披露质量产生积极影响。

同时，公司也应注意违法性退市风险，应设立法律顾问，对重大经营活动进行法律风险评估。

3. 投资者自身的防范措施

（1）加强投资者对企业的了解和企业决策的参与

不能简单依据企业股东属性等来判断投资的稳健程度，还要结合上市公司在集团中的地位，以及上市公司的业绩表现、发展战略等因素，充分考虑未来风险及收益情况，综合考虑上市公司的投资价值。而对于上市公司的重大决议，确保中小投资者的表决权，可以明确以股东代理投票、引入通讯表决等方式，落实中小投资者的话语权，提升投资者参与股东大会的积极性。对于股东大会决议表示异议时，可以行使股份回购请求权，根据股票价格的波动，以一定时间段的平均股价来确定股权转让价格。

（2）设立中小投资者保护协会

H 油运公司的中小投资者曾以不理性的方式阻碍股东大会的进行，这显然是不合适的。而且投资者维权需要专业知识，并且耗费时间精力以及相当的财力，在此基础上甚至依然难以维权，设立中小投资者保护协会，由协会组织专人运用专业的经济、法律知识维护中小投资者的合法权益。对于作出巨额会计差错的会计师事务所、律师事务所等中介机构承担虚假陈述连带民事赔偿责任，可以确保中小投资者权益得到赔偿。

思考题

1. 上市公司退市对投资者有何影响？退市制度对市场有什么影响？

2. H 油运退市的原因有哪些？

3. 通过对 H 油运退市进行分析，请说说我们应该如何保护中小投资者利益？

案例教学使用说明

一、教学目的与用途

1. 适用课程：投资银行学、金融市场学、投资学。

2. 适用对象：本案例主要为金融类专业、工商管理类专业等本科生开发。

3. 教学目的：本案例的教学主题是，上市公司的退市制度究竟是怎么样的，以及如果公司退市了，众多投资者（尤其是中小投资者）的利益如何保护。通过对第一家退市的央企 * ST 长油的案例分析，让学生了解退市制度的具体内容和意义所在，同时通过分析投资者的心理状态和投资行为，揭示投资者遭遇风险的原因，最后再总结保护投资者利益的制度措施。在授课过程中，内容主要分为三个方面，一是我国退市制度的演变及投资保护制度介绍，二是简介 H 油运退市及投资者表现，并从内外部因素分别分析其退市原因，三是简析 H 油运退市过程中遇到的问题，并分维度从监管机构、上市公司及投资者自身的角度探索投资者保护的措施。

二、理论依据与分析

（一）理论依据

（1）公司治理、投资学相关理论。

（2）我国退市制度、上市公司监管文件等规章制度。

（二）具体分析

1. 上市公司退市对投资者有何影响？退市制度对市场有什么影响？

投资者相对管理层和控股股东而言，具有信息不对称的弱势，不像控股股东那样在公司中占据着控制支配地位，所以，投资者在权力和权利方面不具有任何优势，其利益总是暴露在控股股东的强权之下，经常处于受支配的地位，随时有可能受到控股股东根据自身经济利益所作出的决策以及其他不正当交易的侵害。

退市制度可以更好地促进市场的发展。(1) 健全退市制度是促进市场健康发展的需要，公司上市是优化资源配置的重要手段，如果没有退市制度，一些差的企业将会拿走市场中的部分资源，使市场中的有效资源得不到合理的配置。(2) 促进上市公司的发展，退市制度将会给上市公司以警示的作用，促使其不断完善公司的治理水平，提高经营效率，从而使企业、市场得到更好的发展。(3) 提高违规成本，减少企业违规的出现，健全退市制度，将退市制度与相应的处罚制度相结合，能够将上市企业更好地纳入法制化的运营，对上市企业形成良好的制约，从而促进市场的健康发展。(4) 加强投资者的风险意识，促进投资者理性投资，退市制度一方面加强了投资者投资可能出现的损失，另一方面也能使投资者更加理性地投资，可以在很大程度上断绝投资者的侥幸心理，使他们劣质公司敬而远之，促进其理性投资，使市场健康发展。

2. H 油运退市的原因有哪些？

这一部分，先介绍 H 油运退市的细节背景，然后可以让学生自由讨论以下几个问题：H 油运退市的原因可能是什么？为什么是 H 油运成为了第一家退市的央企？H 油运是“恶意退市”吗？有什么方法可以阻止 H 油运退市？

在提问第一个问题的时候，要引导学生用合理的逻辑思路来回答。比如从外部的经营环境变化角度和公司内部决策角度来分别分析，也可以从行政体制与公司战略角度来分析，鼓励有其他的想法和思考。(1) 公司战略决策失误，在航运业处于萧条状态的情况下进行了大力扩张，导致运力严重过剩，费用高企，亏损越来越严重。(2) 股权结构不合理，航油运一股独大的问题非常突出。容易造成公司决策层有头脑发热行为，造成决策偏差，容易导致公司的经营走偏航道。(3) 在集团公司中所处地位尴尬，处于劣势难以获得有利资源，且退市可能为整个集团带来部分利益。融资方式风险过高。(4) 大规模的表外负债使 H 油运陷入了财务困境。响应政策号召但却错误地估计了当时的形势，在“国油国运”政策颁布不久，H 油运急速开始转型。大肆购买海上运输船，并置出拥有的内河小船，但其购买之时，正好是国际油船新船价格即将不断走低的关键节点。以高价买入船只，但船只很快降价，带来了严重的财务问题。(5) 国际金融危机带来了行业的低估使 H 油运主营业务亏损严重，2008 年的国际金融危机对国内航运业影响巨大，航运业的运力空前过剩，整个航运业处于买方市场，而 H 油运的主要营业收入来源是运输业。运输业的行业低迷也导致了 H 油运的亏损。

第一个问题回答完了之后，开始在更大的范围视角内去思考问题，要让学生明白 H 油运作为第一家退市央企所蕴含的深刻意义。此时给学生讲解退市的条件和流程，引导学生理解避免退市的常见措施（微型亏损、注资自救、变卖资产、资本运作等）。之后引导学生去思考，为什么有这么多措施，H 油运依旧要退市？大幅度计提损失是否有别的目的？（可能是集团公司决定放弃、或者为今后从新三板回归主板做铺垫）最后让大家猜想阻止 H 油运退市的方法可能有哪些？

3. 通过对 H 油运退市进行分析，请说说我们应该如何保护中小投资者利益？

教师应当向学生讲明，投资者保护是各个国家金融监管部门的一项重要工作，它是一套系统工程，既需要制度方面的完善，也需要进行投资者教育，既需要金融监管的加强，也需要投资者自身素质的提高。但总的趋势应当是资本市场逐步完善，投资者的利益能够得到更好的保护。在这里，教师可以引申拓展去讲解投资者更优的投资策略问题，或者分析机构投资者是否能够促进市场稳定等问题。

从监管机构的角度：(1) 完善上市公司退市制度，完善的退市制度将会更好地保护投资者，使其在上市公司退市时获得应有的权益；(2) 强化信息披露监管，明确公司和控股股东应确保信息披露的及时性和易于接受性，真正将信息披露义务落在实处，投资者通过及时准确地了解真实、完整的信息作出理性的投资选择；(3) 建立追责机制，设立专项法律，公司出现问题投资者自己买单，而管理层却免于责任，应当对有责任方以法律形式进行处罚，增大管理者错误决策的成本，促使其理性决策。

从上市公司的角度：(1) 依法依规，完善公司的治理结构，上市公司应当充分认识到被强制退市的风险性，完善公司的治理结构，实现股权分散，合理分配各个股东之间的对公司的控制权，克服管理层中“一股独大”问题；

(2) 关注公司核心业务，努力提升公司价值，增大营业利润；(3) 建立审计委员会保证信息披露的合法性以及保证内部控制的有效性。

从投资者自身的角度：(1) 加强投资者对企业的了解和企业决策的参与，引入通讯表决等方式，落实投资者的话语权，提升投资者参与股东大会的积极性，使投资者充分了解企业；(2) 设立投资者保护协会，投资者维权需要专业知识，并且耗费时间精力以及相当的财力，设立投资者保护协会，由协会组织专人运用专业的经济、法律知识维护投资者的合法权益。

三、关键要点

1. 关键点：本案例结合退市制度的演变历程以及投资者保护制度等理论，分析研讨了 H 油运退市的原因及对投资者权益的损害，由此引出我国监管机构、上市公司以及投资者自身关于投资者保护的措施探究。

2. 关键知识点：围绕公司治理及投资学角度，分析上市公司退市的原因，以及我们该如何保护中小投资者权益。

3. 能力点：分析与综合能力、批判性思维能力以及解决问题的实际能力。

四、案例的后续进展

H 油运发布公告显示，上交所已经同意 H 油运重新上市的申请。这意味着 H 油运将会成为 A 股市场首家重新上市的企业，而从央企退市第一家上市公司，到 A 股重新上市第一股的转变，确实具有一定的标志性影响。公司可以重新上市，又有多少投资者坚持到今天呢？当初退市时投资者的损失却是难以弥补了。

实际上，H 油运获准重新上市，掀开了退市企业重新上市的序幕。但根据公告，退市后为重新恢复上市地位，H 油运主要做了以下四方面的工作：

(一) 剥离 VLCC，重塑商业模式。中国外运某集团与招商局集团、中国石化集团以央企联合打造原油运输平台、保障国家能源运输安全为背景，达成了合作方案，作为 H 油运主要亏损源的 VLCC 得以剥离至 VLCC 合资公司，H 油运由此减少债务约 24 亿元，同时中止相关长期期租船舶的租约，债务负担和租金支付压力大为减轻。

(二) 积极推进降低债务负担。H 油运与金融债权人共商通过破产重整的形式实施债转股，以公司资本公积金转增的股票和全体股东按照相应比例让渡的股票，清偿了公司约 62 亿元债务，同时对约 30 亿元留存债务进行重组。公司在 2015—2017 年收购/提前收购了 12 艘融资租赁船舶，进一步降低了公司债务规模，持续优化资本结构。

（三）深化内部改革，激发企业活力。H油运坚持市场化为导向，同步推进了公司内部改革，重塑适应市场的管理体制和组织架构，建立市场化的经营机制。目前，公司的组织机构精简、管理团队专业、经营管理团队内部协同高效，一体化的运营模式优势得到彰显，并将为公司的不断发展壮大提供坚实的体制机制保障。

（四）调整转变经营模式，增强抗击市场风险能力。退市后，H油运深耕国际成品油运输，并积极开发内贸原油运输市场。随着国家“一带一路”重大倡议的实施，积极开拓市场，争取长期稳定回报，增强抵御市场周期性波动风险能力。同时公司结合国家供给侧结构性改革的契机，大力拓展内贸原油运输市场，不断提升市场占有率。

五、建议课堂计划

本案例可以作为专门的案例讨论课来进行，如下是按照时间进度提供的课题计划建议，仅供参考。

本案例安排2个课时。

课前计划：

1. 学员准备：充分了解本案例涉及的企业及其事件；确定小组成员组成；提出1~2个论点。

2. 教师准备：完成相应的理论知识介绍；为学生提供学习此案例的材料；为学生提供讨论平台；收集学生的想法论点。

3. 教学辅助人员准备：准备好多媒体教学课件，课后收集学生的书面讨论资料。

课中计划：

案例讨论将分小组进行，每个小组拥有10~15分钟讨论及阐述时间，要求每个学生都要阐述自己的论点和观点。另外，每个小组都应该形成自己有别于其他小组的独特见解，并以文字描述。教师在主持此案例讨论中，应该鼓励及启发学生发表见解。此外，针对此案例相关的理论知识，教师应当向学生详细解释。

课后计划：

请学生上网搜索该企业的相关信息资料，尤其最新信息，采用报告形式给出更加具体的解决方案，或写出案例分析报告（1 000~1 500字）；如果对此案例有兴趣跟踪，建议联系案例作者或企业负责人，进行深入研究。明确具体的职责分工，为后续章节内容做好铺垫。

信贷资产证券化新规下第一单剖析：交通银行2012年第一期信贷资产支持证券[①]

臧 展

一、引言

2012年末，交通银行首单信贷资产证券化项目——“交银2012年第一期信贷资产证券化”以良好的结构设计和发行表现，获得多项国际殊荣。

其中，国际性权威财经类专业杂志《国际资本评论（全球）》（IFR Global）“2012年度最佳结构金融交易奖”评选中，该项目荣获“亚太最佳证券化交易奖”，同时荣获《国际资本评论（亚洲）》（IFR Asia）“最佳证券化交易奖”；在《亚洲货币》“2012年度亚洲最佳债务融资交易奖”评选中，荣获“最佳证券化交易奖”；在《财资》“2012年度亚洲地区3A级最佳结构融资交易奖”评选中，荣获“最佳本土证券化交易奖”。

2012年5月，中国人民银行、中国银监会、财政部发布《关于进一步扩大信贷资产证券化试点有关事项的通知》（见附录1），重启新一轮证券化试点。2012年9月，国家开发银行打响了信贷资产证券化重启的第一枪，而交行本次证券化项目成为本轮试点重启以来，首单由全国性股份制商业银行发起设立的证券化项目，也是全市场第二单银行信贷资产证券化发行。

新试点的实施预期能够直接改善银行资产负债表，有助于提高资本充足率，降低存贷比，从而有效缓解银行资本金压力和贷款规模控制压力，通过将拟退出区域、行业或者企业的信贷资产进行证券化，转换为在市场上可以交易的产品，银行可以快速实现信贷退出、优化信贷资产结构。

---

① 1. 本案例由南京审计大学金融学院臧展副教授根据公开资料开发完成。本案例仅作为课堂讨论的材料，不表示企业成败及其管理措施的有效性。

二、信贷资产支持证券的背景及意义

资产证券化问世于美国，在短短的三十年里获得了飞速发展，是当今全球金融发展的潮流之一。20 世纪 70 年代，美国银行将缺乏流动性的信贷资产直接或间接地重新转组成新的资产池，并将其标准化和证券化转化成能在证券市场上交易的证券产品，这就是资产证券化的由来。随着中国金融业改革的不断深化，金融环境的不断成熟，对外开放程度的不断加深，中国信贷资产证券化的发展步伐也必将加快。只要贷款利率与同级别债券之间的利差足够大，银行就有动力将贷款证券化，获取其中的利差收益、中间服务收益，同时将贷款转让获得的收入用于发放新贷款，提高资产周转率。

资产证券化被称作三十多年来国际金融创新的基石，但在中国的发展之路却历经曲折。20 世纪 90 年代引入中国，2005 年 4 月 20 日，中国人民银行、中国银监会发布《信贷资产证券化试点管理办法》，明确将信贷资产证券化定义为“银行业金融机构”，作为发起机构，我国信贷资产证券化业务正式开始试点。办法出台后，国家开发银行、建设银行、浦发银行、工商银行、兴业银行、民生银行和中信银行等银行陆续发行了多款信贷资产支持证券。浙商银行于 2008 年 11 月发行了全国第一单中小企业信贷资产支持证券。2005—2008 年的 4 年时间里，共有 11 家境内金融机构在银行间债券市场发行了 17 单、总计 667.85 亿元的信贷资产证券化产品。

正值发展黄金时期，2007 年的美国次贷危机爆发，信贷资产证券化的可行性遭受怀疑。2008 年国际金融危机爆发，继雷曼兄弟公司破产后，监管机构出于审慎原则和业务风险考虑暂停了信贷资产证券化试点工作，自此我国信贷资产支持证券发展陷入停滞状态。此时我国债券市场仅有 72 只资产支持证券，票面总额 750 亿元人民币，不到债券市场总额的 0.5%。

2011 年 5 月，国务院批复同意继续扩大信贷资产证券化试点，我国的信贷资产证券化业务重启。直到 2012 年 2 月，人民银行在 2012 年金融市场工作会议上提出为创新转变银行经营模式，提高银行整体的风险防御能力同时发展银行新业务，继续推动银行信贷资产证券化业务等金融创新。接着在同年 5 月，中国人民银行、中国银行业监督管理委员会、财政部出台《关于进一步扩大信贷资产证券化试点有关事项的通知》，通知对基础资产、风险自留、信用评级等作出新的规定，要求基础资产的选择要更加注重加强与国家产业政策相结合，并禁止再证券化、合成证券化；各发起机构应持有由其发起的每一单证券化中的最低档次资产支持证券的一定比例，且不低于每一单规模的5%；聘请两家及以上的资信评级机构，并持续信用评级。

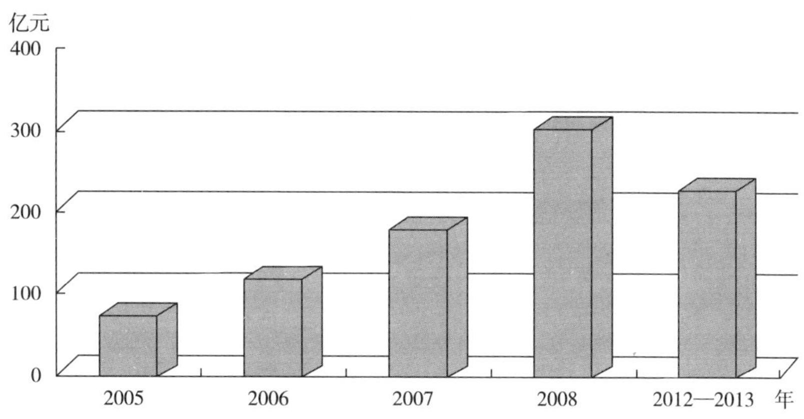

图1　2005—2013年信贷资产证券化业务规模

有研究表明，目前我国处于资产证券化的初级阶段，在市场配套上仍落后于美国20世纪70年代的水平。此外，中国式的资产证券化路径从发展伊始就与其他国家有所区别，是与中国既有国情和金融体系相结合而逐步推进的。其探索中也存在诸多有中国特色的难题有待突破。显然，资产证券化产品从尝试、突破到成熟需要耐心和时间。

表1　　信贷资产证券化相关法律法规

时间	发布部门	法律法规	效力级别
2001. 10. 01	全国人大常务委员会	《信托法》	法律
2005. 4. 20	中国人民银行、中国银行业监督管理委员会	《信贷资产证券化试点管理办法》	部门规范性文件
2005. 6. 15	中国人民银行	《资产支持证券信息披露规则》	部门规范性文件
2005. 12. 01	中国银行业监督管理委员会	《金融机构信贷资产证券化试点监督管理办法》	部门规章
2006. 2. 20	财政部、国家税务总局	《资产支持证券在银行间债券市场的登记、托管、交易和结算等有关事项公告》	部门规范性文件
2006. 2. 20	中国银行业监督管理委员会	《信托公司管理办法》	部门规章

续表

时间	发布部门	法律法规	效力级别
2007. 3. 1	中国银行业监督管理委员会	《信托公司集合资金信托计划管理办法（2009 年修订）》	部门规章
2007. 8. 21	中国人民银行	《信贷资产证券化基础资产池信息披露有关事项公告》	部门规范性文件
2009. 12. 23	中国银行业监督管理委员会	《中国银监会关于规范信贷资产转让及信贷资产类理财业务有关事项的通知》	部门规范性文件
2012. 5. 17	中国人民银行、中国银行业监督管理委员会、财政部	《中国人民银行、中国银行业监督管理委员会、财政部关于进一步扩大信贷资产证券化试点有关事项的通知》	部门规范性文件

三、交通银行简介

交通银行始建于 1908 年，是一家历史悠久、战略清晰、治理规范、经营稳健、服务优质的国有大型银行集团。1987 年 4 月 1 日，交通银行重组成为中国第一家全国性的国有股份制商业银行，总行设在上海，同时在 16 个国家和地区设立 21 家境外分行及代表处。2005 年以后，交通银行相继在香港联合交易所、上海证券交易所挂牌上市。

交通银行是中国主要金融服务供应商之一，集团业务范围涵盖商业银行、证券、信托、金融租赁、基金管理、保险、离岸金融服务等。截至 2018 年 6 月 30 日，交通银行境内分行机构 236 家，其中省分行 30 家、直属分行 7 家、省辖行 199 家，在全国 239 个地级和地级以上城市、159 个县或县级市共设有 3 259 个营业网点。旗下拥有 7 家非银子公司，包括全资子公司交银租赁、交银保险、交银投资，控股子公司交银基金、交银国信、交银人寿、交银国际。此外，交通银行还是常熟农商银行的第一大股东、西藏银行的并列第一大股东，战略入股海南银行，控股 4 家村镇银行。

四、交银第一期信贷资产证券化产品的设立

早在 2008 年交通银行就递交过资产支持证券业务的申请，但由于各种原因未能获得批准，但交行并未因此停止资产证券化的脚步，而是构想由证券公司或其旗下资产管理公司作为专项计划设立人，向合格投资者推广不同级

别的收益凭证募集资金，然后向银行购买信贷资产，同时作为管理人管理专项计划，以信贷资产产生的稳定现金流向投资者分配凭证的本金和利息。专项计划存续期间，由交通银行接受管理人委托继续履行贷款管理职责，按时收贷收息并转交管理人和投资人。

随着《信贷资产证券化试点管理办法》的公布，2012 年 10 月，交通银行的资产证券化方案终获批，其作为发起机构委托中海信托在全国银行间债券市场成功发行人民币 30.3355 亿元“交银 2012 第一期信贷资产支持证券”，成了我国重启信贷资产证券化以来首个由全国股份制银行发起设立的项目。

（一）政策支持与规则变化

与我国信贷资产证券化试点初期的规则相比，此次再次开战试点的规定在基础资产种类、参与机构范围、风险防范管理等方面都有了很大的变化。

1. 充实基础资产

2005 年试点初期基础资产范围主要集中在住房抵押贷款和大型企业贷款，此次信贷资产证券化试点重启与国家产业相结合，主要针对政府在“十二五”规划中列为优先项目的相关资产，包括重大基础设施项目贷款、涉农贷款、中小企业贷款，以及地方政府融资平台贷款、节能减排贷款、战略性新兴产业贷款、文化创业产业贷款、保障性安居工程贷款、汽车贷款等，多种类型的贷款及政策的支持极大地提高了资产证券化产品的稳定性，同时分散了风险。

2. 发起机构多元化

2008 年试点初期，信贷资产证券化发起机构主要是商业银行和资产管理公司等，而此次重启的信贷资产证券化试点鼓励更多符合条件的金融机构参与，因此本次发起机构包含政策性银行、国有银行、股份制银行、资产管理公司、汽车金融公司和财务公司等。

3. 强化评级防控风险

本次重启信贷资产证券化采用双评级模式，提高信用评级的公信力。聘请两家具有评级资质的资信评级机构进行持续信用评级；另外还采用投资者付费模式进行信用评级。

（二）产品介绍

1. 组建资产池

在此项目中，交通银行作为发起机构、中海信托（见附录 2）作为发行人，在全国银行间债券市场成功发行 30.3355 亿元信贷资产支持证券。本次发行是交通银行、中海信托、海通证券第一次联合试水信贷资产证券化业务。

新通知中要求资产池中基础资产的选择要更加注重加强与国家产业政策相结合，发起人交通银行选择的基础资产全部60笔贷款，涉及34个借款人，地区包括北京、江苏、新疆、湖北、上海、浙江、河南7个地区。这批借款人均不属于政府融资平台公司范畴，而是自偿性现金流较为充沛的市场化生产经营型企业，其基础资产均为交行优质企业贷款。这批公司类贷款中信用贷款占比较高，资产池中信用贷款22.64亿元，占比72.01%；保证贷款8.8亿元，占比27.99%。

表2　　交银2012年第一期资产支持证券的资产池基本情况

资产池未偿本金余额总额（万元）	303 355
贷款人数量	34
贷款笔数	60
单笔贷款最高本金余额（万元）	20 000
单笔贷款平均本金余额（万元）	5 056
合同总金额（万元）	314 400
单笔贷款最高合同金额（万元）	20 000
单笔贷款平均合同金额（万元）	5 516
加权平均贷款年利率	6.30%
单笔贷款最高年利率	7.07%
加权平均贷款合同期限（年）	2.83
加权平均贷款剩余期限（年）	0.91
加权平均贷款账龄	1.92

资料来源：《交银2012年第一期信贷资产支持证券发行说明书》第52页。

表3　　交通银行2012年第一期信贷资产支持证券概况

	评级	发行规模	分层比例	还本方式	利息支付频率	预期到期日	法定到期日
优先A-1档	AAA	850 000 000	28.02%	到期一次还本	还本时一次支付	2013.4.26	2016.12.31
优先A-2档	AAA	1 610 000 000	53.07%	过手型	每季度	2014.4.26	2016.12.31
优先B档	A+（中诚信、联合资信）A-（中债资信）	310 000 000	10.22%	过手型	每季度	2014.7.26	2016.12.31

续表

	评级	发行规模	分层比例	还本方式	利息支付频率	预期到期日	法定到期日
次级档		263 550 000	8.69%			2015.1.26	2016.12.31

资料来源：《交银2012年第一期信贷资产支持证券发行说明书》第59页。

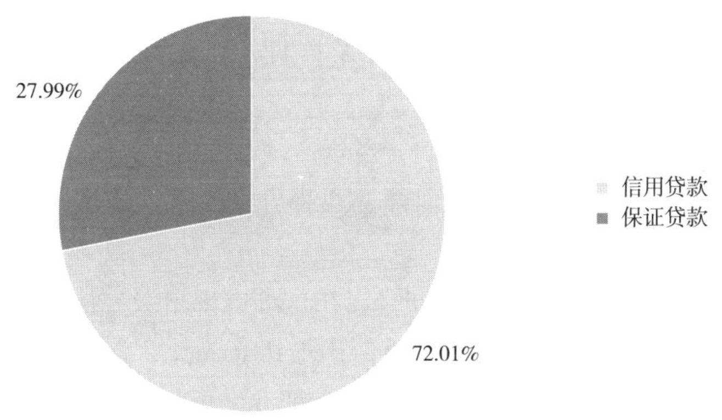

图2　交行第一信贷资产支持证券贷款性质占比

交通银行认为，“本次证券化项目的最大亮点是资产池的选择立足于促进国家产业结构调整升级，支持战略性新兴产业、‘三农’及‘中小型企业’发展，支持新疆等国家重点扶持区域发展，因此本次交行贷款对象大部分是建筑、基础设施、水务等行业的国家重大基础设施项目和‘节能减排’贷款项目，不含任何政府融资平台贷款和房地产开发贷款”。

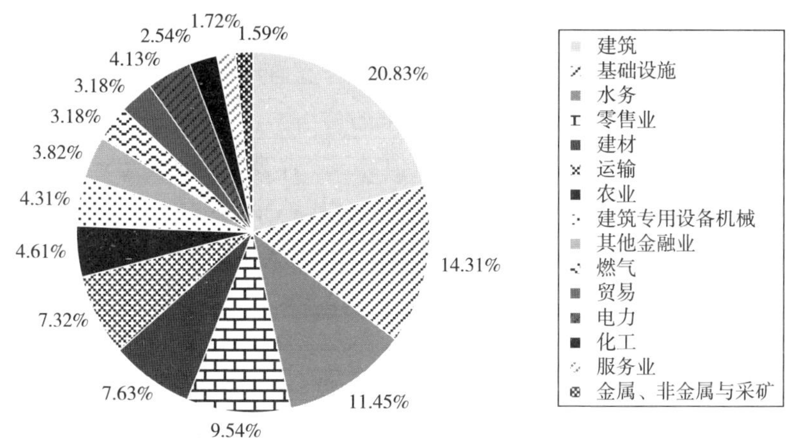

图3　交行第一信贷资产支持证券资产池行业余额占比

2. 资产转移

根据《信托合同》的约定，交通银行作为发起机构将相关资产委托给受托机构中海信托，由中海信托设立“特定目的信托”（SPV）。受托机构将发行以信托财产为支持的“资产支持证券”，并将“资产支持证券”扣除“承销报酬”和“发行费用”的净额支付给发起机构交通银行。

受托机构中海信托再向投资者发行资产支持证券，并以信托财产所产生的现金流为限支付相应税收、信托费用及本期资产支持证券的本金和收益①。

3. 信用增级与评级

信用增级是证券化交易的基础，当资产池质量出现恶化时起到了保护投资者的作用。信用增级可以通过内外部两种方式实现。本次交易没有采用外部信用增级方式。

内部增级采用的是优先/次级安排，在这种内部增级方法中，劣后受偿档级的投资者为优先档级的投资者提供信用增级。为此，该项目的资产支持证券被分为四个档级：优先 A－1 档资产支持证券、优先 A－2 档资产支持证券、优先 B 档资产支持证券、次级档资产支持证券。其中优先级的三档证券在银行间债券市场以簿记建档、集中配售的方式公开发行②。

本期交易还设置了两类触发机制：与参与机构相关的“加速清偿事件”和与资产支持证券兑付相关的“违约事件”。事件一旦触发将引致现金流支付机制的重新安排。因此本次交易中，触发机制的存在缓解了时间风险的影响，并提供了信用支持。

“新通知”中提到“资产支持证券在全国银行间债券市场发行与交易初始评级应当聘请两家资信评级机构”。而本次，交通银行聘请了三家评级公司，分别为中诚信国际信用评级有限责任公司、联合资信评估有限公司和中债信用评估有限责任公司，客观上提高了评级结果的公信力，同时有助于投资者从多元化的信息渠道来评估本次证券的投资价值。三家评级公司对优先 A－1 档资产支持证券、优先 A－2 档资产支持证券都给出了 AAA 评级；对于优先 B 档资产支持证券，中诚信和联合资信给了 A＋评级，中债资信给了 A－评级。

4. 发售证券

根据披露的承销团信息，这次证券共计 44 家机构参与承销团，除了几家

① 《交银 2012 年第一期信贷资产支持证券发行说明书》第 16 页。

② 《交银 2012 年第一期信贷资产支持证券发行说明书》第 74 页。

大行外，股份行普遍缺席，地方银行（包括城市商业银行和农村商业银行）18家，证券公司17家。

海通证券凭借其在固定收益市场积累的丰富承销经验和客户资源，较早启动了募集宣传工作，向国内多家银行（包括城市商业银行与农村商业银行）、证券公司、基金公司、资产管理公司、信托公司与保险公司等各类机构投资者推荐，且安排了上海、深圳、北京三地的集中路演。最终资产证券化的买家大多是商业银行，占87%的投资份额，剩下13%归属于信托、证券、基金公司等。

值得一提的是，中国保监会颁布《保险投资新规》，承销商抓住机会引荐保险公司认购优先档证券，这是首单资产支持证券中引入保险资金，进一步深化了我国资产证券化的多元化发展。

同时，财务顾问汇丰银行根据本次项目及基础资产池的特点和现金流分布，同时借鉴国际市场经验，设计了简单、合理的证券分层结构。因此，本次证券的发行获得了投资者的充分认可，公开发售的三个档级获得了市场的踊跃认购。

最终，优先A-1档获得1.81倍的超额认购，最终发行利率为4.2%（固定利率）；优先A-2档获得1.35倍的超额认购，最终发行利率为4.4%（一年定存利率+基本利差1.40%）；优先B档获得2.77倍的超额认购，最终发行利率为6.0%（一年定存利率+基本利差3.00%）。值得一提的是，海通证券抓住时机，及时推荐一家保险公司认购了本次优先档证券。这是自2005年我国推出信贷资产证券化试点以来，首单保险资金投资信贷资产支持证券。

整个发行过程如图4所示。

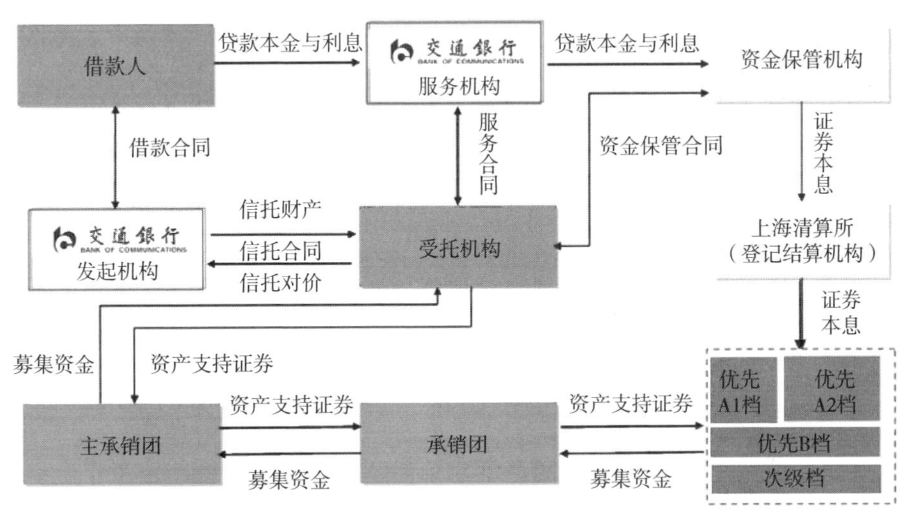

图4　交通银行第一信贷资产支持证券发行过程

五、制约本次信贷资产证券化项目发展的因素

（一）内部因素分析

1. 资产池缺少创新，规模小

往年资产自持证券入池的资产都以普通企业贷款居多，另外还有个人按揭住房抵押贷款和商业银行不良贷款等。而本次交行资产支持证券的入池资产仍是普通企业贷款，并没有突出产品资产池品种的创新性。

本次交行资产支持证券的发行金额为30.3355亿元，相比之前国家开发银行发行的规模为100亿元的资产支持证券来说规模是偏小的，低发行金额的资产池不能有效分摊证券化过程中产生的各种费用，不能有效降低资产证券化的成本。此外，较小的发行规模，不能满足投资者的需求，这会给资产证券化产品的发行带来不良后果。

2. 优质资产分离，银行动力不佳

往年以及本次交行资产证券化资产池入驻的全部都是优质资产，如正常类的优质企业贷款，这些资产的借款人加权平均级别均为AA/AA-级，可见资产池整体信用质量很高。资产池的优质性对市场和投资者来说本是好事，但分离优质资产来发行资产支持证券存在不可持续性，因为银行更愿意将高风险和低质资产进行证券化重组来分散风险。所以，从长远角度看，一直对优质资产进行证券化，会使银行失去发行动力。此外，资产池的优质性不会使得发行利率过高，对投资者吸引力低，降低投资者参与热情，不利于资产证券化的长远发展。

3. 投资主体集中，市场风险加大

本次证券化产品依然选择是在全国银行间债券市场中发行交易，而银行间债券市场的参与主体就是商业银行，因此，本次交行资产证券化产品的投资者87%是商业银行，剩下13%归属于信托、证券、基金公司等金融企业。也就是说，该资产证券化产品依然是被银行垄断的，个人投资者和多数非金融企业被排斥在外，一旦基础资产出现违约事件，最终还是银行体系承担风险。因此，投资主体的过于集中，无形中增加了银行体系乃至金融市场的风险。

4. 贷款性质单一

目前信贷资产证券化项目的基础对社保基金、保险机构、企业年金、基金等机构投资者的准入受限，使得资产证券化产品的投资类型单一，风险仍

然存在于银行体系内部，况且由于新试点推进缓慢，本次交行资产支持证券中全部为信用和保证贷款，基础资产范围狭窄，且信用类贷款占比高达 71%，信用贷款原则上存在违约风险。一般来说，保证类贷款更加符合银行的需求，但因为保证类贷款证券化，需要通过担保变更登记以实现担保权益的转移，而担保权益变更登记往往涉及全国各地行政主管部门和各抵押人，此举增加了保证类贷款证券化操作的难度和成本。

（二）外部因素分析

1. 法律法规有待完善

信贷资产证券化试点以来，人民银行、银保监会、证监会、财政部、国家税务局等部门出台相关部门规章和规范性文件来应对项目过程中的业务操作、会计处理、税收管理、交易结算等具体环节。但由于信贷资产证券化本身是一项涉及多行业和领域的新试点业务，过程中包含的资产池的组建、交易结构安排、产品发行以及存续期管理等事项，因此内里的法律主体及关系更为复杂，需要更多角度的法律法规来对信贷资产证券化业务进行规范，制定专门的信贷资产证券化条例，为其长远发展提供有效保障。

2. 中介机构有待规范

信贷资产证券化业务是一项较为“年轻化”的业务种类，因此需要多种类型的中介机构来对项目提供信用评级、信用增级等。但现阶段，这些中介机构的专业性和独立性不够，评级水平还未达到成熟的地步。因此不仅需要提高中介机构从业人员的专业水平，还需加强对中介机构业务的引导和监督，同时出台规章条例来规范机构及从业人员的行为，以防信贷资产证券化业务过程中的金融中介道德风险。

3. 信息披露机制有待加强

信贷资产证券化的本质就是将资产打包转卖的过程，投资者需要通过所披露的信息对项目的风险进行识别和判定进而投资决策。央行已通过《资产支持证券信息披露》和《信贷资产证券化基础资产池信息披露规则》对信息披露事项作出规定，但信贷资产证券化步骤繁杂，其中具体的信息披露操作要求更需细化，使得投资者可以在充分了解信贷资产证券化产品信息的基础上做出投资决策。

4. 监管标准有待统一

信贷资产证券化作为一种创新型金融产品，其过程较为复杂，涵盖多个行业领域，包括发起机构、受托机构、投资机构、登记托管机构、中介服务机构等。2005 年经国务院批准，中国人民银行会同国家发展改革委、财政部、人力资源和社会保障部、住房和城乡建设部、国务院法制办、国家税务总局、银监会、证监会、保监会十个部门成立了信贷资产证券化试点工作协调小组，相关部门也依据各自职责相继制定了一系列规章文件。但由于我国金融业目前实行的是分业经营、分业监管的模式，监管目标和监管标准等存在差异。因此，在推进信贷资产证券化常规化发展过程中，各监管部门需对信贷资产证券化的监管政策和监管制度进行整合与完善，进一步加强相关政策措施的统筹协调，统一产品标准，统一监管规则，促进银行间市场和交易所市场的信息共享。

（三）风险分析

当前的信用支持证券也面临着很多风险，如道德风险、基础资产风险、隔离风险、虚假转移风险等。尤其是部分信贷资产证券化产品的基础资产池中含有政府融资平台的信贷资产，还款来源不稳定，过度依赖政府财源，导致部分贷款存在不良倾向。对于这些风险，要在设计产品和信息披露方面加大力度，多多参考国外经验。

1. 道德风险

主承销商可能没有参与资产池的尽职调查而直接参与相关产品承销，放松相关风险控制要求。如果没有明确要求证券的账面价值与它所代表资产的公允价值之间要保持适当的比例，发起人必须持有部分风险级别相对较高的与自身原有贷款相关的债券，发起人就可能隐藏负面信息和交易风险。

2. 基础资产风险

基础资产风险是资产证券化风险源头。一旦基础资产受到市场和政策因素影响质量下降，风险将沿着交易链条，传播给投资者和利益相关者。应注重源头风险管理，及时披露基础资产信息，减少评级过程中的利益冲突，提高评级的准确性。

3. 隔离风险

次贷危机的教训是银行过多投资于低质量资产支持证券，危机爆发后由于损失严重从而丧失了融资功能；而在失去资本市场融资渠道后又丧失了间接融资通道，进而投资减少、失业增加、消费大幅下降，危机从金融领域蔓延到实体经济。因此，应根据系统风险程度，合理确定资产证券化市场投资者范围，实行风险有效隔离和限定，实施分账管理。

4. 虚假转移风险

资产证券化可能完全转移风险，也可能将风险部分或全部保留在银行，需要判断证券化业务中风险转移程度，对所保留的风险提出监管资本要求。如果在银行保留风险的情况下对其免除资本要求，会造成资本充足率高估。

六、促进我国信贷资产证券化发展的建议

信贷资产证券化作为重要的金融创新之一，对商业银行稳健发展意义重大。在正确认知信贷资产证券化存在的问题与风险的前提下，应该意识到要做大做好信贷资产证券化业务，我们还有很长的路要走。

（一）建立科学完善的信贷资产证券化法律体系

由于信贷资产证券化是一项综合性很强的业务，它涉及法律、会计、税收、担保、评估等多领域的业务范畴，如果没有统一的法律体系作为配套支持，我国信贷资产证券化必然会存在发展无序、规范无力等问题。因而需要建立一整套完整、严密的法律法规体系，以确定其所涉及的所有参与者之间的权利义务关系，保证信贷资产证券化的良性运转。同时，还要针对现行法律规定中与信贷资产证券化相冲突的情况设置例外条款，通过这些例外条款来解决发展信贷资产证券化的法律障碍问题。

（二）大力发展信用评级机构，完善信用评级制度

信用评级在信贷资产证券化过程中起到了相当大的作用。加快培育广大投资者普遍接受和认可的信用评估机构，为信贷资产证券化建立一个规范、透明、公正的信用评价体系，是我国推行信贷资产证券化的当务之急。一方面，我们要加强与国际著名评级机构的合作，学习先进的信用评级技术，加强扶持发展本土信用评级机构的力度；另一方面，鼓励大型金融机构大幅度减少对外部评级的依赖，更多地依靠自身的研究，建立内部评级体系。

（三）培育成熟的机构投资者，加强资本市场建设

信贷资产证券化的发展需要一个成熟的、有一定深度和广度的资本市场，形成大量、持续、稳定的长期资金供给。从更长远来看，我国必须发展多样化的投资主体，培育市场需求，稳步扩大投资者范围。应积极引导并鼓励保险公司、企业年金、全国社保基金等非交易型机构投资者参与信贷资产证券化投资，使机构投资者逐步成为我国证券市场的主要力量。还应加大投资者培育力度，提高投资者对各类证券化产品进行分析和风险定价的能力，促进资产证券的二级市场发展成熟，提高资产证券的流动性。

（四）明确监管主体，加强分工协作

在我国分业经营、分业监管的体制下，监管机构相互分割，重复设置，职能重叠，并不能很好地发挥各自的优势，不但增加了信贷资产证券化产品审批、发行和统一交易的难度，也对信贷资产证券化的顺利推进产生了障碍。因此，信贷资产证券化必须明确金融监管部门之间的分工协作，明确信贷资产证券化运作中的监管主体及其权限，对各监管部门的权限要进行明确的划分，在履行职责时要加强相互间的沟通与协调，共同促进我国信贷资产证券化健康快速发展。

七、信贷资产证券化的未来发展预期

从美国等成熟市场发展经验来看，其资产证券化产品基础资产绝大多数为信贷资产，其余则是以资产支持证券、债券以及其他固定收益产品为标的的合成证券化产品，可以说信贷资产证券化的常规化是资产证券化市场发展的基础。现阶段我国已初步具备了大规模发展信贷资产证券化业务的市场环境。

从美国市场来看，资产证券化产品发行规模在债券市场总规模中占有较大比重。截至 2013 年末，美国证券化产品市场存量高达 10 万亿美元，占同期债券总存量比例超过 25%，仅次于国债规模，存量规模占 GDP 的比重连续 10 年超过 50%。反观国内，截至 2014 年 11 月，我国信贷资产证券化产品发行总规模仅为同期银行业存量贷款比例的 0.39%，同期债券存量的 1.11%，占 GDP 比重仅为 0.75%。不考虑市场环境以及统计偏差的影响，单从绝对规模占比来看，我国资产证券化市场具有巨大的发展空间。

借鉴国外资产证券化及资本市场的发展经验，在金融体系市场化的初期阶段，由于金融管制较多，企业资产证券可以为实体企业提供多样化的融资选择，包括高速公路、机场、门票收入在内的未来现金流稳定的资产均可以进行证券化融资。而在金融体系市场化程度较高的阶段，随着金融管制的逐步放开，商业银行具有资金成本低、规模大的优势，以信贷方式为具有稳定现金流的企业提供融资成为可能。因此长期来看信贷资产证券化将成为主流证券化业务。

思考题

1. 什么是信贷资产证券化及其操作流程？
2. 设立SPV的目的是什么？
3. 你认为交银2012年第一期信贷资产支持证券能够顺利发行的原因有哪些？
4. 针对本次交行资产支持证券存在的问题，你有哪些建议？
5. 你认为信贷资产证券化会给中国银行业带来怎样的机遇和挑战？

附录

附录1　关于进一步扩大信贷资产证券化试点有关事项的通知

中国人民银行　中国银行业监督管理委员会　财政部

银发〔2012〕127号　2012年5月22日印发

国家开发银行，各政策性银行、国有商业银行、股份制商业银行，中国邮政储蓄银行，各金融资产管理公司，各会计师事务所，各信托公司、企业集团财务公司、汽车金融公司：

根据国务院批复精神和前期信贷资产证券化试点实践经验，结合国际金融危机以后国际资产证券化业务监管的趋势性变化，为了进一步完善制度，防范风险，扎实推进我国信贷资产证券化业务健康可持续发展，现就扩大信贷资产证券化试点有关事项通知如下：

一、基础资产。信贷资产证券化入池基础资产的选择要兼顾收益性和导向性，既要有稳定可预期的未来现金流，又要注重加强与国家产业政策的密切配合。鼓励金融机构选择符合条件的国家重大基础设施项目贷款、涉农贷款、中小企业贷款、经清理合规的地方政府融资平台公司贷款、节能减排贷款、战略性新兴产业贷款、文化创意产业贷款、保障性安居工程贷款、汽车贷款等多元化信贷资产作为基础资产开展信贷资产证券化，丰富信贷资产证券化基础资产种类。信贷资产证券化产品结构要简单明晰，扩大试点阶段禁止进行再证券化、合成证券化产品试点。

二、机构准入。扩大试点阶段，金融机构信贷资产证券化业务准入条件及审批程序继续按照《信贷资产证券化试点管理办法》（中国人民银行　中国银行业监督管理委员会公告〔2005〕第7号公布）和《金融机构信贷资产证券化试点监督管理办法》（中国银行业监督管理委员会令 2005 年第 3 号发布）有关规定执行。鼓励更多经审核符合条件的金融机构参与信贷资产证券化业务。银监会在收到发起机构和受托机构联合报送的完整申请材料之日起五个工作日内决定是否受理申请。银监会决定不受理的，应当书面通知申请人并说明理由；决定受理的，应当自受理之日起三个月内做出批准或者不批准的书面决定。

三、风险自留。扩大试点阶段，信贷资产证券化各发起机构应持有由其发起的每一单资产证券化中的最低档次资产支持证券的一定比例，该比例原则上不得低于每一单全部资产支持证券发行规模的 5%，持有期限不得低于最低档次证券的存续期限。本通知施行前，已经发行的资产支持证券不受此规定限制。发起机构原则上应担任信贷资产证券化的贷款服务机构，切实履行贷款服务合同各项约定。

四、信用评级。资产支持证券在全国银行间债券市场发行与交易初始评级应当聘请两家具有评级资质的资信评级机构，进行持续信用评级，并按照有关政策规定在申请发行资产支持证券时向金融监管部门提交两家评级机构的评级报告。鼓励探索采取多元化信用评级方式，支持对资产支持证券采用投资者付费模式进行信用评级。参与资产支持证券评级的各信用评级机构要努力提高对资产支持证券信用评级的透明度和公信力。同时，资产支持证券投资者应建立内部信用评级体系，加强对投资风险自主判断，减少对外部评级的依赖。

五、资本计提。扩大试点阶段，各银行业金融机构仍按照《商业银行资本充足率管理办法》（中国银行业监督管理委员会令 2007 年第 11 号发布）、《金融机构信贷资产证券化试点监督管理办法》（中国银行业监督管理委员会令 2005 年第 3 号发布）和《商业银行资产证券化风险暴露监管资本计量指引》（银监发〔2009〕116 号）等规定，计提监管资本。本通知施行后，如中国银行业监督管理委员会发布新的资本监管规定，按新规定有关要求执行。

六、会计处理。扩大试点阶段，信贷资产证券化会计处理按照《企业会计准则第 23 号——金融资产转移》（财会〔2006〕3 号）及财政部发布的相关《企业会计准则解释》的有关规定执行。参与资产证券化业务的各会计师事务所应严格执行财政部相关规定，按要求做好信贷资产证券化会计处理工作。

七、信息披露。信贷资产证券化发起机构、受托机构、信用评级机构或其他证券化服务机构应严格按照《信贷资产证券化试点管理办法》（中国人民银行　中国银行业监督管理委员会公告〔2005〕第 7 号公布）、《资产支持证券信息披露规则》（中国人民银行公告〔2005〕第1 4 号公布）、《信贷资产证券化基础资产池信息披露有关事项》（中国人民银行公告〔2007〕第16 号公布）等政策规定，做好信贷资产证券化业务信息披露工作，按投资人要求及时、准确、真实、完整披露资产支持证券相关信息。在遵循法律法规有关信贷资产证券化相关方私密性权利规定要求的基础上，鼓励创造条件逐步实现对每一笔入池资产按要求进行规范信息披露。

八、投资者要求。稳步扩大资产支持证券机构投资者范围，鼓励保险公司、证券投资基金、企业年金、全国社保基金等经批准合规的非银行机构投资者投资资产支持证券。单个银行业金融机构购买持有单只资产支持证券的比例，原则上不得超过该单资产支持证券发行规模的40%。

九、中介服务。信贷资产证券化各受托机构、贷款服务机构、资金保管机构、信用增级机构和承销机构及其他为信贷资产证券化发行交易提供服务的中介服务机构，应认真总结前期资产证券化试点实践经验，勤勉尽责，规范经营，在有效识别、计量、监测和控制相关风险的前提下，合理匹配证券风险收益，进一步提高中介服务的质量和水平。

十、本通知自发布之日起施行。前期试点过程中已经发布的信贷资产证券化有关政策规定中的具体条款有与本通知不一致的，在扩大试点阶段按本通知有关规定执行。本通知执行过程中遇到的相关情况和问题，请及时报告。

资料来源：http：//www. trust - one. com/index. do? method = newDetail&id = 4028a0954398891e01439a3e1e580075.

附录2　信贷资产证券化试点管理办法（节选）

第二条　在中国境内，银行业金融机构作为发起机构，将信贷资产信托给受托机构，由受托机构以资产支持证券的形式向投资机构发行受益证券，以该财产所产生的现金支付资产支持证券收益的结构性融资活动，适用本办法。

受托机构应当依照本办法和信托合同约定，分别委托贷款服务机构、资金保管机构、证券登记托管机构及其他为证券化交易提供服务的机构履行相应职责。

受托机构以信托财产为限向投资机构承担支付资产支持证券收益的义务。

第三条　资产支持证券由特定目的信托受托机构发行，代表特定目的信托的信托受益权份额。

资产支持证券在全国银行间债券市场上发行和交易。

第六条 受托机构因承诺信托而取得的信贷资产是信托财产，独立于发起机构、受托机构、贷款服务机构、资金保管机构、证券登记托管机构及其他为证券化交易提供服务的机构的固有财产。

第九条 中国银行业监督管理委员会（以下简称中国银监会）依法监督管理有关机构的信贷资产证券化业务活动。有关监管规定由中国银监会另行制定。

第十三条 发起机构应与受托机构签订信托合同，载明下列事项：

（一）信托目的；

（二）发起机构、受托机构的名称、住所；

（三）受益人范围和确定办法；

（四）信托财产的范围、种类、标准和状况；

（五）本办法第十四条规定的赎回或置换条款；

（六）受益人取得信托利益的形式、方法；

（七）信托期限；

（八）信托财产的管理方法；

（九）发起机构、受托机构的权利与义务；

（十）接受受托机构委托代理信托事务的机构的职责；

（十一）受托机构的报酬；

（十二）资产支持证券持有人大会的组织形式与权力；

（十三）新受托机构的选任方式；

（十四）信托终止事由。

第十八条 受托机构必须委托商业银行或其他专业机构担任信托财产资金保管机构，依照信托合同约定分别委托其他有业务资格的机构履行贷款服务、交易管理等其他受托职责。

第二十一条 贷款服务机构是接受受托机构委托，负责管理贷款的机构。

贷款服务机构可以是信贷资产证券化发起机构。

第二十二条 受托机构应与贷款服务机构签订服务合同，载明下列事项：

（一）受托机构、贷款服务机构的名称、住所；

（二）贷款服务机构职责；

（三）贷款管理方法与标准；

（四）受托机构、贷款服务机构的权利与义务；

（五）贷款服务机构的报酬；

（六）违约责任；

（七）其他事项。

第二十三条 贷款服务机构依照服务合同约定管理作为信托财产的信贷资产，履行下列职责：

（一）收取贷款本金和利息；

（二）管理贷款；

（三）保管信托财产法律文件，并使其独立于自身财产的法律文件；

（四）定期向受托机构提供服务报告，报告作为信托财产的信贷资产信息；

（五）服务合同约定的其他职责。

第二十七条 资金保管机构是接受受托机构委托，负责保管信托财产账户资金的机构。

信贷资产证券化发起机构和贷款服务机构不得担任同一交易的资金保管机构。

第二十八条 受托机构应与资金保管机构签订资金保管合同，载明下列事项：

（一）受托机构、资金保管机构的名称、住所；

（二）资金保管机构职责；

（三）资金管理方法与标准；

（四）受托机构、资金保管机构的权利与义务；

（五）资金保管机构的报酬；

（六）违约责任；

（七）其他事项。

第二十九条 资金保管机构依照资金保管合同管理资金，履行下列职责：

（一）安全保管信托财产资金；

（二）以信贷资产证券化特定目的的信托名义开设信托财产的资金账户；

（三）依照资金保管合同约定方式，向资产支持证券持有人支付投资收益；

（四）依照资金保管合同约定方式和受托机构指令，管理特定目的的信托账户资金；

（五）按照资金保管合同约定，定期向受托机构提供资金保管报告，报告资金管理情况和资产支持证券收益支付情况；

（六）资金保管合同约定的其他职责。

依照信托合同约定，受托机构也可委托其他服务机构履行上述（三）、（四）、（五）项职责。

第三十二条 受托机构在全国银行间债券市场发行资产支持证券应当向中国人民银行提交下列文件：

（一）申请报告；

（二）发起机构章程或章程性文件规定的权力机构的书面同意文件；

（三）信托合同、贷款服务合同和资金保管合同及其他相关法律文件草案；

（四）发行说明书草案；

（五）承销协议；

（六）中国银监会的有关批准文件；

（七）执业律师出具的法律意见书；

（八）注册会计师出具的会计意见书；

（九）资信评级机构出具的信用评级报告草案及有关持续跟踪评级安排的说明；

（十）中国人民银行规定提交的其他文件。

第三十四条 资产支持证券可通过内部或外部信用增级方式提升信用等级。

第三十五条 资产支持证券在全国银行间债券市场发行与交易应聘请具有评级资质的资信评级机构，对资产支持证券进行持续信用评级。

资信评级机构应保证其信用评级客观公正。

第三十六条 发行资产支持证券时，发行人应组建承销团，承销人可在发行期内向其他投资者分销其所承销的资产支持证券。

第三十八条 资产支持证券的发行可采取一次性足额发行或限额内分期发行的方式。分期发行资产支持证券的，在每期资产支持证券发行前 5 个工作日，受托机构应将最终的发行说明书、评级报告及所有最终的相关法律文件报中国人民银行备案，并按中国人民银行的要求披露有关信息。

第三十九条 资产支持证券的承销可采用协议承销和招标承销等方式。承销机构应为金融机构，并须具备下列条件：

（一）注册资本不低于 2 亿元人民币；

（二）具有较强的债券分销能力；

（三）具有合格的从事债券市场业务的专业人员和债券分销渠道；

（四）最近两年内没有重大违法、违规行为；

（五）中国人民银行要求的其他条件。

第四十一条 资产支持证券可以向投资者定向发行。定向发行资产支持证券可免于信用评级。定向发行的资产支持证券只能在认购人之间转让。

第四十四条 受托机构应当在资产支持证券发行前和存续期间依法披露信托财产和资产支持证券信息。信息披露应通过中国人民银行指定媒体进行。

受托机构及相关知情人在信息披露前不得泄露其内容。

第四十七条 受托机构应在发行说明书的显著位置提示投资机构：资产支持证券仅代表特定目的的信托受益权的相应份额，不是信贷资产证券化发起机构、特定目的的信托受托机构或任何其他机构的负债，投资机构的追索权仅限于信托财产。

第四十八条 在资产支持证券存续期内，受托机构应核对由贷款服务机构和资金保管机构定期提供的贷款服务报告和资金保管报告，定期披露受托机构报告，报告信托财产信息、贷款本息支付情况、证券收益情况和中国人民银行、中国银监会规定的其他信息。

第五十条 受托机构年度报告应经注册会计师审计，并由受托机构披露审计报告。

第五十二条 资产支持证券持有人依照相关法律文件约定，享有下列权利：

（一）分享信托利益；

（二）参与分配清算后的剩余信托财产；

（三）依法转让其持有的资产支持证券；

（四）按照规定要求召开资产支持证券持有人大会；

（五）对资产支持证券持有人大会审议事项行使表决权；

（六）查阅或者复制公开披露的信托财产和资产支持证券信息资料；

（七）信托合同和发行说明书约定的其他权利。

第五十四条 资产支持证券持有人大会由受托机构召集。受托机构不召集的，资产支持证券持有人有权依照信托合同约定自行召集，并报中国人民银行备案。

资料来源：http：//news. sina. com. cn/o/2005 - 04 - 22/08355719127s. shtml，2014 年 9 月 1 日访问。

参考文献

［1］蒋伟．我国商业银行信贷资产证券化风险问题研究［D］．合肥：安徽大学，2011.

［2］唐俊涛．信贷资产证券化产品设计研究及应用举例［D］．广州：暨南大学，2012.

［3］谷亚．我国上市银行信贷资产证券化的运作效果研究［D］．上海：东华大学，2013.

［4］刘文贤．银行信贷资产证券化会计问题探讨［D］．南昌：江西财经大学，2010.

［5］陈凌白．我国上市商业银行信贷资产证券化微观效应实证研究［J］．南方金融，2014（6）：10－14.

［6］陈鸿祥．重启信贷资产证券化的制度障碍与路径选择［J］．武汉金融，2012（12）：39－41.

［7］刘元根．中国资产证券化现状及发展讨论［J］．经济研究导刊，2013（5）：73－74.

［8］苏建，雷薇．完善信贷资产证券化的外部环境［J］．中国金融，2012（21）：48－50.

［9］孙丽丽．浅析当前我国信贷资产证券化中基础资产的选择［J］．时代金融，2012（8）：215－216.

［10］姚禄仕，王璇，宁霄．银行信贷资产证券化效应的实证研究［J］．国际金融研究，2012（9）：71－78.

［11］宁霄．我国发展信贷资产证券化策略研究［D］．安徽：合肥工业大学，2012.

［12］邵静，刘慧侠．资产证券化对我国银行收益、风险的影响分析［J］．当代经济，2013（21）：84－86.

［13］孙琪林，李富有．资产证券化与银行资产流动性、盈利水平及风险水平［J］．金融论坛，2013（5）：35－44.

案例教学使用说明

一、教学目的与用途

1. 适用课程：投资银行学、金融市场学、投资学。

2. 适用对象：本案例主要为金融类专业、工商管理类专业等本科生开发。

3. 教学目的：本案例的教学主题是交行第一期信贷资产支持证券的设立过程，信贷资产支持证券在2008年国际金融危机之后被市场搁置，而2012年一则《关于进一步扩大信贷资产证券化试点有关项目的通知》出台，使得金融市场又燃起一把信贷资产支持证券的烈火，而交行成功抓住了本次试点机会，成立了交行第一期信贷资产支持证券，通过组建资产池、资产转移、信用评级与增级、最终发售证券，有效盘活了银行信贷资产，促进了产业结构的调整。这对未来我国信贷资产支持证券的深化发展提供了借鉴意义。在课堂上，重点讨论三部分内容：一是了解交行第一期信贷资产支持证券设立的过程及面临的问题；二是银行监管部门对新时代的资产支持证券如何实现新的监管；三是思考还有哪些盘活银行资产的金融工具。

具体目标分为以下三方面：

首先，掌握信贷资产支持证券设立步骤及存在的问题；

其次，了解债券信用增级的过程；

最后，信贷资产支持证券未来发展预期。

二、理论依据与分析

（一）理论依据

信贷资产支持证券。

（二）具体分析

1. 什么是信贷资产证券化及其操作流程？

信贷资产证券化是将原本不流通的金融资产转换成为可流通资本市场证券的过程。形式、种类很多，其中抵押贷款证券是证券化的最普遍形式。指把欠流动性但有未来现金流的信贷资产（如银行的贷款、企业的应收账款等）经过重组形成资产池，并以此为基础发行证券。

从原始的诸多离散贷款形式，转化为系列化的证券形式。也就是说，证券化的过程可以描述为：银行将贷款进行组合打包，并切割为证券出售。这样，通过贷款的组合能有效分散单个贷款的特定风险；将贷款包拆细为标准化的证券，提高了资产的流动性；通过对资产支持证券的结构划分，能满足不同的投资需求。

组建资产池：交行34个借款人的60笔贷款。

资产转移：交通银行作为发起机构将相关资产委托给受托机构中海信托，中海信托再向投资者发行该资产支持证券。

信用增级与评级：本次信用评级采用内部评级的方式；两类触发机制：与参与机构相关的“加速清偿事件”和与资产支持证券兑付相关的“违约事件”；交银聘请三家评级公司，分别为中诚信国际信用评级有限责任公司、联合资信评估有限公司和中债信用评估有限责任公司，对本次信贷资产支持证券进行信用评级。

发售证券：本次资产证券化买家大多是商业银行，占87%的投资份额，剩下13%归属于信托、证券、基金公司等。

2. 设立SPV的目的是什么？

SPV指特殊目的的载体也称为特殊目的机构/公司，其职能是在离岸资产证券化过程中，购买、包装证券化资产和以此为基础发行资产化证券，向国外投资者融资。

资产证券化运行机制中最核心的设计是其风险隔离机制，而风险隔离最具有典型的设计是设立一个特殊目的机构SPV。SPV是一个专门为实现资产证券化而设立的信用级别较高的机构，它在资产证券化中扮演着重要角色。它的基本操作流程就是从资产原始权益人（即发起人）处购买证券化资产，以自身名义发行资产支持证券进行融资，再将所募集到的资金用于偿还购买发起人基础资产的价款。对于它的作用，现在比较一致的看法是，SPV不仅通过一系列专业手段降低了证券化的成本，解决了融资困难的问题，关键的是通过风险隔离降低了证券交易中的风险。

3. 你认为交银2012年第一期信贷资产支持证券能够顺利发行的原因有哪些？

（1）国家政策的支持

本次项目的资产池的选择立足于促进国家产业结构调整升级，支持战略性新兴产业、“三农”及“中小型企业”发展，支持新疆等国家重点扶持区域发展，包含国家重大基础设施项目和“节能减排”项目贷款，没有政府融资平台贷款和房地产开发贷款。

（2）严控基础资产

项目执行过程中，交行注重引进财务顾问的国际项目经验，采用“反向询问/动态监控”的基础资产选择和交易结构设计方式，遵循“以销定产”的思路，从市场需求出发，从证券化业务的本质出发，严格设定基础资产选择标准，充分考虑现金流匹配和本金偿还分布情况，根据投资者偏好，力求设计出一款结构简单又符合市场需要的证券化产品。

(3) 积极向投资者推介

在发行阶段，交行连同发行人和主承销商，以与市场投资机构广泛交流、深入推介资产证券化产品为目标，在获得人民银行准予市场发行后，进一步开展了为期两周的正式路演，向北京、上海和深圳三地的机构投资者积极推介本产品。

4. 针对本次交行资产支持证券存在的问题，你有哪些建议？

(1) 完善法律体系、健全实施细则

立法部门应当考虑为信贷资产证券化专门立法，一方面，针对9年试点间暴露出来的信贷资产证券化现有规章政策未能解释、解释不清或者与其他现有法律法规相冲突的问题，与《合同法》《信托法》等相关法律相结合，根据我国信贷资产证券化的发展方向，立足我国现实情况，制定出适用于信贷资产证券化的专门法律，为信贷资产证券化的发展提供法律保障。另一方面，健全与法律法规相匹配的实施细则，做到从信贷资产支持证券的审批、发行到流通的整个流程都要有法可依、有章可循，以减少信贷资产证券化流程中出现的摩擦、增强信贷资产支持证券发行的效率。

(2) 建立监管协调机制、实现信息共享

在立足我国分业监管以及信贷资产证券化由中国人民银行和银监会两家部门主管的前提之下，一方面，建立长效的监管协调机制，包括中国人民银行与银监会之间的协调机制，以及两家主管部门与证监会、保监会等信贷资产证券化链条涉及的部门之间的协调机制，保障各部门能够及时沟通与协调。如有必要可以在中国人民银行与银监会之间设立彼此的常驻科室，以保障信贷资产支持证券的顺利审批、发行及流通。另一方面，实现信息共享，既要在中国人民银行、银监会以及管理部门之间进行信息共享，也要在各部门网站之间进行信息共享，方便投资者能够及时获取全面、权威的信息。

(3) 丰富基础资产的种类

一是加强个人住房抵押贷款和个人汽车抵押贷款等个人贷款证券化的力度，在我国个人贷款违约率较低，大多属优质贷款，一方面，可以从政策、制度等方面对个人贷款入池给予扶持和倾斜，以增强发起机构将个人贷款入池的动力，另一方面，发起机构也应该开拓思路，增加个人贷款入池种类，比如可以考虑将信用卡应收账款证券化。

二是可以适当加大现金流稳定的不良资产入池范围，信贷资产证券化的关键点在于它的基础资产是否具有稳定的偿付现金流，不良资产虽然有一定的违约率，但是并非不能产生较为稳定的现金流，我们要在思想上打破对不良资产入池的怀疑和否定，只要是对资产池预期违约率给出更科学、更详尽，也更准确的测算，不良资产同样具有稳定的现金流，不良资产入池不光可以丰富基础资产的种类、给投资者提供更多的选择，还可在一定程度上降低我国商业银行的不良贷款率。

三是在确保资产质量的前提下，加大中小企业贷款的入池比例，提高对中小企业的支持力度，加大涉农贷款、节能减排贷款、保障性安居住房贷款等关系国计民生的贷款的入池比例，使信贷资产支持证券的基础资产紧密连接实体经济需求，起到一定的政策导向作用。在丰富基础资产种类的同时也应注意降低入池资产的借款人集中度、行业集中度和地域集中度，减少信用贷款的比例，提高防范风险的能力。

(4) 增强信用评级能力、加强对信用评级机构的监管

一是增强我国信用评级机构信用评级的能力。一方面，在保有信用评级机构独立性的基础上，积极学习和借鉴国外在信贷资产支持证券方面的先进评级技术与方法，立足我国国情，设计出适合我国的评级技术和方法；另一方面，鉴于信用评级机构之间的协调和沟通难度较大，相关主管机构应该积极发挥作用，牵头组织大公国际、中诚信、联合资信、中债资信等国内主要评级机构针对信贷资产证券化的历史数据与评级方法问题进行充分交流，互通有无、互相借鉴、取长补短，条件充分之时可以创建联合数据库，以弥补由于信贷资产证券化发展历史较短导致的单家评级机构数据不足的问题。

二是加强对信用评级机构的监管。一方面，采取问责机制，使评级机构对评级结果的可靠性在信贷资产支持证券的生命期内承担相应责任，同时建立信用评级机构的信用档案，起到优胜劣汰的效果；另一方面，在加强事后监管的同时也要加强事前监管，建立完善的准入和退出机制，严格准入标准，并进一步引入采用投资人支付模式的非营利性信用评级机构，可以在税收等方面对其进行扶持。

(5) 培养合格机构投资者

加大培养合格机构投资者的力度，以改善投资群体单一的现状。我国的

信贷资产证券化就要在完善法律基础、加强对信贷资产支持证券的监管、提升入池资产质量、完善信息披露、提高信用评级公正性与可信度的基础上，一方面，加大培养合格机构投资者的力度，使机构投资者熟悉并认知信贷资产支持证券的原理、流程、风险、收益以及内在的价值，进一步引导并鼓励保险公司、养老基金、社保基金、企业年金等机构投资者成为信贷资产证券化的主要持有力量；另一方面，可以允许入池资产质量良好、结构简单的信贷资产支持证券在交易所市场上进行交易，这样既可以引入普通投资者，又能够增加持有者的退出渠道，来充分释放信贷资产支持证券的流动性。

5. 你认为信贷资产证券化会给中国银行业带来怎样的机遇和挑战？

对银行业的机遇：

（1）有助于商业银行盘活信贷存量，释放信贷空间。我国商业银行尽管信贷投放总量较大，但存在着资金周转速度慢、使用效率不高的问题。信贷资产证券化使贷款成为具有流动性的证券，有利于盘活银行信贷资产存量，提高资金的配置使用效率。

（2）有助于商业银行降低风险资产规模。我国目前的金融体系中银行贷款所占的比重过高，通过信贷资产证券化，可以将一部分贷款转化为证券的形式，使原来由银行承担的贷款信用风险转而由投资者承担，分散了银行体系的信贷风险，防止不良贷款增加，有助于商业银行改进和提升资产质量。

（3）有助于银行的资产结构优化。通过信贷资产证券化可以提高银行资产流动的速度，使中长期资产短期化，优化了银行的资产结构和期限配比结构；同时，相较于传统的债务融资模式，信贷资产证券化融资不会增加银行的资产负债率，从而能够有效地优化银行的资产负债结构。

（4）有助于增强对实体经济的支持力度。通过信贷资产证券化，可以将腾出的信贷资源优先配置到小微企业、“三农”、战略性新兴产业、四化建设等领域，以信贷结构的调整促进经济结构的调整，既激发经济活力，又充分发挥商业银行在国民经济中的杠杆作用，为支持实体经济提供高质量的金融服务。

（5）有助于商业银行建立新的盈利模式。实施信贷资产证券化后，商业银行在支持实体经济发展中的角色发生了转换，由资金的提供者变成了资产管理中介和融资顾问中介，盈利方式也由贷款利息收入变成了提供担保或发行服务的手续费、管理费等中间业务收入，这不仅拓宽了商业银行的收入实现渠道，而且改变了商业银行的盈利模式，具有广阔的发展空间和丰厚的收益水平，对推进商业银行加快经营转型具有重要意义。

对银行业的挑战：

(1) 对银行的风险管理提出了更高要求。信贷资产证券化实施以后，银行的信贷资产被隔离出来，从法律意义上来讲该部分资产已经不属于银行，银行只是作为资产服务机构替投资者管理这部分资产并最大限度地保证资产未来现金流的安全。所以，投资者会要求银行提供更高水平的风险管理服务，这对银行的风险管理水平提出了更高要求；

(2) 对银行的信息透明提出了更高要求。信贷资产证券化实施后，银行需要定期提供资产服务报告，并披露足够充分的关于银行业务和市场情况的信息，以满足各级监管机构和投资者的要求，这就要求银行公开更多信息，同时建立一套完善的信息传递机制，提供及时高效的信息服务；

(3) 风险的分散带来更多的责任和义务。银行通过信贷资产证券化盘活了存量资产，同时也将风险传递给了众多投资者。美国次贷危机的惨痛教训表明，由于信贷资产证券化导致的风险传递和裹挟，使得风险由以前的银行主体传递到了各个行业，如果处理不当将会导致极大的社会性危机。

三、关键要点

1. 关键点：对推进银行业信贷资产证券化发展的思考。

2. 关键知识点：掌握交行2012年第一期信贷资产支持证券的设立过程；了解本次产品存在的问题；以及针对这些问题的解决方案，给银行业带来的影响。

3. 能力点：分析与综合能力、批判性思维能力以及解决问题的实际能力。

四、信贷资产证券化的后续进展

2012年5月，信贷资产证券化试点得以重启，随后国开行、工行等机构发行了我国第三批信贷资产支持证券。

2013年8月，国务院常务会议决定进一步扩大信贷资产证券化试点规模，并引导优质信贷资产证券化产品在银行间和交易所跨市场发行。

2015年1月，中国银监会已下发《关于中信银行等27家银行开办信贷资产证券化业务资格的批复》，27家股份制银行和城商行获得开办信贷资产证券化业务的主体资格。

2015年5月，国务院常务会议决定新增5 000亿元信贷资产证券化试点规模。截至2015年4月末，金融机构共发行112单信贷资产证券化产品，累计发行近4 500亿元，余额近3 000亿元，其中以对公贷款为基础资产的产品占90%。在新增5 000亿元规模后，我国信贷资产证券化试点总规模将接近万亿元。

2017年银行间市场总计发行134单信贷资产证券化产品，发行规模总计5 977.29亿元，较2016年分别同比增长24.07%和52.93%，发行规模显著增加。从月度数据来看，无论是发行总额还是发行数量，年末都会有一个明显的上扬，2017年信贷资产证券化业务也呈现出“波动上扬”的态势。发行总额最高的月份是2017年12月，总额达到了1 315.14亿元，发行数量为22只。

五、课堂计划

本案例可以作为专门的案例讨论课来进行，如下是按照时间进度提供的课题计划建议，仅供参考。

本案例安排2个课时。

课前计划：

1. 学员准备：充分了解本案例涉及的企业及其事件；确定小组成员组成；提出1～2个论点。

2. 教师准备：完成相应的理论知识介绍；为学生提供学习此案例的材料；为学生提供讨论平台；收集学生的想法论点。

3. 教学辅助人员准备：准备好多媒体教学课件，课后收集学生的书面讨论资料。

课中计划：

案例讨论将分小组进行，每个小组拥有10～15分钟讨论及阐述时间，要求每个学生都要阐述自己的论点和观点。另外，每个小组都应该形成自己有别于其他小组的独特见解，并以文字描述。教师在主持此案例讨论中，应该鼓励及启发学生发表见解。此外，针对此案例相关的理论知识，教师应当向学生详细解释。

课后计划：

请学生上网搜索该企业的相关信息资料，尤其最新信息，采用报告形式给出更加具体的解决方案，或写出案例分析报告（1 000～1 500字）；如果对此案例有兴趣跟踪，建议联系案例作者或企业负责人，进行深入研究。明确具体的职责分工，为后续章节内容做好铺垫。

收购与反收购：三特索道股权争夺战[①]

臧　展

一、引言

企业间的收购与反收购在国际成熟资本市场上屡见不鲜。中国资本市场起步较晚，长期以来股票市场国有股不能自由流通，一直没有产生真正的并购土壤。但是自2005年实行股权分置改革后，随着国有股减持，除特定行业国家需要保持绝对控股地位外，国家在相当多的行业放弃绝对控股，在国内法律法规的允许下，国内资本市场开始出现收购与反收购事件。2013年初，三特索道（002159）面对敌意收购通过定向增发股份，成功狙击了来自湘鄂情（002306）控股股东自然人孟凯的收购，使其最终知难而退。本文就以该案例为例，分析其事件经过及反收购策略的奥妙所在。

2013年2月28日，湘鄂情控股股东自然人孟×通过深交所集中交易购买上市公司三特索道13.7万股，占公司股份总数的0.11%。至此，孟×已合计持股超过604万股，占公司股份总数的5.03%，随后三特索道（002159）紧急停牌。

孟×在2013年2月，分5次在二级市场买入三特索道604万股，占当时公司总股本的5.03%，第一次达到举牌红线；3月的第二周和第四周，他几乎每天都有较大手笔买入行动，多个交易日买入量超过100万股，以均价计算耗资逾1亿元。截至4月3日，孟×及其一致行动人已合计持有三特索道股份1 204.61万股，占总股本的10.04%，距离控股股东东湖新开14.64%的持股比例仅一步之遥。

---

① 1. 本案例由南京审计大学金融学院臧展副教授根据公开资料开发完成。本案例仅作为课堂讨论的材料，不表示企业成败及其管理措施的有效性。

孟×为什么要大举买入三特索道的股票呢？孟×通过媒体放话："自己第一目标是大股东地位，即便不行，第二目标也是要进董事会"。之后在接受采访时，孟×更是表示，"如果我做了第一大股东，做的第一件事就是和他（三特索道董事长齐民）PK，召开股东大会重新选举董事长"。

孟×是谁？他为何敢公开挑战上市公司三特索道的控股权？而三特索道控股股东武汉东湖新技术开发区发展总公司同时也是武汉市国资委旗下的全资子公司，孟×野心勃勃地试图入主三特索道的目的是什么？面对他的敌意收购，三特索道该如何应对？其控股股东东湖发展能否在接下来的股权争夺战中狙击收购呢？

二、猎物：三特索道

武汉三特索道集团股份有限公司（以下简称三特索道）成立于1989年，是武汉市第一家股份制改革试点的国有控股高科技企业。2007年8月17日，公司股票在深圳证券交易所挂牌上市（证券代码：002159），公司董事长是齐民。公司股权结构分散、资源价值突出，其成为举牌对象或具有一定的必然性。

（一）三特索道旅游资源丰富

经过二十多年发展，公司已发展为跨区域、专业化旅游企业集团。公司自1995年确定客运索道为主导产业以来，经过二十多年的不懈努力，公司已经逐步发展为以旅游客运索道经营为主、景区及景观房地产开发经营为辅的跨区域、专业化旅游企业集团，已具备了较为突出的优质旅游资源控制能力，确立了一套成熟的跨地域发展的业务拓展模式。公司的景区旅游业务涉及八省，二三线旅游资源丰富。三特索道的发展前景被资本市场不少投资者所看好。

（二）公司股权结构较分散

公司股权结构较分散，第一大股东武汉三特索道集团股份有限公司仅持有三特索道14.64%的股份，持股比例较小，但仍属于国有企业（见表1）。

表 1　　　　　　公司股权结构（截至 2012 年底）

报告期股东总数	10 331	年度报告披露日前第 5 个交易日末股东总数		8 201	
前十名股东持股情况					
股东名称	股东性质	持股比例（%）	持股数量	质押或冻结情况	
				股份状态	数量
武汉东湖新技术开发区发展有限公司	国有法人	14.64	17 563 305	质押	6 986 861
中国工商银行—汇添富价值精选股票型证券投资基金		4.98	5 980 000		
武汉当代科技产业集团股份有限公司	境内非国有法人股	4.85	5 818 000	质押	3 300 000
中国工商银行—汇添富价值精选混合型证券投资基金		3.2	3 843 462		
中国光大银行—摩根士丹利华鑫资源优选价值混合型证券投资基金		3.01	3 617 650		
武汉恒健通科技有限责任公司	境内非国有法人股	2.77	3 324 750	质押	3 320 000
光大证券—光大—光大阳光基中宝集合资产管理计划		2.7	3 240 466		
张潇文	境内自然人	2.37	2 842 109		
尹雷	境内自然人	2.18	2 614 806		
交通银行—易方达科讯股票型证券投资基金		2	2 398 760		

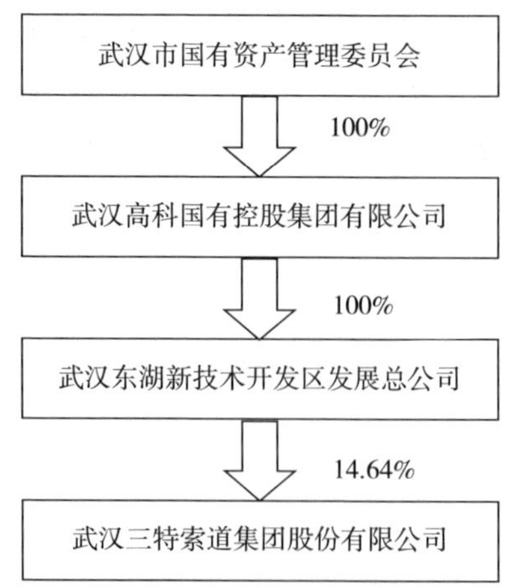

图 1　公司股权结构（截至 2012 年底）

（数据来源：公司年报）

三、命运多舛湘鄂情，股票被抛售

（一）命运多舛湘鄂情

北京湘鄂情股份有限公司（以下简称湘鄂情）成立于2007年10月，总部位于北京市。2009年11月，公司在深圳证券交易所正式挂牌上市，成为我国第一家在国内A股上市的民营餐饮企业。

湘鄂情的业绩出现大幅下滑。主打高端餐饮产品的湘鄂情，此前发展一路顺风顺水，董事长孟×在2009年公司上市后以35.6亿元身家晋升中国餐饮首富。但随着限制“三公”消费、餐饮市场竞争加剧、消费需求锐减及成本攀升等多种压力下，湘鄂情的业绩大幅下降。虽然也曾积极向团膳和快餐业务转型，但未来增长的不确定性加大。此时的湘鄂情需要找寻新的出路。

（二）孟×三次减持湘鄂情

1. 孟×大举减持湘鄂情。2013年1月15日，湘鄂情发布公告，孟×因自身发展需要，计划自2013年1月18日起的未来6个月内拟通过证券交易系统或大宗交易系统减持所持公司部分股票，预计所减持股票合计将不超过10 000万股，减持股票比例合计不超过公司总股本的25%。孟×通过个人持有湘鄂情公司股份11 078万股，占公司总股本的27.7%，通过深圳市湘鄂情投资控股有限公司（孟×持股90%）持有公司股份9 022万股，占公司总股本的22.6%，合计持有公司总股本的50.25%，全部为无限售条件流通股。

1月29日，湘鄂情再度发布公告称，孟×又将其持有的3 478万股公司股份质押给中诚信托有限责任公司，为其股权收益权转让到期回购提供担保。

2月5日，湘鄂情公告孟×于2013年2月4日通过大宗交易方式以9.21元价格减持公司无限售条件流通股份1000万股，占公司总股本的2.5%。而在当日，孟×开始大举增持三特索道股票，无论从时间节点还是资金量上都有较大的衔接性。

2月5、6、7日三天，孟×共买入502万股三特索道，占其总股本的4.18%。2月27日和28日，孟×又买入101.9万股，触及举牌红线，进而“曝光”。

2. 孟×再次减持湘鄂情股票。3月14日、15日，孟×再度减持湘鄂情的1 000万股，占公司总股本的2.5%。

3. 孟×第三次抛湘鄂情2 000万股。湘鄂情再度发布股权变动公告，3月21日和22日，公司控股股东孟×的一致行动人、二股东克州湘鄂情通过约定式购回的方式再度减持公司 2 000 万股，占公司总股本的 5%。这也是孟×在短短一个多月时间内的第三次减持。至此，孟×已经减持湘鄂情股份达 4 000 万股，占湘鄂情总股份的 10%。

而与此同时，湘鄂情公告表示，克州湘鄂情“不排除在未来 12 个月内继续减持其持有的上市公司股份”，这距离 2013 年 1 月公告的“未来 6 个月”减持期有所延长。

四、孟×第一次举牌三特索道

从公司公告的权益报告书来看，截至 2013 年 2 月 28 日，孟×已经购入三特索道股权总数达到 603.9 万股，占比 5.03%，平均成本为每股 16.79 元，如表 2 所示。

我们认为，三特索道成为举牌对象具有一定的必然性。三特索道的资源价值突出（近 20 处景区资源开发权）、股权结构相对分散（第一大股东股权比例 14.64%）、市值较小（不到 21 亿元），同时，三特索道现任管理层能力较强，得到了孟×的认可。另外，孟×一手打造的湘鄂情业绩出现大幅下滑，情势所迫，需要从湘鄂情脱身。

表 2　　孟×购入三特索道股权成本一览

时间	价格区间（元）	增持股数（股）	资金量（万元）
2013/2/5	16.30	920 000	1 499.6
2013/2/6	16.45	600 000	987.0
2013/2/7	16.70	3 500 000	5 845.0
2013/2/27	17.75	882 543	1 566.5
2013/2/28	17.74	136 601	242.3
平均/合计	16.79	6 039 144	10 140.4

数据来源：Wind。

从资金角度看，孟×有能力取得三特索道控股权。以 3 月 4 日 19.17 元的收盘价和 23 亿元的总市值测算，孟×取得三特索道控股权所需资金为 2.21 亿元。孟×及其一致行动人持有大量的湘鄂情流通股，以 3 月 4 日的收盘价测算，孟×及其一致行动人持有的湘鄂情股票价值为 16.66 亿元。因此，从资金角度看，孟×完全有能力取得公司控股权。

无论从哪个角度，对公司原有股东及管理层而言，捍卫实际控制权已成为当前第一要务。因此，可以预见的是，孟×进一步增持股权，公司原有股东及管理层将有所应对，那么，他们会采取怎样的反收购措施呢？原十大股东持股情况如表3所示。

表3　　2012年年报十大股东持股比例

披露时间	股东名称	持股比例（%）
2012年年报	武汉东湖新技术开发区发展总公司	14.64
2012年年报	中国工商银行—汇添富价值精选股票型证券投资基金	4.98
2012年年报	武汉当代科技产业集团股份有限公司	4.85
2012年年报	中国工商银行—汇添富优势精选混合型证券投资基金	3.2
2012年年报	中国光大银行—摩根士丹利华鑫资源优选混合型证券投资基金	3.01
2012年年报	武汉恒健通科技有限责任公司	2.77
2012年年报	光大证券—光大—光大阳光基中宝（阳光2号二期）集合资产管理计划	2.7
2012年年报	张潇文	2.37
2012年年报	尹雷	2.18
2012年年报	交通银行—易方达科讯股票型证券投资基金	2
2012年年报	合计	42.7
2013-2-28	孟×	5.03

数据来源：公司2012年年报、Wind。

五、反收购计划

在孟×第一次突然举牌三特索道的过程中，两方处于“隔空出招”的状态。2013年2月26日，三特索道发布了一份定增公告，拟非公开发行股票3 000万股，并采用确定发行对象的方式发行，发行对象为第二大股东当代科技产业集团股份有限公司、第六大股东武汉恒健通科技有限责任公司及刘丹军、张泉、邓勇等9名公司董事和高管认购对象，且均以现金方式认购。发行价13.99元，拟募资总额为4.2亿元，共3 000万股，主要用于“保康九路寨生态旅游区项目”“崇阳浪口温泉度假区景区项目”“南漳三特古兵寨文化旅游区项目”及还债、补充流动资金等。定增若实施后，东湖发展的持股比例下降为11.71%、武汉当代科技持股比例为10.55%、武汉恒健通持股比例为8.88%，如表3所示。发行对象已于2013年2月23日分别与公司签订了《附条件生效的股票认购合同》。这种撇开举牌方向特定对象增发股份的方案确实威力惊人，武汉当代科技产业集团股份有限公司将一跃而为公司实力显著的第二大股东。

表4　9名发行对象本次认购及发行前后持股情况

名称（或姓名）	本次认购		本次发行前		本次发行后	
	数量（万股）	占本次发行数量的比例（%）	持股数（万股）	占股份总数的比例（%）	持股数（万股）	占股份总数的比例（%）
武汉当代科技产业集团股份有限公司	1 000	33.33	581.80	4.848	1 581.80	10.545
武汉恒健通科技有限责任公司	1 000	33.33	332.48	2.771	1 332.48	8.883
刘丹军	520	17.33	12.90	0.107	532.90	3.553
张泉	80	2.67	0.52	0.004	80.52	0.537
邓勇	80	2.67	0	0	80.00	0.533
刘冬燕	80	2.67	0	0	80.00	0.533
万跃龙	80	2.67	0	0	80.00	0.533
董建新	80	2.67	1.93	0.016	81.93	0.546
吕平	80	2.67	0.30	0.003	80.30	0.535
合计	3 000	100.00	929.93	7.749	3 929.93	26.199

资料来源：巨潮资讯《三特索道2013年度非公开发行A股股票预案》。

值得注意的是，国内定向增发的决定权在股东手上，须经出席会议的股东所持表决权的三分之二以上通过。公开资料显示，三特索道的流通股东大多为机构投资者。资本市场人士分析，理论上这些机构是看好公司基本面才会投资的，一般与公司管理层关系较好，这同样为孟×谋划大股东之位增加了难度。同时，让高管持股后，孟×增持的成本更高，而即便后期孟×继续增持或威胁到控股权，他在公司的话语权也会被削弱。

孟×认为，这次定增计划完全是为了阻止自己成为公司的控股股东而制订的。由于定增对象皆与三特索道关系密切，孟×曾表示，如果定增计划成功，即便自己进入董事会，在这些股东的排挤下也不可能参与到公司的实际业务中。

第一次举牌后，三特索道副总裁、董秘叶宏森表示“暂未与孟×有过沟通”。而在过去一个月中，即便孟×多次高调增持三特索道，三特索道与孟×

之间均没有交流。

六、孟×第二次举牌三特索道

湘鄂情董事长孟×和三特索道的“股权争夺战”还在继续。2013 年 4 月 9 日，三特索道发布公告，截至 4 月 3 日，孟×及其旗下克州湘鄂情已合计持有公司 1 204.61 万股，占上市公司总股本的 10.04%。这一持股比例距离三特索道控股股东武汉东湖新技术开发区发展总公司（以下简称东湖发展）14.64% 的持股量已经相差不多。

值得注意的是，孟×的储备资金还有一个多亿元。自 2013 年 3 月开始，孟×的筹资举动不断。仅以克州湘鄂情来看，其在 3 月 14 日至 3 月 22 日，通过约定回购和大宗交易两种方式减持手中的湘鄂情股票，合计套现 2.7 亿元。而在第二次举牌三特索道的过程中，孟×和克州湘鄂情合计耗资约在一个多亿元。换句话说，孟×在第二次举牌后，仍为继续增持三特索道储备了超过 1 亿元的资金。此前，孟×在接受媒体采访时曾表示“要做三特索道的控股股东”，在三特索道抛出定增方案后，孟×又表示“即便做不成控股股东，也要进入董事会，坐上第二把交椅。”

七、反收购计划能否成功留悬疑

（一）双方隔空对峙

公司高管、部分股东及孟×的隔空对峙说明三特索道股权之争双方的收购与反收购对立已渐趋明晰。三特索道副总裁叶宏森表示，一切要等定增方案通过股东大会后才知道，不过其随后说了这样一句话，“他持有 14% 的股权也好、持有 15% 的股权也好，剩下还有 80% 多的股权和股东呢”。

根据公开资料，三特索道目前的主要股东中，当代科技、恒健通科技由于要参与此次定增，受制于关联关系没有投票权，虽然有武汉东湖新技术开发区发展总公司的支持，但其持股比例仅有 14.64%，已经持股 10% 的孟×只要找到两家机构投资者同盟，完全有可能否掉该定增预案。

当然，孟×这样做将不可避免地走到公司高管的对立面，并被戴上“敌意收购”的帽子。从“暂不必见面，股权说话”的表态来看，孟×也已经认定自己干的就是敌意收购，没有期望对方在这件事上合作。

在举牌过程中，对方除了定向增发，在引进战略投资者当代科技的同时，公司高管也将获得大量股份。一旦该计划完成，当代科技与公司高管团队的合计持股比例将接近20%，加上支持公司高管的第一大股东武汉东湖新技术开发区发展总公司，近30%的总持股比例足以打消孟×的一切念想。

有意思的是，代替孟×接受采访的发言人也说了一句，“定增方案不会在股东大会上通过”。虽然没有列举理由，但态度坚决。看来在议案审议前，孟×和三特索道可能还有一场硬仗要打。

（二）反收购计划命悬机构投资者

对股权之争形势有重大影响的融资和管理层持股方案，是被湘鄂情孟×否决还是得以通过，取决于阵营庞大的机构投资者的倾向，如果经出席会议的股东所持表决权的三分之二以上否决了定增方案，那么这次反收购计划便以失败告终。

虽然三特索道定增方案出台早于孟×举牌时点，但同时也可能是对孟×举牌的阻击。孟×此前通过媒体明确表示了将全力否决三特索道的定增方案。而三特索道董事长齐民4月12日则通过媒体向孟×传话，认为孟×反对定向增发没有任何道理，呼吁公司股东支持本次定增。国有股东的代表齐民与举牌者孟×隔空对话，立场对立明显。双方明显都在为18日的定增方案表决拉票。

从当时可见的双方阵营票数来看，当代集团和武汉恒健通要回避表决，国资方面持股14.64%，反对方孟×持有10.04%股权。那么其他股东有多少会参与投票，哪一方拥有三分之二以上出席会议的股东表决权，都对表决结果有较大影响。但这是当时最引人注目也最难预测的谜题，因为三特索道的其他流通股东中，机构投资者众多。截至2012年12月31日，仅前十大股东中的基金持股便超过15%，这个群体的投票方向对方案表决结果影响巨大。

在对机构投资者对上市公司普遍的价值判断讨论中，机构投资者更加倾向于支持本次定增方案。事实上，以基金为代表的机构投资者的价值取向是支持管理层持股，因为解决融资问题及法人治理问题有利于进一步提高公司价值，否掉本次定增会影响公司融资进度和对管理层利益的捆绑。

南方一家基金公司重仓持有三特索道的基金经理表示：他们倾向于支持有利于公司发展的一方，也即谁能促进公司更好地发展，就支持谁。从目前的情势来看，三特索道此次定向增发方案有利于三特索道的发展，可形成新的盈利点，因此，他们倾向于支持现任管理层。同时，持有三特索道的多位基金经理表示都对现任管理层较为认可。

事实上，从当代集团和武汉恒健通与国资一起作为发起人股东及其密切关系来看，当代集团和武汉恒健通明显是国资坚定的战略合作者。这 3 家股东目前合计持股超过 22%，应有共同的价值取向。即使孟×在短时期内持股超过第一大股东武汉东湖开发区总公司，要形成对三特索道的有效实际控制也不是简单的事，毕竟不是只有一方可以增加持股。

三特索道总裁刘丹军表示：三特索道共同磨合了近二十年的团队对公司的贡献，以及通过认购股权实现管理层与股东利益进一步结合的愿望。事实上，由于此次定增涉及管理层的重大利益，孟×对定增计划的反对，至少在情理上已与管理层利益产生了冲突。

（三）孟×最后 5 分钟转向

孟×与三特索道大股东之间的股权争夺持续升温，2013 年 4 月 18 日的临时股东大会表决定增方案被视为是双方“决战”。

4 月 18 日下午 2 点，武汉市武昌区八一路 483 号会议室，三特索道 2013 年第一次临时股东大会拉开帷幕，逐项审核定增事项。三特索道 21 名股东及股东委托代表出现在会议现场，同时出现的还有近 80 名机构、券商和媒体人士。而三特索道“股东对垒”的主角——第二大股东孟×并未来到现场。此前，他对外声称，反对三特索道此次定增预案，将会投下反对票。

下午 2 点半，三特索道董事长齐民宣读完关于定增的相关报告后，现场开始投票表决。当天下午 4 点，投票结果公布，关联股东回避表决后，定增方案获得 7 109 万股的同意票数，占比 95.62%；而反对票数为 323.3 万股，占比 4.35%；弃权票数 2.65 万股，占比 0.04%。

最后的结果出人意料地一边倒。参与投票的机构几乎全部支持这次增发。而最出人意料的莫过于孟×。据了解，此次孟×委托广发证券以“客户信用交易担保证券账户”的名义参与投票，代表孟×出现的男子在全部议案“表决意见”栏中均打上了“√”，而孟×原本希望都打“×”。

孟×的最终转向是在表决前最后 5 分钟决定的。“到最后一刻我才下定决心。还是投赞成票比较好。”股东大会结束 5 个小时后，孟×接受财经记者专访时表示，他犹豫了很久，一直到下午 2 点以后，才通知代理人投赞成票。

此次定增后，孟×的股权稀释至约 9%，而此时大股东武汉东湖新技术开发区发展总公司持有 11.71%，二股东当代科技持有 11.08%。

八、孟×减持三特索道，当代科技接盘

（一）孟×套现1.1亿元

继2013年11月初减持4 000万股本为湘鄂情回注“输血”之后，湘鄂情董事长、总裁孟×又出新举措，根据11月11日三特索道大宗交易数据，孟×通过其实际控制的三特索道第五大流通股东克州湘鄂情减持452.86万股三特索道股权，以减持均价17.94元/股计算，此番减持金额达8 000万元左右。2013年11月21日，孟×和一致行动人克州湘鄂情继续减持公司股票598.8万股，占公司总股本的4.99%，减持均价18.81元/股。两次套现金额约为1.1亿元，克州湘鄂情的此次投资收益为正。接盘方均为第二大股东当代科技。孟×此次减持后，当代科技取代孟×成为三特索道的第二大股东。

而孟×则表示，此次之所以减持三特索道最大的目的就在于收回外部投资，全身心地投入湘鄂情未来发展。无论是从个人还是湘鄂情的角度，都是希望对湘鄂情和餐饮行业的发展更加专注与投入，“毕竟这是我一手创建和打造出来的民族餐饮品牌，我会努力让湘鄂情平稳渡过这个转型的困难期。”孟×表示。

在此次减持前，孟×和一致行动人克州湘鄂情共计持有三特索道1 410.1万股，占总股本的11.75%。此次减持后，克州湘鄂情不再持有三特索道股份，孟×的持股比例也降至6.76%。

此前，孟×轰轰烈烈的隔空喊话言犹在耳，眼下，他一手导演的“夺权”计划却戛然而止，而此次股权的受让方——当代科技却浮出水面。

（二）当代科技二度接盘

公开资料显示，当代科技是一家民营企业，注册地在武汉，艾路明、周汉生、张小东、张晓东4名自然人是公司的主要股东。目前公司直接持有人福医药17.07%的股份，间接持有华茂纺织17.06%的股东权益。

2010年9月，当代科技曾与光谷创投签署股权转让协议，收购了后者所持三特索道4.85%的股权，成为公司第三大股东。当时，当代科技表示这笔投资是作为财务投资，希望分享上市公司成长的收益，充分发挥资金的使用效率。

目前来看，当代科技却并未从中获利，首度增持之时三特索道的股价几乎处于历史最高点。事隔3年之后，公司再度增持三特索道，此时上市公司股价已较3年前下跌近三成。

值得注意的是，三特索道目前的经营状况并不乐观。2013 年前三季度，国内旅游业多项数据均呈现不同程度下滑，尤其是景点客流量出现普遍下降直接影响了公司的盈利。三季报显示，公司 2013 年前三季度实现营业收入 2.68 亿元，同比下降 5.87%，并且亏损了 2 114 万元。

但当代科技对三特索道的钟爱依然溢于言表，表示看好公司未来发展前景，并期望获得较好的投资收益，不排除在未来一年内继续增持上市公司股票的可能性。

九、孟×再次减持三特索道，当代科技成第一大股东

继 2013 年 11 月接盘孟×减持的 4.99% 股份后，武汉当代科技产业集团股份有限公司（以下简称当代科技）再度高价从孟×手中接盘 500 万股三特索道股份，成为三特索道第一大股东。

2013 年 12 月 7 日公司公告称，三特索道自然人股东孟×于 12 月 5 日通过深交所大宗交易方式减持公司股份 500 万股，占公司总股份的 4.17%，交易价格为 18.15 元。本次减持后，孟×持有三特索道 311.32 万股，占公司总股份的 2.43%。

同日，公司股东当代科技通过大宗交易受让上述股权，增持完成后，当代科技及其一致行动人罗德胜合计持有三特索道 1 778.8 万股股份，占公司总股份的 14.82%，从而超越原第一大股东武汉东湖新技术开发区发展总公司持有的 1 756.3 万股，占总股份的 14.64%，成为公司第一大股东，这也意味着本次定增不会与定增方案中所承诺的“非公开发行不会导致公司的控制权发生变化”相违背。

据悉，三特索道的实际控制人为武汉高科国有控股集团有限公司，隶属于武汉国资委。如果武汉高科没有实际的后续行动，意味着三特索道很有可能由国有企业转为民营企业。

十、定增项目获证监会核准

2014 年 8 月 26 日，三特索道发布公告，公司于 2014 年 8 月 26 日收到中国证券监督管理委员会《关于核准武汉三特索道集团股份有限公司非公开发行股票的批复》，非公开发行事项已获中国证券监督管理委员会核准。此次三特索道原股东使用的反收购计划成功反击了孟×的敌意收购。

思考题

1. 你知道在成熟资本市场上还有哪些其他的反收购策略?
2. 孟×为什么会选择三特索道作为收购对象?
3. 你怎么看待孟×这种“高调收购”行为?
4. 孟×为什么会在最后一刻放弃投反对票?
5. 你认为该反收购计划能够成功的原因有哪些?
6. 你知道中国版毒丸计划与美国版毒丸计划有什么区别吗?
7. 你认为三特索道股权争夺战是否是一场“阴谋论”?

附录

附录1 定增概念

定增全称为定向增发，指的是非公开发行即向特定投资者发行。在2006年证监会推出的《再融资管理办法》（征求意见稿）中，关于非公开发行，除了规定发行对象不得超过10人，发行价不低于定价基准日前20个交易日公司股票交易均价的90%，发行股份12个月内（大股东认购的为36个月）不得转让，这就大大增加了实施反收购计划的成本，募资用途需符合国家产业政策、上市公司及其高管不得有违规行为等外，没有其他条件，这就是说，非公开发行并无盈利要求，即使是亏损企业也可申请发行。

非公开发行的最大好处是，大股东以及有实力的、风险承受能力较强的大投资人可以以接近市价乃至超过市价的价格，为上市公司输送资金，尽量减少小股民的投资风险。由于参与定向的最多10名投资人都有明确的锁定期，一般来说，敢于提出非公开增发计划并且已经被大投资人所接受的上市公司，通常会有较好的成长性。

非公开发行还将成为股市并购的重要手段和助推器。这里包括两种情形：一种是大投资人（如外资）欲成为上市公司战略股东甚至成为控股股东的。以前没有定向增发，它们要入股通常只能向大股东购买股权（如摩根士丹利及国际金融公司联合收购海螺水泥14.33%股权），新股东掏出来的钱进的是大股东的口袋，对做强上市公司直接作用不大。相信只要有几家企业带头，整个市场就可大大活跃起来，并从中创造出多姿多彩的各种新概念和新题材。另一种是通过定向增发融资后去并购他人，迅速扩大规模。

附录 2　举牌相关政策规定

《上市公司收购管理办法》（2008）第二章权益披露规定，通过证券交易所的证券交易，投资者及其一致性的人拥有权益的股份达到一个上市公司已发行股份的 5% 时，应当在该事实发生之日起 3 日内编制权益变动报告书，通知上市公司，并予以公告；在上述期限内，不得再行买卖该上市公司的股票。前述投资者及其一致行动人拥有权益的股份达到一个上市公司已发行股份的 5% 以后，通过证券交易所的证券交易，其拥有权益的股份占该上市公司已发行股票的比例每增加或减少 5%，应当按照前款规定进行报告和公告。在报告期限内和作出报告、公告后 2 日内，不得再次买卖该上市公司的股票。

《证券法》第四十七条规定，上市公司董事、监事、高级管理人员、持有上市公司股份 5% 以上的股东，将其持有的该公司的股票在买入后 6 个月内卖出，或者在卖出后 6 个月内又买入，由此所得收益归该公司所有，公司董事会应当收回其所得收益。但是，证券公司因包销购入售后剩余股份而持有 5% 以上的股份的，卖出股票不受 6 个月时间限制。

《上市公司董事、监事和高级管理人员所持本公司股份及其变动管理规则》（2007）规定，上述“买入后 6 个月内卖出”是指最后一笔买入时点起算 6 个月内卖出的；“卖出后 6 个月内又买入”是指最后一笔卖出时点起算 6 个月内又买入的。

参考文献

[1] 田良．毒丸计划对目标公司的利弊分析［J］．中外企业家，2015（2）．

[2] 梅林．毒丸计划对股东价值的影响研究［J］．时代金融，2014（33）．

[3] 白纹娜．毒丸计划引入我国的可行性分析［J］．法制博览，2017（12）．

[4] 陈红霞．三特索道被君康人寿举牌　大股东加速推进转型［N］．21 世纪经济报道，2015－09－08（18）．

[5] 赵阳戈．巨量减持计划谜底揭开　湘鄂情老板欲“上位”三特索道［N］．每日经济新闻，2013－03－04．

[6] 翟敏．孟凯再抛湘鄂情 2 000 万股或筹资猛攻三特索道［N］．上海

证券报，2013－03－26.

［7］胡春春．孟凯举牌三特索道：看中土地价值18日前或恶战［N］．金陵晚报，2013－04－10.

［8］陈红霞．收购与反收购：三特索道祭毒丸计划对抗孟凯举牌［N］．21世纪经济报道，2013－03－05.

［9］卢晓利．三特索道定增方案命悬机构投资者［N］．证券时报，2013－04－16（A9）．

［10］陈光．减持三特索道　孟凯将全力发展湘鄂情［N］．中国证券报，2013－11－12.

［11］皇甫嘉．孟凯出货当代科技接盘　三特索道定增突生变数［N］．每日经济新闻，2013－11－25.

［12］林建国．孟凯再次减持三特索道　当代科技成控股股东［N］．财经网，2013－12－09.

［13］James Forjan，Bonnie Van Ness. An investigation of poison pill securities, long－term debt, and the wealth of shareholders［J］．American Journal of Business，2003，18（2）．

［14］Duc Giang Nguyen. The endogeneity of poison pill adoption and unsolicited takeovers［J］．International Journal of Managerial Finance，2018，14（1）．

［15］Morris G. Danielson，Jonathan M. Karpoff. Do pills poison operating performance?［J］．Journal of Corporate Finance，2005，12（3）．

［16］Oneil Harris，Jeff Madura. Cause and effects of poison pill adoptions by spinoff units［J］．Journal of Economics and Business，2010，62（4）．

［17］Randall A. Heron，Erik Lie. The effect of poison pill adoptions and court rulings on firm entrenchment［J］．Journal of Corporate Finance，2015，35.

案例教学使用说明

一、教学目的与用途

1. 适用课程：投资银行学、金融市场学、投资学。

2. 适用对象：本案例主要为金融类专业、工商管理类专业等本科生开发。

3. 教学目的：本案例的教学主题是，通过孟×举牌上市公司三特索道让学生了解在二级市场发生的股权争夺战，并学习反收购的常用方法，掌握好这个中国版毒丸计划在反收购中的运用，并学习中美毒丸计划规定的异同。建议通过两节课讲完本案例。首先让学生在课前充分阅读材料，知晓案例的当事各方及整个过程，尤其是弄清楚股权的前后变化，难点是国家相关法律在这方面的若干规定和中国版毒丸计划实施的困难点，即受一定的法律约束。其次，让同学们通过本案例能够深刻理解中国版毒丸计划在本次反收购中的运用。

具体目标分为以下三方面：

(1) 首先，孟×在二级市场上进行收购的过程，同时尝试理解孟×为什么要举牌三特索道，三特索道有什么特质，以及举牌等专业名词的学习；

(2) 其次，理解反收购计划和美国版毒丸计划在实施过程中和法律环境的不同点；

(3) 最后，掌握三特索道管理层所采取的反收购策略，重点掌握此次反收购计划在反收购中的运用。

二、理论依据与分析

(一) 理论依据

收购与反收购相关理论。

公司控股权相关理论。

(二) 具体分析

1. 你知道哪些其他的反收购策略？

本问题是基础知识。以美国为例，在成熟资本市场上常见的反收购策略，如毒丸计划、白衣骑士、帕克门防卫、焦土战略等。

毒丸计划：毒丸计划是美国著名的并购律师马丁·利普顿（MartinLipton）1982年发明的，正式名称为“股权摊薄反收购措施”。当一个公司一旦遇到恶意收购，尤其是当收购方占有的股份已经达到10%到20%的时候，公司为了保住自己的控股权，就会大量低价增发新股。目的就是让收购方手中的股票占比下降，也就是摊薄股权，同时也增大了收购成本，目的就是让收购方无法达到控股的目标。毒丸计划在美国并不是所有州的法律都认定有效，在不同的州有不同的法律效力。

白衣骑士：当公司成为其他企业的并购目标后（一般为敌意收购），公司的管理层为阻碍恶意接管的发生，去寻找一家“友好”公司进行合并，而这家“友好”公司被称为“白衣骑士”。一般来说，受到管理层支持的“白衣骑士”的收购行动成功可能性很大，并且公司的管理者在取得机构投资者的支持下，甚至可以自己成为“白衣骑士”，实行管理层收购。

美国反收购中出现的“帕克门防卫”，即指目标公司在受到敌意收购的进攻后，采取种种积极措施，以攻为守，对收购者提出反向的收购要约，以收购收购者的方式牵制收购者，或者以出让公司部分利益、部分股权为条件，策动一家与公司关系密切的友好公司出面收购收购方股份，达到反收购的效果。

焦土作战：指的是目标公司大量出售公司资产，或者破坏公司的特性，以挫败敌意收购人的收购意图。出售“皇冠之珠”常常是焦土政策的一部分。比如，目标公司手中尚有大量的现金并准备用来回购其股票，或者目标公司可能大量举债来回购其股份。这两种方式都能阻止收购者。收购者想利用目标公司现有资金弥补其收购支出是不可能了，而该目标公司可能身负债务，收购已经变得没有意义了。

“皇冠之珠”（Crown Jewel）：指的是目标公司将其最有价值、对收购人最具吸引力的资产（即所谓“皇冠之珠”）出售给第三方，或者赋予第三方购买该资产的期权，使得收购人对目标公司失去兴趣，放弃收购。

2. 孟×为什么会选择三特索道作为收购对象？

对于这个问题，学生可能有不同的观点。孟×选择三特索道作为收购对象，可能是因为湘鄂情的经营遇到困境，他通过减持股票套现，投资更有投资价值的三特索道来赚钱，也可能真的是为了再次控制一家上市公司，实现合作发展。不论是何种猜测，教师应该讲出举牌收购的一些共同点，比如什么样的上市公司容易成为收购标的？潜在收购方的收购动机是什么？

在这个案例中，三特索道由于历史原因，股本小，股权分散，国资控制力弱，加之资金短缺，经营亏损，都使得它成为潜在收购者觊觎的目标。而湘鄂情近年来亏损，寻找新的突破口成了孟×的当务之急，同时孟×身为湖北人，对于武汉的上市公司三特索道或许有更多的了解，加之财力雄厚，出手更有把握，因此他容易盯上三特索道。

3. 你怎么看待孟×这种“高调收购”行为？

对于第二个问题，教师可以让学生谈谈自己的看法。一般而言，通过二级市场进行收购，往往行动低调隐秘，一旦举牌则行动迅速，否则会使得收购成本升高。与此同时，收购者往往找好帮手，不仅同步收购，而且试图与被收购对象的管理层搞好关系，降低收购阻力。孟×的“高调举动”显得有些反常，对管理层的强硬态度显得不合常理。当然，孟×解释为“避免接触，以免涉嫌内幕交易”，这也是有道理的。或许有学生会提出，孟×在试图吸引市场注意力，制造题材拉高股价从而获利，这种解释也是有可能的。总之，教师要尽量调动学生的积极性，去从各个角度思考问题，这是非常有益的！

4. 孟×为什么会在最后一刻放弃投反对票？

孟×最终选择了投赞成票，也就是同意通过发行定增的议案。他选择这样做的理由或许有以下几种：一是他已经知道得不到机构的支持，难以获胜，不如投赞成票；二是他改变了主意，希望和好管理层，实现共赢；三是他志在长远，今后寻找机会继续夺取控制权；四是他心态发生变化，不再渴望不惜一切代价拿下三特索道的第一大股东席位；五是他的资金实力已经难以为继，再继续增持三特索道得不偿失；六是他的某些“特殊目的”已经实现，本来他就不打算真的成为第一大股东，不过想当个“托”而已（大举增持倒逼上市公司增发，从而帮助民资夺取武汉国资的控制权），等等。不论是哪一种可能，言之有理即可，教师适当追问和点评。

5. 你认为该反收购计划能够成功的原因有哪些？

对于这个问题，回答思路和上一题基本一致。毒丸计划能够成功，其本质还是提高了收购者的收购成本，有效降低了收购欲望，从而使其放弃收购。孟×的案例可能还存在主观不是为了收购仅是帮助他人或者提高自己影响力等的可能性。

6. 你认为三特索道股权争夺战是否是一场“阴谋论”？

对于最后一个问题，这次股权争夺战是否是一场“阴谋论”，时间充裕的情况下教师可以在课堂上展开小型辩论会，让意见不同的同学充分阐述自己的观点。认为不是阴谋论的，理由可能是学生用书的附录6里面作者的观点；认为是阴谋论的同学，理由可能是：①孟×举牌高调，不合常理；②危机关头放弃湘鄂情股票转投三特索道，不是创始人的风格；③临时股东大会上违背自己的承诺最后投了赞成票；④事后主动减持三特索道，而且转让对象是当代科技，帮助它取代了武汉国资的地位；⑤他增仓三特索道股票是不仅用了自己的账户，还动用了一致行动人克州湘鄂情的账户，减持的时候也是同步减持，可见是有备而来；⑥他低位增持，制造股权争夺战的题材，最后又是高价转让的股票，应该没有财务亏损等。最后教师进行一番点评。

不论是何种答案，也不论辩论双方的最后表现如何，只要能活跃课堂气氛，调动学生学习积极性，让学生学到反收购的知识，加深对课堂案例的印象，学会辩证全面地思考问题，那么教学目的就实现了！

三、关键要点

1. 关键点：本案例讲述了三特索道公司在面对湘鄂情实际控制人孟凯在二级市场上的敌意收购时，通过定向增发方案使其知难而退，成功化解危机。但是，公司最终还是由国有上市公司转变为民营资本当代科技控制，这其中有无奥秘所在也是探讨的关键。总之，三特索道举牌、定向增发计划及随后的当代科技接盘等堪称中国资本市场上反收购的经典案例。

2. 关键知识点：本案例需要同学们了解反收购的方式方法、其优缺点及使用的情况。并且将案例的来龙去脉了解清楚，理解孟×为什么要举牌三特索道。以及中国版毒丸计划和美国毒丸计划的不同点，以及此次中国版毒丸计划在反收购中的运用。

3. 能力点：分析与综合能力、批判性思维能力以及解决问题的实际能力。

四、案例的后续进展

当代接盘，孟×隐退。2013 年 12 月 5 日，当代科技通过深交所大宗交易方式增持三特索道 500 万股，对手方是孟×。本次变更后，当代科技及其一致行动人罗德胜对三特索道的持股比例已达 14.82%，超过武汉东湖新技术开发区发展总公司 14.64% 的持股比例，成为三特索道第一大股东。而 11 月 11 日和 21 日的两次增持，对手方同样是孟×。

2014 年 8 月 26 日，三特索道发布公告，公司于 2014 年 8 月 26 日收到中国证券监督管理委员会《关于核准武汉三特索道集团股份有限公司非公开发行股票的批复》，非公开发行事项已获中国证券监督管理委员会核准。这也意味着此次三特索道原股东使用反收购计划成功反击了孟×的敌意收购。

五、课堂计划

本案例可以作为专门的案例讨论课来进行，如下是按照时间进度提供的课题计划建议，仅供参考。

本案例安排 2 个课时。

课前计划：

1. 学员准备：充分了解本案例涉及的企业及其事件；确定小组成员组成；提出 1 ~2 个论点。

2. 教师准备：完成相应的理论知识介绍；为学生提供学习此案例的材料；为学生提供讨论平台；收集学生的想法论点。

3. 教学辅助人员准备：准备好多媒体教学课件，课后收集学生的书面讨论资料。

课中计划：

案例讨论将分小组进行，每个小组拥有 10 ~15 分钟讨论及阐述时间，要求每个学生都要阐述自己的论点和观点。另外，每个小组都应该形成自己有别于其他小组的独特见解，并以文字描述。教师在主持此案例讨论中，应该鼓励及启发学生发表见解。此外，针对此案例相关的理论知识，教师应当向学生详细解释。

课后计划：

请学生上网搜索该企业的相关信息资料，尤其最新信息，采用报告形式给出更加具体的解决方案，或写出案例分析报告（1 000 ~1 500 字）；如果对此案例有兴趣跟踪，建议联系案例作者或企业负责人，进行深入研究。明确具体的职责分工，为后续章节内容做好铺垫。